Cuaderno del lector

Grado 6

Printed in the U.S.A.

ISBN 978-0-544-15662-3

10 0928 22 21

4500819470 A B C D E F G

Contenido

Unidad 4

Unidad 5

Unidad 6

Nombre ______________________ Fecha ____________

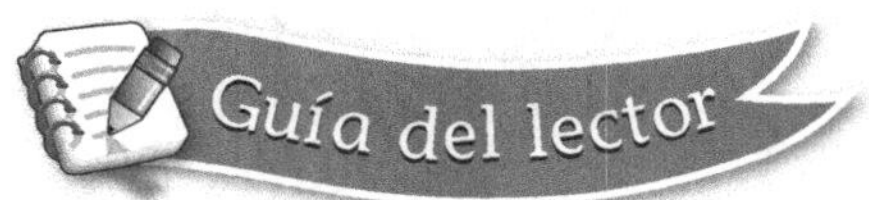

El relato escolar

Escribe una crítica de un libro

La madre de Natalie, Hannah, debe escribir una crítica inicial sobre *La tramposa* para su jefa, Letha. Usa evidencia del texto para responder las preguntas que describen lo que Hannah piensa de los otros personajes.

Vuelve a leer la página 23. ¿Qué sabe Hannah acerca de Zee Zee y de la agencia Sherry Clutch?

____

____

____

____

Vuelve a leer la página 24. ¿Cómo reacciona Hannah a las exigencias de Letha? ¿Qué piensa Hannah de Letha?

____

____

____

____

Vuelve a leer la página 31. ¿Cómo reacciona Hannah ante el libro de Cassandra Day?

____

____

____

____

Nombre ______________________ Fecha ____________

El relato escolar
Lectura independiente

En un correo electrónico, escribe una crítica inicial de *La trramposa* para Letha, la jefa de Hannah. Describe el libro y la autora, y argumenta por qué el libro debe publicarse o no.

Nuevo mensaje

De: **Letha**

Para: **Hannah**

Asunto: **Crítica de *La trampposa*, escrito por Cassandra Day**

Nombre ______________________ Fecha ______________

Prefijos *des-, ex-, inter-*

Las palabras del recuadro empiezan con los prefijos *des-*, *ex-* e *inter-*, que significan, "no", "fuera de" y "entre", respectivamente. Elige la palabra que mejor complete cada oración.

desapareció	interlocutor	desconcentrar	desprender	exponer
extinguir	extraer	intercontinental	intersección	intermitente

1. El conejo ______________ entre los arbustos.
2. El dentista tuvo que ______________ la muela picada.
3. Si sigue soplando el viento, esa rama se va a ______________.
4. Un soldado se tiene que ______________ a muchos peligros.
5. Te vas a ______________ si estudias con la televisión encendida.
6. Hablar con un buen ______________ siempre es agradable.
7. ¿Qué es esa luz ______________ que se enciende y se apaga?
8. Con tanto viento fue difícil ______________ el incendio.
9. Ese vuelo ______________ llega a la Terminal B.
10. En esta ______________ hay muy poca visibilidad.

Nombre ______________________ Fecha ____________

El relato escolar
Ortografía: Sílabas abiertas

Sílabas abiertas

Básicas **Completa el crucigrama usando la Palabra básica que corresponde con cada pista.**

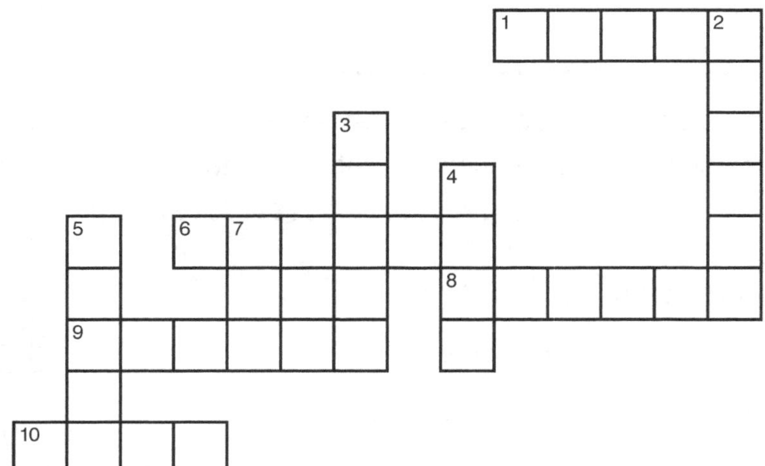

Horizontales

1. Nunca.
6. Si tu amigo llegó a tu casa poniendo un pie enfrente del otro es porque él _____.
8. Chocolate y barro, muy diferentes pero del mismo color.
9. Para saber en qué momento ocurre algo uso esta palabra.
10. Cuatro letras, rima con pato.

Verticales

2. Esta palabra está relacionada con "saber".
3. Con este grano se hace harina.
4. Si quiero saber la manera en que se hace algo uso esta palabra.
5. Uso esta herramienta para cortar árboles.
7. Esta palabra tiene tres letras y significa "todavía".

Avanzadas **En una hoja aparte, escribe oraciones sobre la importancia de la invención del teléfono. Usa tres Palabras avanzadas.**

Palabras de ortografía

1. cómo
2. jamás
3. sabrán
4. aún
5. caminó
6. gato
7. leyera
8. marrón
9. sé
10. cuándo
11. dónde
12. hacha
13. jefa
14. lima
15. qué
16. sopló
17. tirón
18. trigo
19. ágil
20. regresó

Avanzadas

descolgó
escribí
magnífico
maravillosa
teléfono

Nombre ______________________ Fecha ____________

El relato escolar
Ortografía: Sílabas abiertas

Clasificación de palabras

Escribe las Palabras básicas en la columna que corresponda.

Palabras en que todas las sílabas son sílabas abiertas	Palabras en que hay sílabas que no son sílabas abiertas
____________	____________
____________	____________
____________	____________
____________	____________
____________	____________
____________	____________
____________	____________
____________	____________
____________	
____________	
____________	

Avanzadas Agrega las Palabras avanzadas a tu tabla de Clasificación.

Palabras con cinco sílabas	Palabras con cuatro sílabas	Palabras con tres sílabas
____________	____________	____________
	____________	____________

Conectar con la lectura Encuentra por lo menos cuatro palabras en que todas la sílabas sean abiertas en *El relato escolar.* Añádelas a tu tabla de Clasificación.

Palabras de ortografía

1. cómo
2. jamás
3. sabrán
4. aún
5. caminó
6. gato
7. leyera
8. marrón
9. sé
10. cuándo
11. dónde
12. hacha
13. jefa
14. lima
15. qué
16. sopló
17. tirón
18. trigo
19. ágil
20. regresó

Avanzadas

escribí
maravillosa
magnífico
teléfono
descolgó

Nombre ______________________ Fecha ____________

Lección 1
CUADERNO DEL LECTOR

El relato escolar
Ortografía: Sílabas abiertas

Corregir la ortografía

Lee el párrafo y encierra en un círculo todas las palabras mal escritas. Escribe las palabras correctamente en las líneas de abajo.

El verano pasado fui a visitar una granja con mi familia. La cosecha principal era triga. La jefo se llamaba Doña Luz. Ella nos mostró muchas cosas. El color del trigo es amarillo y cuando el viento slopo parecía ser una alfombra dorada flotando en el aire. Mi hermano Manuelito preguntó "¿Cóma se cosecha el trigo?". Doña Luz nos mostró todas las máquinas que se usan para cosechar el trigo y nos explicó cómo se usan. Después mi papá quiso saber dindo se hacía la harina de la cosecha. Ella nos explicó que ese proceso se hacía en otro lugar. También fue muy divertido ver el jato maron que vive con ellos. Él es muy ajhil. Cuando camiñó por arriba de las máquinas yo temí que se cayera. El mecánico que trabaja allí nos contó que el gato hamas se cayó. Ahora yo ce mucho más acerca de dónde viene la harina. Espero poder visitar una granja de maíz el verano que viene.

1. ____________
2. ____________
3. ____________
4. ____________
5. ____________
6. ____________
7. ____________
8. ____________
9. ____________
10. ____________
11. ____________

Palabras de ortografía

1. cómo
2. jamás
3. sabrán
4. aún
5. caminó
6. gato
7. leyera
8. marrón
9. sé
10. cuándo
11. dónde
12. hacha
13. jefa
14. lima
15. qué
16. sopló
17. tirón
18. trigo
19. ágil
20. regresó

Nombre ______________________ Fecha ____________

Los sujetos y los predicados

El relato escolar
Gramática: Oraciones completas

Una **oración** es un grupo de palabras que tiene sentido completo. Toda oración tiene dos partes: un sujeto y un predicado. El **núcleo del sujeto** indica de quién o de qué trata la oración. El **núcleo del predicado** es la palabra principal que describe la acción o el estado. El **núcleo del predicado** es un verbo.

sujeto predicado
La autora puso su libro en el estante.

Preguntas para reflexionar
¿Qué parte de la oración indica de quién o de qué trata la oración? ¿Qué parte describe la acción o el estado?

Actividad Subraya el núcleo del sujeto en las oraciones. Encierra en un círculo el núcleo del predicado.

1. Carla abrió el manuscrito.
2. El corrector revisó la ortografía.
3. Antes de almorzar, ella terminó el capítulo.
4. La editorial dijo que él debía hacer los cambios.
5. El índice es la última parte del libro.
6. El editor llamó justo antes de la cena.
7. Shannon ayudó a Carla con la redacción.
8. La autora finalmente aceptó todos los cambios.

El relato escolar
Gramática: Oraciones completas

Los sujetos y los predicados completos

El **sujeto completo** dice de qué o de quién trata una oración, con todas las palabras que lo modifican. El **predicado completo** dice qué hace o qué es el sujeto completo. Incluye un verbo o varios verbos, y las palabras que los modifican.

sujeto completo **predicado completo**
Una caja de galletas aterrizó en mi escritorio.

Preguntas para reflexionar
¿Qué parte de la oración dice de qué o de quién trata la oración? ¿Qué parte de la oración incluye el verbo y las palabras que lo modifican?

Actividad Encierra en un círculo el sujeto completo de cada oración. Subraya el predicado completo.

1. Las personas que trabajan en editoriales conocen las reglas de puntuación
2. Los buenos autores escriben con sus lectores en mente.
3. La editorial le mandó al corrector un mensaje de texto
4. Algunos autores escriben libros de no ficción.
5. Un escritor desconocido y joven envió un manuscrito largo.
6. Los lectores confundidos deben repasar las notas al pie de página.
7. La imprenta está esperando para preparar las páginas.
8. La ciencia ficción es mi tipo de libro favorito

Nombre ______________________ Fecha ______________

El relato escolar
Gramática: Oraciones completas

Los fragmentos y las oraciones seguidas

Un **fragmento de oración** es un grupo de palabras que no tienen sentido completo. Las **oraciones seguidas** contienen dos oraciones distintas unidas con una coma o sin signos de puntuación.

fragmento de oración	**oración completa**
Un baile el sábado.	Un baile está programado para el sábado.

oraciones seguidas
Un baile está programado para el sábado, voy a ir.

oración completa
Un baile está programado para el sábado y voy a ir.

Preguntas para pensar
¿El grupo de palabras tiene sentido completo? ¿Hay oraciones con ideas separadas que están relacionadas?

Actividad **Escribe *fragmento de oración*, *oraciones seguidas* u *oración completa* junto a cada grupo de palabras. Corrige los fragmentos de oración y las oraciones seguidas.**

1. Manuscrito a la editorial. ______________

   ____

2. La autora leyó las páginas finales se puso muy contenta. ______________

   ____

3. Tres editores de la compañía de California. ______________

   ____

4. El corrector le pasó las correcciones a la escritora. ______________

   ____

5. Reuniones con la editorial los martes y los jueves. ______________

   ____

6. El Sr. Brown es presidente de la compañía editorial, tiene mucho trabajo. ______________

   ____

Las preposiciones

Incorrecto	¿Nadie ha leído la historia **de el** nuevo autor?
Correcto	¿Nadie ha leído la historia **del** nuevo autor?
Incorrecto	Le dimos una copia **a el** editor.
Correcto	Le dimos una copia **al** editor.
Incorrecto	Fuimos de viaje **al** Salvador.
Correcto	Fuimos de viaje **a** El Salvador.

1 a 6. Escribe la palabra correcta que está entre paréntesis para completar las oraciones.

1. Nos vamos a reunir (a la, ala) una de la tarde en la editorial. ______
2. Los manuscritos (de el, del) escritor profesional tienen pocos cambios. ______
3. (A el, Al) editor le tomó mucho tiempo leer esa nueva novela. ______
4. El protagonista era (de El, del) Cairo, en Egipto. ______
5. La novela hablaba (de un, deun) espía que estaba en la ciudad. ______
6. El editor me ha hablado muy bien (del, de él). ______

7 a 10. Encierra en un círculo el sustantivo de las frases preposicionales. Las preposiciones están subrayadas.

7. No pongas las bebidas cerca <u>del</u> manuscrito.
8. Ningún comentario <u>del</u> corrector debe aparecer en el manuscrito.
9. Guarda el archivo <u>con</u> mucha frecuencia cuando hagas trabajos importantes.
10. Respeta <u>a</u> los autores porque son los que inventan las historias.

Nombre ____________________ Fecha ____________

Conectar con la escritura

Fragmento de oración	La madre y el bebé elefante en una jaula del zoológico.
Oración completa	La madre y el bebé elefante viven en una jaula del zoológico.
Oraciones seguidas	Danielle me dio un libro para leer lo terminé en una noche.
Oración completa	Danielle me dio un libro para leer y lo terminé en una noche.

Lee las oraciones. Corrige los fragmentos de oración y las oraciones seguidas para formar oraciones completas. Escribe la oración nueva en la línea.

1. El manuscrito es largo, no podemos recortar la longitud.

____

2. La nueva escritora aprendió mucho, recibió los comentarios de su editora.

____

3. Las páginas finales entregadas a la imprenta ayer.

____

4. Él corrige con un bolígrafo rojo, yo prefiero el azul.

____

5. Varios capítulos reescritos por la autora..

____

6. La imprenta siempre tiene que ser notificada antes de las cinco, a esa hora cierran.

____

Punto de enfoque: Voz

Usar palabras precisas y detalles descriptivos para mostrar cómo son los personajes

Oración con datos básicos	Oración que muestra cómo es el personaje
Mark no encontraba su manuscrito.	A Mark lo invadía una sensación de pánico mientras buscaba frenéticamente su manuscrito.

Vuelve a escribir estas oraciones para mostrar los pensamientos, los sentimientos y las acciones de los personajes. Incluye palabras precisas y detalles descriptivos.

Oraciones con datos básicos	Oraciones que muestran cómo es el personaje
1. Mark pasó semanas escribiendo su manuscrito.	
2. Cuando Mark me dejó leer su historia, estaba nervioso.	
3. Sonreí mientras leía la historia.	
4. Me alegré por mi amigo.	

Nombre ____________________ Fecha __________

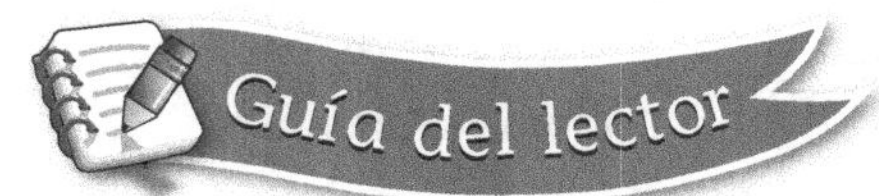

Nudos en la cuerda de mi yoyo

La sensación de escribir

Jerry Spinelli escribió *Nudos en la cuerda de mi yoyo* para explicar por qué se convirtió en escritor. Vuelve a leer partes del texto para aprender qué piensa Spinelli de estas experiencias.

Vuelve a leer la página 53. ¿Qué palabras o frases usa Spinelli que muestran cómo se siente antes de escribir el poema "Primero y gol"?

____

____

____

Vuelve a leer la página 57. Spinelli explica sus primeras experiencias con la escritura. ¿Qué pistas del texto muestran cómo Spinelli puede haberse sentido sobre estas experiencias?

____

____

____

Vuelve a leer la página 58. ¿Qué detalles en el texto dan pistas acerca de los sentimientos de Spinelli sobre el cuento del pollo y el culpable?

____

____

____

____

Nombre ____________________ Fecha ____________

Nudos en la cuerda de mi yoyo
Lectura independiente

Imagina que eres Jerry Spinelli y escribes en tu diario sobre lo que sientes en cada episodio. Amplía lo que dice el texto describiendo tus sentimientos.

Después del partido de fútbol

Primeras experiencias con la escritura

La historia del pollo y el culpable

Nombre ______________________ Fecha ______________

Sufijos *-ero, -era; -ista; -or, -ora*

Las palabras del recuadro terminan con un sufijo que significa "se dedica a". Elige la palabra que mejor complete cada oración.

reportera	investigador	soñador	director	equilibrista
violinista	profesora	deportista	consejero	humorista

1. La ______________ informó por televisión del terrible accidente.
2. El ______________ terminó el recital sin cometer ningún error.
3. Estaba harta de que la ______________ le mandase tantas tareas.
4. No conozco ningún ______________ que me haga reír como mi hermano.
5. Cuando el ______________ empezó a caminar por la cuerda floja, tuve que cerrar los ojos.
6. Ojalá tuviera un ______________ que me ayudara a tomar mis decisiones.
7. No soy una gran ______________, prefiero leer libros.
8. Cuando sea mayor me gustaría ser ______________ de cine.
9. Si te gusta la ciencia deberías ser ______________.
10. Es un ______________ con la cabeza llena de pájaros.

Nombre ______________________ Fecha ____________

Nudos en la cuerda de mi yoyo
Ortografía:
Sílabas cerradas

Sílabas cerradas

Básicas **Completa el crucigrama usando las Palabras básicas.**

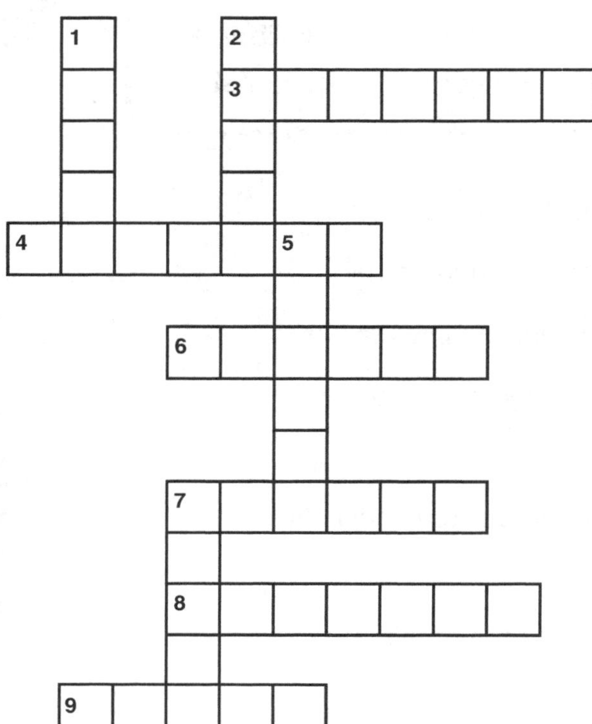

Palabras de ortografía

1. béisbol
2. atrás
3. durmió
4. dárselos
5. escolar
6. inútil
7. árbol
8. dirección
9. disponían
10. dólar
11. marcador
12. reunión
13. través
14. túnel
15. azúcar
16. después
17. débil
18. fanáticos
19. respondió
20. víveres

Avanzadas
adolescencia
convertirse
deshaciendo
sírvanselos
ténganlos

Horizontales

3. Un reencuentro con viejos amigos
4. Relacionado con la escuela
6. Cuando algo no tiene uso es ________.
7. Si él no tiene sueño es porque él ________.
8. Un juego en que se usan un bate y una pelota
9. Moneda de Estados Unidos

Verticales

1. Si yo estoy más adelante de los demás, ellos están más ________.
2. Una planta grande con tronco y ramas
5. Algo dulce que se pone en el té y el café.
7. Un sinónimo de frágil

Nombre ______________________ Fecha ______________

Nudos en la cuerda de mi yoyo
Ortografía:
Sílabas cerradas

Clasificación de palabras

Básicas Escribe las Palabras básicas en la columna que corresponde.

Palabras en que la primera sílaba es una sílaba cerrada	Palabras en que la primera sílaba es una sílaba abierta
____________	____________
____________	____________
____________	____________
____________	____________
____________	____________
____________	____________
____________	____________
____________	____________
____________	____________
	____________
	____________

Avanzadas Agrega las Palabras avanzadas a tu tabla de Clasificación.

Palabras con cinco sílabas	Palabras con cuatro sílabas	Palabras con tres sílabas
____________	____________	____________
	____________	
	____________	

Conectar con la lectura Encuentra en *Nudos en la cuerda de mi yoyo* tres palabras más que terminan con sílabas cerradas. Añádelas a tu tabla de Clasificación.

____

Palabras de ortografía

1. béisbol
2. atrás
3. durmió
4. dárselos
5. escolar
6. inútil
7. árbol
8. dirección
9. disponían
10. dólar
11. marcador
12. reunión
13. través
14. túnel
15. azúcar
16. después
17. débil
18. fanáticos
19. respondió
20. víveres

Avanzadas

deshaciendo
convertirse
ténganlos
adolescencia
sírvanselos

Nombre ______________________ Fecha ____________

Lección 2
CUADERNO DEL LECTOR

Nudos en la cuerda de mi yoyo
Ortografía:
Sílabas cerradas

Corregir la ortografía

Lee el párrafo y encierra en un círculo todas las palabras mal escritas. Escribe las palabras correctamente en las líneas de abajo.

En el jardín de mi casa había un árbol de nogal. Digo que había porque la tormenta de la semana pasada hizo caer el arrbol. Afortunadamente la direcion del viento lo hizo caer a la calle y no contra la casa. Era un árbol muy grande pero parece que el tronco estaba devil. La sombra del nogal era muy refrescante en días de verano. Mi abuelo durrmio allí, sentado en su silla, muchas veces. Mis primos Raúl y Pedro son fanátikos del basebol y cuando les conté lo que pasó con el árbol me dijeron que la madera del nogal es excelente para hacer bates de béisbol. Me pidieron el favor de traer tres o cuatro ramas grandes a la reuñon familiar el domingo para que puedan hacer sus propios bates de béisbol. Van a usar el torno de madera que tienen en su taller. Ya puse las ramas en la parte de hatras de la camioneta de papá para poder darséllos. No veo el momento de ver los bates despuess de que los terminen.

1. ______________________
2. ______________________
3. ______________________
4. ______________________
5. ______________________
6. ______________________
7. ______________________
8. ______________________
9. ______________________
10. ______________________

Palabras de ortografía

1. béisbol
2. atrás
3. durmió
4. dárselos
5. escolar
6. inútil
7. árbol
8. dirección
9. disponían
10. dólar
11. marcador
12. reunión
13. través
14. túnel
15. azúcar
16. después
17. débil
18. fanáticos
19. respondió
20. víveres

Nombre ______________________ Fecha ____________

Oraciones enunciativas e interrogativas

Una **oración enunciativa** declara algo y termina con un punto. Una **oración interrogativa** hace una pregunta y empieza y termina con signos de interrogación.

oración enunciativa
El torneo será este sábado.

oración interrogativa
¿Tu padre te recogerá después de la escuela?

Preguntas para reflexionar
¿Qué oración declara algo? ¿Qué oración hace una pregunta?

Actividad Agrega la puntuación correcta a cada oración.

1. ______ La Srta. Walker es mi entrenadora favorita ______
2. ______ Nos gustaría ir a entrenar hoy, pero hace mucho frío ______
3. ______ Puedes creer lo que dijo Marnie a Alex en el estadio ______
4. ______ Sería el miércoles un buen día para practicar el golf ______
5. ______ Todos los partidos se harán en el gimnasio a menos que se anuncie lo contrario ______
6. ______ Quieres jugar primera base, ya que Caitlin está enferma ______
7. ______ Cuando llegue tu prima, irán a nadar ______
8. ______ Cuando suena el silbato, siempre dejo de correr ______
9. ______ Cuándo vas al partido de voleibol con Naima ______
10. ______ Viste que están en el mismo equipo ______

Nombre ______________________ Fecha ____________

Oraciones imperativas y exclamativas

Una **oración imperativa** da una orden y termina con un punto. Una **oración exclamativa** expresa una emoción o un sentimiento fuerte, y comienza y termina con signos de exclamación.

oración imperativa

Baja y graba el partido de fútbol en la tele.

oración exclamativa

¡Quiero que comience el partido!

Preguntas para reflexionar

¿Qué oración da una orden? ¿Qué oración muestra un sentimiento fuerte?

Actividad Agrega la puntuación correcta a cada oración.

1. Ayúdame a buscar las pelotas de tenis _______
2. _______ Qué bolso de gimnasio tan desordenado _______
3. _______ No puedo creer que no he jugado al sóftbol en un año _______
4. _______ Sigue corriendo hasta llegar a la meta _______
5. _______ Estos son los mejores palos de golf que he visto _______
6. _______ Encuentren a un compañero y empiecen a calentar _______
7. _______ Qué emoción ver lanzar a Kevin en el partido _______
8. _______ En lugar de ver TV, sal a correr _______
9. _______ La última entrada fue muy emocionante _______
10. _______ Imita los movimientos del entrenador _______

Escribir con interjecciones

Una **interjección** es una palabra o un grupo de palabras que se usa para exclamar, protestar u ordenar. Las interjecciones fuertes empiezan y terminan con signos de exclamación, como las oraciones exclamativas. Las interjecciones leves pueden incluirse dentro de una oración separadas por una o dos comas.

interjección fuerte

¡Hurra! No esperaba un monopatín de regalo de cumpleaños.

interjección leve

Oh, no, ¡me perdí el primer lanzamiento!

Pregunta para reflexionar

¿Qué palabras se usan para exclamar, protestar u ordenar?

Actividad Subraya las interjecciones en las oraciones.

1. Mientras Miranda corría para alcanzar la pelota, gritaba: —¡Caramba! ¡La tengo!
2. ¡Oh! ¡Mira esos niñitos jugando a la pelota!
3. Uy, ¡casi te golpeó con el palo de golf!
4. Uf, ese entrenamiento estuvo más difícil de lo que esperaba.
5. ¡Ah! ¡Olvidé invitar a Lara al torneo!
6. Bien, ¿crees que puedo prestar el guante?
7. ¡Ay! La pelota me golpeó.
8. ¡Ajá! Ahora entiendo lo que indica el marcador.

Nombre ______________________ Fecha __________

Frases verbales y verbos que se confunden fácilmente

Frases verbales	
Estoy planeando ir al juego contigo. Ayer **estuviste preparando** el torneo.	**Estarán jugando** ambos equipos mañana. Si ella pudiera, **estaría preparando** a las animadoras.
Verbos que se confunden fácilmente	
No creo que **haya** problemas en el torneo. **Habría** sido más fácil practicar ayer. Ella estuvo **hablando** con su compañera ayer. Es un **hecho** que somos el mejor equipo. Ellos van a **ojear** el partido de lejos.	Ella no **halla** un asiento en las gradas. Cuando llegaban, yo les **abría** la puerta. Para la barbacoa, **ablando** la carne primero. **Echo** de menos al equipo. El público va a **hojear** los programas.

1 a 6. Subraya el verbo correcto entre paréntesis para completar las oracioens. Luego, escribe la frase verbal completa en la línea.

1. Después de buscarlo, ella (haya, halla) el equipo en su casillero. ______________
2. La entrenadora (ojea, hojea) el programa para encontrar la página. ______________
3. Esta mañana, ella me (estuvo, estaría) enseñando a pasar el balón. ______________
4. Cuando llegamos al gimnasio, la puerta no (abría, habría). ______________
5. Si pudiera, (estuve, estaría) jugando en el partido. ______________
6. Después de preparar los carteles, (hecho, echo) la basura en el cubo. ______________
7. La semana que viene, los jugadores (estarán, estuvieron) practicando el lunes.

   ____

8. (Abría, Habría) sido bueno que llegaras temprano al partido. ______________

Nombre ______________________ Fecha ______________

Conectar con la escritura

Párrafo con una sola clase de oraciones	Párrafo con diversas clases de oraciones
Abrí la puerta de mi habitación. Vi a mi hermano en el piso. Tenía cara de culpa. Me pregunté qué estaba a punto de hacer él. Entonces, vi que tenía mi trofeo de fútbol en la mano. Le dije que lo soltara.	Cuando abrí la puerta de mi habitación, ¿qué creen que vi? Mi hermano estaba en el piso, con cara de culpa. ¿Qué estaba a punto de hacer él? Entonces, ¡vi mi trofeo de fútbol en sus manos! –¡Suéltalo! —grité.

1 a 3. Vuelve a escribir las siguientes oraciones enunciativas como interrogativas.

1. Si practico lo suficiente, podría ganar esta carrera.

   ____

2. Para esto empecé a jugar béisbol.

   ____

3. Me preguntaba a quién traería Karen al partido.

   ____

4 a 6. Vuelve a escribir las siguientes oraciones enunciativas como imperativas.

4. Te recomiendo sacar tus apuntes y copiar el diagrama del partido.

   ____

5. Te pido que te quites los zapatos de fútbol antes de entrar.

   ____

6. Deberías mirar este documental de monopatines.

   ____

7 a 8 Vuelve a escribir las siguientes oraciones enunciativas como exclamativas.

7. No me gusta este partido de tenis.

   ____

8. El Monstruo es el campo de golf más difícil de la ciudad.

   ____

Nombre ______________________ Fecha ______________

Nudos en la cuerda de mi yoyo
Escritura:
Escritura narrativa

Punto de enfoque: Voz

Mostrar ideas y sentimientos

Oración con datos básicos	Oración que muestra ideas y sentimientos
Al día siguiente, el equipo de fútbol americano de la Escuela Secundaria Williams iba a jugar contra la Secundaria Morris por el campeonato.	El estómago se me estremecía cada vez que pensaba en el partido por el campeonato entre la Escuela Secundaria Williams y la Secundaria Morris.

Vuelve a escribir cada oración mostrando las ideas y los sentimientos del narrador. Incluye palabras precisas y detalles sensoriales.

1. Yo subí hasta mi asiento en las gradas para ver el partido.
____
____

2. Yo fallé el tiro de campo.
____
____

3. Yo lancé el *touchdown* de la victoria cinco segundos antes del final del partido.
____
____
____

4. Me sentí nervioso cuando me tocó lanzar.
____
____

5. La multitud me observaba en la línea de tiro libre.
____
____

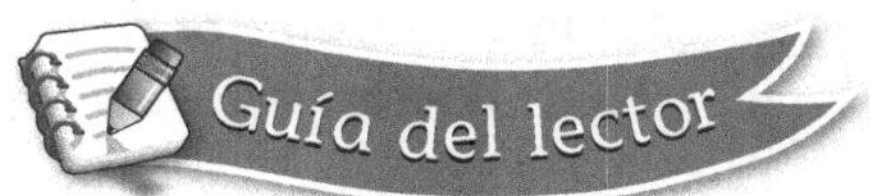

Cómo crear un libro

Delinear el proceso

El proceso de creación de un libro ha progresado mucho desde los tiempos de Mesopotamia. Sin embargo, el concepto de colocar palabras en una superficie para crear un libro sigue siendo similar.

Vuelve a leer la página 81. Usa los siguientes recuadros para crear un organigrama que muestre cuál era el proceso para crear un libro en los tiempos del Antiguo Egipto.

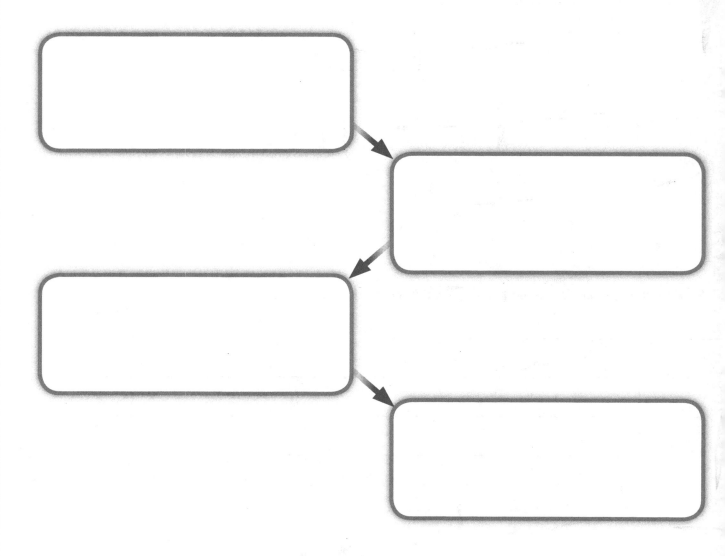

Nombre ______________________ Fecha ____________

Cómo crear un libro
Lectura independiente

Vuelve a leer la página 82. Haz un organigrama para mostrar el proceso de publicación de un libro en Europa entre 1550 y 1800.

Escribe un resumen de uno de los primeros procesos de impresión.

____

____

____

____

Nombre ______________________ Fecha ______________

Cómo crear un libro
Estrategias de vocabulario:
Palabras con varios significados

Palabras con varios significados

Las palabras del recuadro tienen más de un significado. Lee las siguientes oraciones y piensa sobre la situación o contexto. Elige la palabra que mejor complete cada oración.

revuelta	presente	estampa	caras	menor
campo	hoja	seno	verde	cazo

1. La Revolución Francesa fue una gran ______________ social.
2. Había que estar ______________ en la escuela a las ocho de la mañana.
3. Yo ni ______________ ni pesco, porque me gustan mucho los animales.
4. Casi se ______________ con la bicicleta contra un árbol.
5. Ante él se extendía el ______________ prado y un amplio horizonte.
6. Si eres ______________ de edad no puedes ver esa película.
7. Nació en el ______________ de una familia muy rica.
8. Hay que pintar el tablón por las dos ______________.
9. Le premiaron por su trabajo en el ______________ del electromagnetismo.
10. La ______________ del arce parece una pata de ganso.

Nombre ______________________ Fecha ______________

Cómo crear un libro
Ortografía: Grupos consonánticos con *r*

Grupos consonánticos con *r*

Básicas Escribe la Palabra básica que corresponde a la pista.

1. No son estos, sino los ____________.
2. Es posible que lo pueda hacer. ____________
3. Un lugar donde me pongo a escribir. ____________
4. Un grupo de palabras. ____________
5. Si soy parte de una situación estoy ____________ .
6. El líquido que cae de mis ojos cuando lloro. ____________
7. Mostrar cómo se hace algo. ____________
8. La persona que lo escribió es el ____________ .
9. Lo opuesto de *chico*. ____________
10. Las partes con que se escriben las palabras. ____________
11. Lo opuesto de *nunca*. ____________

Avanzadas De camino a tu casa ves algo fantástico. En una hoja aparte, escribe oraciones sobre lo que viste. Usa tres Palabras avanzadas.

Palabras de ortografía

1. disfrutan
2. enfrente
3. grado
4. otros
5. podría
6. propósito
7. depredadora
8. escritorio
9. frase
10. involucrado
11. lágrimas
12. presenta
13. tropezón
14. demostrarlo
15. escritor
16. grande
17. gritos
18. letras
19. ofreció
20. siempre

Avanzadas

astronómico
increíble
bravucón
truculento
hidrante

Nombre ______________________ Fecha ______________

Cómo crear un libro
Ortografía: Gupos consonánticos con *r*

Clasificación de palabras de ortografía

Escribe la Palabra básica en la hilera que corresponde.

Palabras con *cr*	
Palabras con *dr*	
Palabras con *fr*	
Palabras con *gr*	
Palabras con *pr*	
Palabras con *tr*	
Palabras con *br*	

Avanzadas **Agrega las Palabras avanzadas a tu tabla de Clasificación.**

Palabras de ortografía

1. disfrutan
2. enfrente
3. grado
4. otros
5. podría
6. propósito
7. depredadora
8. escritorio
9. frase
10. involucrado
11. lágrimas
12. presenta
13. tropezón
14. demostrarlo
15. escritor
16. grande
17. gritos
18. letras
19. ofreció
20. siempre

Avanzadas
astronómico
increíble
bravucón
truculento
hidrante

Nombre ______________________ Fecha ____________

Lección 3
CUADERNO DEL LECTOR

Cómo crear un libro
Ortografía: Grupos consonánticos con *r*

Corregir la ortografía

Lee el párrafo y encierra en un círculo todas las palabras mal escritas. Escribe las palabras correctamente en las líneas de abajo.

José Luis es un mago que trabaja con una magia muy potente. Tiene muy pocas herramientas para sus encantos, pero crea algo garande como un mundo o tal vez precenta una cosa pequeña como una hormiga. El proposito de sus encantos puede ser causar jritos o lagramas. Con una frrase puede demostrar el salto de la gata deprodedora o hacer que estés completamente inbolucrado en cómo los nenitos desfrutan un helado, dulce y delicioso en un día de calor. Este mago usa solo papel y lertas y trabaja en un excritorio; José Luis Borges: mago, espritor.

1. ______________
2. ______________
3. ______________
4. ______________
5. ______________
6. ______________
7. ______________
8. ______________
9. ______________
10. ______________
11. ______________
12. ______________

Palabras de ortografía

1. disfrutan
2. enfrente
3. grado
4. otros
5. podría
6. propósito
7. depredadora
8. escritorio
9. frase
10. involucrado
11. lágrimas
12. presenta
13. tropezón
14. demostrarlo
15. escritor
16. grande
17. gritos
18. letras
19. ofreció
20. siempre

Identificar el núcleo del sujeto y del predicado

El **núcleo del sujeto** de una oración es el sustantivo o pronombre que dice de qué o de quién trata la oración. El **núcleo del predicado** es el verbo.

núcleo del sujeto **núcleo del predicado**

Casi todos los editores hoy en día trabajan con una computadora.

Preguntas para reflexionar
¿Qué parte de la oración dice de qué o quién trata la oración? ¿Qué parte de la oración es el verbo?

1 a 4. Decide si la palabra subrayada de cada oración es el núcleo del sujeto o el núcleo del predicado. Encierra en un círculo la respuesta correcta.

1. Nosotros tenemos una biblioteca en el vecindario.

   núcleo del sujeto núcleo del predicado

2. Mis primos leen libros todos los días.

   núcleo del sujeto núcleo del predicado

3. A veces mi mamá mete un libro adicional en mi mochila.

   núcleo del sujeto núcleo del predicado

4. Mi papá dice que la lectura es buena para nosotros.

   núcleo del sujeto núcleo del predicado

5 a 8. Subraya el núcleo del sujeto de cada oración. Encierra en un círculo el núcleo del predicado.

5. Mi amiga del campamento de verano disfruta de los libros.
6. La ficción es mi categoría de libros favorita.
7. En la clase de inglés, nosotros leemos muchos tipos de literatura.
8. La portada de este libro antiguo está cubierta de polvo.

Nombre ______________________ Fecha __________

Cómo crear un libro
Gramática: Sujetos y predicados

Sujetos y predicados compuestos

Un **sujeto compuesto** contiene dos o más núcleos del sujeto con el mismo predicado. Están unidos con *y*, *o* o *e*.

sujeto compuesto

Jared y Toni trabajan juntos con frecuencia.

Un **predicado compuesto** contiene dos o más núcleos del predicado con el mismo sujeto. Están unidos con *y*, *o* o *e*.

predicado compuesto

Yo leo y escribo todos los días.

Preguntas para reflexionar
¿El sujeto contiene dos o más núcleos del sujeto con el mismo predicado? ¿El predicado contiene dos o más núcleos del predicado con el mismo sujeto?

1 a 3. Subraya el núcleo del sujeto en cada oración. Luego, combina las oraciones para formar un sujeto compuesto.

1. Gerard puede corregir el texto. Jennifer puede corregir el texto

____

2. Los autores trabajan con los manuscritos. Los editores trabajan con los manuscritos.

____

3. Los agentes negocian los contratos de libros. Las editoriales negocian los contratos de libros.

____

4 a 6. Subraya el núcleo del predicado en cada oración. Luego, combina las oraciones para formar un sujeto compuesto.

4. El autor revisó los capítulos. El autor reorganizó los capítulos.

____

5. La imprenta corta las páginas de un libro. La imprenta encuaderna las páginas de un libro.

____

6. Los editores eligen los manuscritos. Los editores mejoran los manuscritos.

____

Nombre _______________ Fecha _______________

Sujetos tácitos o implícitos

Cómo crear un libro
Gramática: Sujetos y predicados

En muchas oraciones, el sujeto no se menciona directamente. Un sujeto que no aparece en la oración se llama **sujeto tácito** o implícito, porque se sobreentiende por el contexto de la oración.

Para identificar un sujeto tácito, debes fijarte en el verbo. Luego pregúntate quién hace la acción que describe el verbo.

Revisamos manuscritos toda la tarde.
¿Quién revisó manuscritos? **sujeto tácito:** Nosotros

Te llevaste mi libro favorito.
¿Quién se llevó el libro? **sujeto tácito:** Tú

Voy a corregir los textos que llegaron por correo.
¿Quién va a corregir los textos? **sujeto tácito:** Yo

Pregunta para reflexionar
¿Qué o quién hace la acción que describe el verbo?

Actividad Elige el sujeto tácito correcto que está entre paréntesis. Luego, escribe el sujeto tácito

1. ¿Cuándo vas a llamar a la autora? (Yo, Tú) _______________
2. Terminó la portada ayer. (Nosotras, Él) _______________
3. Revisaron el manuscrito final. (Ellos, Tú) _______________
4. Pedí ayuda para promocionar el libro. (Ustedes, Yo) _______________
5. No sabemos cómo organizar las ilustraciones en la página. (Nosotras, Usted) _______________
6. Necesita más páginas para el libro. (Ellas, Ella) _______________
7. ¿Cuándo debo llamar a la autora? (Yo, Él) _______________
8. Busca más editores para ayudarnos. (Tú, Ustedes) _______________

Nombre ______________________ Fecha ____________

Usar adjetivos y adverbios

bueno	El Sr. Brown es un **buen** editor.
	Las **buenas** ventas de mi libro lo hicieron muy popular.
bien	Creo que la organización de las páginas estuvo **bien**.
	No me sentí nada **bien** después de leer una mala crítica de mi libro.

Adjetivos calificativos			Adjetivos gentilicios		
alto	fuerte	delgado	inglés	árabe	africano
interesante	tranquilo	inteligente	español	persa	japonés

Comparaciones				
Adjetivos			Adverbios	
bueno	mejor	óptimo	bien	mejor
malo	peor	pésimo	mal	peor
rápido	muy rápido	rapidísimo	rápidamente	más rápidamente
dulce	muy dulce	dulcísimo	dulcemente	más dulcemente

1 a 4. Subraya los errores de adjetivos y adverbios. Escribe las oraciones correctas en las líneas.

1. La Sra. Díaz es la que escribe más rapidísimo.

____

____

2. A Annette le gustan los poemas muy dulcemente.

____

____

3. El más peor libro que leí es el que compré el mes pasado.

____

____

4. Todos trabajaron ardua para editar y publicar el libro.

____

____

Nombre _______________ Fecha _______________

Conectar con la escritura

Cómo crear un libro
Gramática: Conectar con la escritura

Oraciones con sujetos similares pero con predicados diferentes	Yo puedo editar un libro. Yo puedo escribir un artículo.
Combinadas	Yo puedo editar un libro o escribir un artículo.
Oraciones con predicados similares pero con sujetos diferentes	Jamal diseña portadas de libros. Kathryn diseña portadas de libros.
Combinadas	Jamal y Kathryn diseñan portadas de libros.

Combina las oraciones de abajo usando conjunciones y puntuación para formar sujetos o predicados compuestos.

1. Alison podría revisar las correcciones. Alison podría comenzar un manuscrito nuevo.

____

____

2. Jamie escribe lentamente. Jamie corrige rápidamente.

____

____

3. Yo pensé que esta semana íbamos a trabajar con un libro de no ficción. Todd pensó que esta semana íbamos a trabajar con un libro de no ficción.

____

____

4. Finn adora los libros antiguos. Jeanette adora los libros antiguos. Mario adora los libros antiguos.

____

____

5. La escritura de los egipcios es fascinante. Los rollos de papiro de los egipcios son fascinantes también.

____

____

Nombre ______________________ Fecha __________

Cómo crear un libro
Escritura: Escritura narrativa

Punto de enfoque: Elección de palabras

Usar palabras precisas y detalles sensoriales

Oración	Con palabras precisas y detalles sensoriales
Los estudiantes hablaron de sus ideas para los cuentos.	Se escuchaba un zumbido de emoción mientras los jóvenes escritores compartían sus ideas para los cuentos.

A. Vuelve a escribir cada oración. Usa palabras precisas y una o más palabras que se perciban con el sentido que se nombra entre paréntesis.

Oración	Con palabras precisas y detalles sensoriales
1. La autora sintió hambre cuando entró en la repostería. (olfato)	
2. Me gusta la voz del narrador en este libro en audio. (oído)	
3. Kris comió algo mientras leía su libro electrónico. (gusto)	
4. Miré las páginas de mi nuevo libro sobre tesoros perdidos. (tacto)	
5. La artista dibujó figuras para las ilustraciones del libro. (vista)	

B. En parejas/Para compartir **Trabaja con un compañero para identificar todas las palabras sensoriales de la oración. Identifica el sentido con el que se percibe la palabra.**

Oración	Palabra sensorial y sentido
6. Dara abrió el hermoso libro antiguo de páginas casi deshechas y la habitación se llenó con el perfume del tiempo.	

Nombre ______________________ Fecha ____________

El proyecto ACSE de *Pillos bulliciosos, manchas enemigas y algunas otras cosas...*

Informe de incidentes de ACSE

El trabajo de la Sra. DeSalvio y de Martín consiste en escuchar súplicas de ayuda de los perros que se encuentran en su área. Algunas veces pueden ayudar a un perro, pero otras no. Usa los detalles del texto para completar los informes de incidentes de las llamadas que han recibido.

Vuelve a leer las páginas 108 y 109. Luego completa este informe.

ACSE

Informe de incidente nº 0101
Nombre: Martín

Hora/Lugar de la llamada: ______________________________

____

Descripción de la llamada: ______________________________

____

Emociones sentidas durante la llamada: ______________________________

____

Medidas tomadas, si las hubo: ______________________________

____

Nombre ______________________ Fecha __________

Vuelve a leer la página 110 y completa este informe.

Informe de incidente nº 0102
Nombre: Martín

Hora/Lugar de la llamada: ______________________

____

Descripción de la llamada: ______________________

Emociones sentidas durante la llamada: ______________________

____

Medidas tomadas, si las hubo: ______________________

Vuelve a leer las páginas 113 a 118. Continúa usando los detalles del texto para completar el informe de incidente para las llamadas que recibieron Martín y la Sra. DeSalvio. Incluye la solución.

Informe de incidente nº 0102
Nombre: Martín y Sra. DeSalvio

Hora/Lugar de la llamada: ______________________

Descripción de la llamada: ______________________

Emociones sentidas durante la llamada: ______________________

____

Medidas tomadas, si las hubo: ______________________

____

Solución: ______________________

____

Prefijos *de-*, *trans-*

Las palabras del recuadro tienen los prefijos *de-* y *trans-*, que significan "deshacer" y "a través", respectivamente. Elige la palabra que mejor complete cada oración.

transmitir	transformar	transplantar	transpirar
desalar	decolorar	deportar	depurar

1. Fue imposible ______________ información por radio.
2. En el bosque hay que ______________ el agua antes de beberla.
3. La verja recién pintada se va a ______________ con la lluvia.
4. Con esta humedad me temo que vamos a ______________ mucho.
5. Creo que lo van a ______________ a su país.
6. Marzo es la mejor época para ______________ un árbol.
7. Van a ______________ esa escuela en un museo.
8. Para ______________ el agua del mar hay que calentarla.

Nombre ______________________ Fecha ____________

Prefijos y sufijos *-able, -ible, -mente, -ente, in-, im-*

El proyecto ACSE
Ortografía: Prefijos y sufijos *-able, -ible, -mente, -ente, in-, im-*

Básicas Lee el párrafo y usa las Palabras básicas para reemplazar la palabra o frase subrayada.

Ella nos explicó que usualmente __________ el arco iris viene después de la lluvia. Es muy raro __________ ver dos juntos en el cielo, pero no es increíble __________. De todas las leyendas totalmente __________ extraordinarias __________ que existían antes __________, la que habla de encontrar una olla de oro al pie del arco iris es la más divertida. Aunque el arco iris parece ser desigual __________ que el efecto de una prisma, visiblemente __________ los colores son iguales y surgen del mismo efecto llamado refracción. Ver el efecto en un día de sol jugando con una manguera de agua en el jardín es viable __________. Pero lo más importante del arco iris es que es sencillamente __________ bello.

1. ____________________
2. ____________________
3. ____________________
4. ____________________
5. ____________________
6. ____________________
7. ____________________
8. ____________________
9. ____________________
10. ____________________

Avanzadas Imagina que viste la mejor película del mundo. En una hoja aparte, escribe una crítica de la película. Usa tres Palabras avanzadas.

Palabras de ortografía

1. amigable
2. posible
3. inusual
4. tremendamente
5. frenéticamente
6. imposible
7. agradable
8. claramente
9. inservible
10. probablemente
11. increíbles
12. generalmente
13. terriblemente
14. directamente
15. completamente
16. simplemente
17. diferente
18. ligeramente
19. anteriormente
20. oficialmente

Avanzadas

despreciable
divulgable
incansablemente
indudable
impenetrable

El proyecto ACSE
Ortografía: Prefijos y sufijos *-able, -ible, -mente, -ente, in-, im-*

Prefijos y sufijos *-able, -ible, -mente, -ente, in-, im-*

Básicas Escribe las Palabras básicas en la hilera que corresponde.

-able	
-ible	
-mente	
-ente	
in-	
im-	

Avanzadas Agrega las Palabras avanzadas a tu tabla de Clasificación.

Conectar con la lectura Busca palabras con los sufijos y prefijos *-able, -ible, -ente, -mente, in-, im-* en un cuento o artículo. Añade las palabras a tu tabla de Clasificación.

Palabras de ortografía

1. amigable
2. posible
3. inusual
4. tremendamente
5. frenéticamente
6. imposible
7. agradable
8. claramente
9. inservible
10. probablemente
11. increíbles
12. generalmente
13. terriblemente
14. directamente
15. completamente
16. simplemente
17. diferente
18. ligeramente
19. anteriormente
20. oficialmente

Avanzadas
despreciable
incansablemente
divulgable
indudable
impenetrable

Nombre ____________________ Fecha ____________

Lección 4
CUADERNO DEL LECTOR

Corregir la ortografía

El proyecto ACSE

Ortografía: Prefijos y sufijos *-able, -ible, -mente, -ente, in-, im-*

Lee el párrafo y encierra en un círculo todas las palabras mal escritas. Escribe las palabras correctamente en las líneas de abajo.

Susana lo buscaba tan frenitecamente que es poseble que no viera el diamante que se había caído en la alfombra. Papá le había dicho muy claromente: "No toques el trabajo que tengo en la mesa". Pero los diamantes eran tan brillantes que no era posible no mirar. ¡Era inposible no tocar! Genarelmente ella no tocaba las joyas que papá dejaba en la mesa y esta vez probabelmente tampoco debería haberlo tocado. Ese diamante era defirente; era un diamante amarillo, grande, hermoso y brillante. Susana zimplemente quería verlo a la luz del sol en la ventana del comedor. Pero en ese momento ella se tropezó de una forma conteplamente inesperada. Se enredó con el cordón del zapato desatado y ese diamante salió volando por el aire como una chispa y después, nada. La alfombra, tremiendamante profunda, escondía muchos secretos mientras caían sus lágrimas como cataratas en esa anterioramente agradable, pero ahora terrible alfombra. Y en uno de esos increídibles momentos de suerte, un brillo, una chispa, allí vio el diamante. Lo agarró en su mano como si fuera un caja fuerte y lo llevo directemente a la mesa. Por suerte este secreto no era uno que la alfombra le iba a contar a papá.

Palabras de ortografía

1. amigable
2. posible
3. inusual
4. tremendamente
5. frenéticamente
6. imposible
7. agradable
8. claramente
9. inservible
10. probablemente
11. increíbles
12. generalmente
13. terriblemente
14. directamente
15. completamente
16. simplemente
17. diferente
18. ligeramente
19. anteriormente
20. oficialmente

1. ____________ 6. ____________ 11. ____________

2. ____________ 7. ____________ 12. ____________

3. ____________ 8. ____________ 13. ____________

4. ____________ 9. ____________

5. ____________ 10. ____________

Nombre ______________________ Fecha ____________

Lección 4
CUADERNO DEL LECTOR

Reconocer los sustantivos

El proyecto ACSE
Gramática: Sustantivos comunes y propios

Un **sustantivo común** nombra una persona, un lugar, una cosa o una idea en general.
Un **sustantivo propio** nombra una persona, un lugar, una cosa o una idea en particular y se escribe con mayúscula inicial.

propio **común**
Chester es mi mascota favorita.

Un **sustantivo concreto** nombra algo que se puede experimentar a través de uno o más de los cinco sentidos.
Un **sustantivo abstracto** nombra algo que no se puede experimentar a través de los cinco sentidos.

abstracto **concreto**
Janine tenía un deseo: visitar el zoológico.

Un **sustantivo colectivo** nombra a un grupo de personas, animales, cosas o ideas y tiene forma singular.

sustantivo colectivo
La colonia de hormigas bloquea la acera.

Pregunta para reflexionar
¿Qué tipos de personas, lugares, cosas e ideas se nombran en la oración?

Actividad **Escribe si cada sustantivo subrayado es *común* o *propio*.**

1. Los gatos abisinios provienen de Egipto.

   ____

2. Mi informe trata sobre los leones en África.

   ____

Actividad **Escribe si cada sustantivo subrayado es *concreto, abstracto* o *colectivo*.**

3. El zoólogo tenía una teoría acerca de la manada de lobos.

   ____

4. El personal del museo tenía un plan para la exposición.

   ____

Nombre ______________________ Fecha ____________

El uso de mayúsculas en los sustantivos propios

El proyecto ACSE
Gramática: Sustantivos comunes y propios

Los **sustantivos propios** nombran personas, lugares y cosas específicas. Siempre se deben escribir con **mayúscula** inicial.

Organizaciones	Cruz Roja, Niños Escuchas
Sucesos y períodos históricos	la Gran Depresión, el Renacimiento
Edificios	el Louvre, el Empire State
Monumentos	el Taj Mahal, el Monumento a Washington
Lugares	América Latina, San Antonio, el Medio Oeste, Europa

Pregunta para reflexionar
¿El sustantivo nombra una persona, un lugar o una cosa, en particular?

Actividad Subraya las palabras que deben empezar con mayúscula.

1. La sociedad protectora de animales ayudó al refugio en detroit.
2. Cuando la tía francisca llegó con los perros, comenzó oficialmente el día de acción de gracias.
3. ¿Has visto alguna vez el monumento al perro de las praderas en las grandes llanuras?
4. Las manadas de caballos circulaban antes por el viejo oeste.
5. Mi perro tato nació en florida.
6. Hasta los perros de la familia celebraron el día de la madre con nosotros.

Nombre ______________________ Fecha ______________

Las aposiciones

El proyecto ACSE
Gramática: Sustantivos comunes y propios

Una **aposición** es una palabra o grupo de palabras que sigue al sustantivo y lo explica. La aposición se separa del resto de la oración con comas.

aposición

Shadow, el gato de la familia, saltó encima del sillón.

Se puede usar una aposición para combinar dos oraciones cortas.

Vi a Jim en el parque. Jim es el entrenador de nuestro perro.

Vi a Jim, el entrenador de nuestro perro, en el parque.

Pregunta para reflexionar
¿Qué palabra o grupo de palabras se escribe a continuación del sustantivo y lo explica?

1 a 4. Subraya la aposición y encierra en un círculo el sustantivo que la aposición explica.

1. Ted, nuestro loro, chilló cuando abrí la jaula.
2. Marley, mi pastor alemán, sacó la cabeza por la ventanilla del carro.
3. El tiburón ballena, el tiburón más grande que existe, puede llegar a medir 40 pies de largo.
4. ¿Quieres ir a Campos Felices, el establo de caballos cerca de mi casa?

5 a 8. Agrega una aposición para combinar las oraciones.

5. Llevé a Scruffy al veterinario. Scruffy es mi gato.

   ____

6. Queríamos ir al Paraíso de las Mascotas. El Paraíso de las Mascotas es el refugio local para animales.

   ____

7. ¿Sabes algo acerca de las hienas? Las hienas son los perros salvajes de África.

   ____

8. Los veterinarios parecen disfrutar de su trabajo. Los veterinarios son médicos que atienden a los animales.

   ____

   ____

Nombre ______________________ Fecha __________

Lección 4
CUADERNO DEL LECTOR

El proyecto ACSE
Gramática: Repaso frecuente

Escribir títulos y abreviaturas

Títulos de libros	Títulos de poemas, capítulos o canciones
Leí el libro Diario del cachorro fugitivo. He visto Conversaciones con animales dos veces. Mi libro favorito es Mi perro Sam.	El coro cantó "El silbato". Leímos el poema "Cola peluda". Estoy leyendo el capítulo llamado "Ondas cerebrales".

Abreviaturas	
Organización de las Naciones Unidas	ONU
señor González	Sr. González
avenida La Paz	Ave. La Paz

1 a 4 Escribe los títulos correctamente.

1. la intuición animal: ¿un fenómeno real? (libro)

____

2. la vida del gato oliver (poema)

____

3. patrones de conducta de los animales perdidos (capítulo)

____

4. animales de áfrica (libro)

____

5 a 8 Vuelve a escribir las oraciones con las mayúsculas correctas.

5. La sra. pagán me dijo que había perdido a su perro willy.

____

6. Parece que alguien lo vio en la ave. central.

____

7. No quisiera tener que llamar a la sociedad protectora de animales.

____

8. ¡Resulta que el sr. pagán sacó a willy a pasear!

____

Conectar con la escritura

El proyecto ACSE
Gramática: Conectar con la escritura

El uso de palabras precisas y aposiciones hace que la escritura sea más clara e interesante.
Bob, mi serpiente ratonera, duerme todo el día.
Su perro, un pastor alemán, espera pacientemente que ella regrese a casa.
Los etólogos, biólogos que estudian el comportamiento animal, se interesan por los patrones de comportamiento.
El Coto, un bosque local, es un lugar perfecto para observar pájaros.

Lee las oraciones. Busca sustantivos que podrían explicarse más claramente agregando aposiciones. Vuelve a escribir cada oración con una nueva aposición.

1. Los patitos nadaron en el lago Thompson.

____

____

2. Jaime entretuvo a los invitados después de la cena.

____

____

3. El panal de abejas está detrás del rododendro.

____

____

4. Hocicos Felices es un buen lugar para trabajar de voluntario.

____

____

5. Los patitos aprenden a seguir a su mamá mediante el proceso de impronta.

____

____

6. La película era terrorífica.

____

____

Nombre ______________________ Fecha ____________

El proyecto ACSE
Escritura: Escritura narrativa

Punto de enfoque: Organización

Conflicto interesante

La trama es una serie de sucesos con un comienzo, un desarrollo y un final. Una buena trama debe tener un conflicto interestante, o problema, que los lectores quieran ver resuelto. Una trama débil tiene un conflicto poco interesante o no tiene conflicto. Los tipos de conflicto pueden ser de persona contra persona, de persona contra la naturaleza, de persona contra sí misma y de persona contra las fuerzas sobrenaturales.

Conflicto débil: *Un perro vive solo en un edificio abandonado.*

Conflicto interesante: *Un perro está atrapado en un edificio abandonado que está a punto de ser demolido.*

Lee cada conflicto. Agrega detalles para hacer la trama más interesante. Escribe el conflicto modificado.

1. **Conflicto débil:** La familia de un niño desea mudarse a un nuevo apartamento.

   Conflicto interesante: ______________________________

   ____

2. **Conflicto débil:** El guía del safari oyó ruidos.

   Conflicto interesante: ______________________________

   ____

3. **Conflicto débil:** La familia despertó debido al perro que ladraba.

   Conflicto interesante: ______________________________

   ____

4. **Conflicto débil:** Un muchacho ayuda a su familia a dirgir un refugio para gatos abandonados y le encanta su trabajo.

   Conflicto interesante: ______________________________

   ____

   ____

Nombre ____________________ Fecha __________

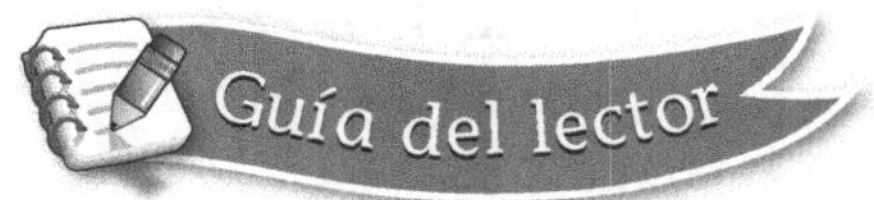

La familia Myers

¡Les presentamos a los Myers!

Imagina que eres el anfitrión de una reunión de tu club de lectura. Tus invitados de honor son Walter Dean Myers y su hijo, Christopher. Tú los presentarás. Prepara tu presentación haciendo una lista de los datos sobre el autor y el ilustrador en la tabla. Las páginas 139, 140, 142 y 144 te ayudarán a concentrarte en los hechos.

Walter Dean Myers	Christopher Myers

Nombre ______________________ Fecha ______________

La familia Myers
Lectura independiente

¿Qué piensas de Walter Dean Myers y su hijo Christopher? ¿Por qué su trabajo es inspirador o importante? ¿Qué piensas acerca de su trabajo y de su relación? En tu presentación, da un par de opiniones que atraigan la atención del público. Apoya tus opiniones con hechos.

Nombre ______________________ Fecha ______________

Lección 5
CUADERNO DEL LECTOR

La familia Myers
Estrategias de vocabulario:
Fuentes de referencia

Fuentes de referencia

base, *s.* apoyo principal de una cosa
develar, *v.* hacer público; echar luz sobre una cosa
epidemia, *adj.* contagio generalizado de una enfermedad
expeditar, *v.* acelerar, procesar rápidamente
frugal, *adj.* que evita el despilfarro
interceptar, *v.* detener o interrumpir
mayoría, *s.* cantidad mayor a la mitad del total
simultáneo, *adj.* que sucede al mismo tiempo

Observa los significados y las partes de la oración indicadas en las entradas del diccionario de arriba. Elige una palabra para completar cada oración.

1. Se programó el despegue ______________ de los cohetes a las 12:00.
2. Quería ______________ el secreto antes de volver a México.
3. La fruta y la verdura son la ______________ de una buena alimentación.
4. La gripe española de principios del siglo XX fue una ______________ que mató a millones de personas.
5. Un buen portero sabe ______________ los balones, lleguen por donde lleguen.
6. La ______________ de los estudiantes votaron a favor de ampliar el recreo.
7. Pregunté en la oficina de correos si podían ______________ el envío.
8. Era muy ______________; ahorraba todo lo que podía.

Nombre ______________________ Fecha ______________

La familia Myers
Ortografía: Sílabas con *c, s* y *z*

Sílabas con *c, s* y *z*

Básicas Completa el crucigrama con las Palabras básicas usando las pistas.

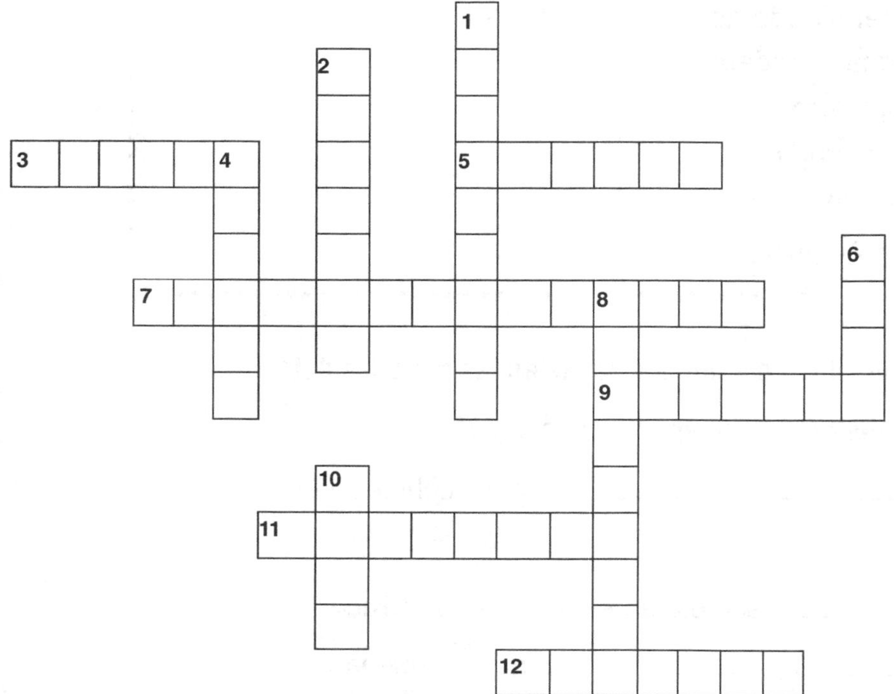

Horizontales

3. Puede ser.
5. Lo que hizo al principio
7. De vez en cuando
9. Uno menos de quince
11. Un cuento
12. La manera o los pasos en que se hace algo

Verticales

1. Ella festejaba.
2. El lugar donde compramos cosas
4. Siete días
6. Cuando él habla él _______.
8. El espacio destinado para la representación de obras de teatro
10. El número de dedos en dos manos

Palabras de ortografía

1. catorce
2. celebraba
3. describe
4. dice
5. diez
6. empezó
7. escenario
8. haz
9. historia
10. mestizo
11. negocio
12. ocasionalmente
13. primerizo
14. proceso
15. quizás
16. raza
17. semana
18. solucionando
19. vez
20. voz

Avanzadas

inaceptable
convencer
discusión
zozobra
ceja

Avanzadas **Piensa en una ocasión en que tomaste una decisión muy difícil. En una hoja aparte, escribe una entrada de diario sobre ese momento. Usa tres Palabras avanzadas.**

Nombre ______________________ Fecha ____________

La familia Myers
Ortografía: Sílabas con *c, s* y *z*

Clasificación de palabras

Básicas Escribe las Palabras básica en la hilera que corresponde.

Palabras con una sílaba	
Palabras con dos sílabas	
Palabras con tres sílabas	
Palabras con cuatro sílabas	
Palabras con cinco sílabas	
Palabras con seis sílabas	

Avanzadas Agrega las Palabras avanzadas a tu tabla de Clasificación.

Conectar con la lectura Busca palabras con **c, s** y **z** en *La familia Myers.* Añade por lo menos tres palabras a tu tabla de Clasificación.

Palabras de ortografía

1. catorce
2. celebraba
3. describe
4. dice
5. diez
6. empezó
7. escenario
8. haz
9. historia
10. mestizo
11. negocio
12. ocasionalmente
13. primerizo
14. proceso
15. quizás
16. raza
17. semana
18. solucionando
19. vez
20. voz

Avanzadas

inaceptable
convencer
discusión
zozobra
ceja

Nombre ______________________ Fecha ____________

Lección 5
CUADERNO DEL LECTOR

La familia Myers
Ortografía: Sílabas con *c, s* y *z*

Corregir la ortografía

Lee el párrafo y encierra en un círculo todas las palabras mal escritas. Escribe las palabras correctamente en el espacio de abajo.

Octubre es un mes muy complicado. En cada cemana del mes hay una fecha importante. El catorse cumple años mi abuelo y mi mamá. El veinte cumple mi tía, el doce mi hermana y el cuatro de octubre es el aniversario de la boda de mis padres. Yo tenía solo dies años pero me daba cuenta de que si todo se selebraba en la fecha en que ocurría, sería mucho trabajo y muchos viajes de una casa a otra. Yo le comenté a mi papá que estaba en su negosio que si quisás eligiéramos un día en el medio del mes para celebrar todos los acontecimientos sería mejor. Él me dijo: "Tú siempre estás solusionando problemas. Excelente idea hijo". Entonces, por primera ves, yo escribí una carta que dezcribe el problema y dise mi solución y la envié a toda mi familia. Con esto se empesó una nueva tradición familiar. Mi pequeña carta hizo istoria.

1. ______________ 7. ______________
2. ______________ 8. ______________
3. ______________ 9. ______________
4. ______________ 10. ______________
5. ______________ 11. ______________
6. ______________ 12. ______________

Palabras de ortografía

1. catorce
2. celebraba
3. describe
4. dice
5. diez
6. empezó
7. escenario
8. haz
9. historia
10. mestizo
11. negocio
12. ocasionalmente
13. primerizo
14. proceso
15. quizás
16. raza
17. semana
18. solucionando
19. vez
20. voz

Sustantivos en singular y en plural

Un **sustantivo en singular** nombra una persona, lugar, cosa o idea. Un **sustantivo en plural** nombra más de una persona, lugar, cosa o idea. El plural de los sustantivos terminados en las vocales *a, e* y *o* se forma agregando *-s*. El plural de los sustantivos terminados en consonante se forma agregando *-es.* Si una palabra termina en *-z*, se elimina la *-z* y se agrega *-ces* para formar el plural.

Singular	Plural
Vi una caja en el escenario.	Necesitamos tres cajas.
Ella cantó una canción.	¿Cuántas canciones cantaste?
Ese foco produce una luz brillante.	Yo soy el encargado de las luces.

La acentuación de las palabras suele cambiar cuando se forma el plural.

Pregunta para reflexionar
¿Nombra este sustantivo más de una persona, animal o cosa?

Actividad Escribe la forma plural del sustantivo que está entre paréntesis.

1. Julie fue a ver tres (ópera) este verano. ____________
2. En la obra, los niños tuvieron distintos (papel). ____________
3. Esa pintura incluye varios (rosal). ____________
4. Estoy tomando dos (clase) de baile este verano. ____________
5. ¿Cuántas (persona) hay en tu banda? ____________
6. Bárbara tiene (lección) de flauta los sábados. ____________
7. Los (juez) de la orquesta entregaron trofeos. ____________
8. Los (ganador) se llevaron los trofeos a casa. ____________

Sustantivos invariables

Un **sustantivo invariable** tiene la misma forma en singular y en plural.

sustantivos invariables

el miércoles	los miércoles
el rompenueces	los rompenueces
la dosis	las dosis
el trabalenguas	los trabalenguas

Pregunta para reflexionar
¿Estos sustantivos cambian para formar el plural?

Actividad **Subraya los sustantivos invariables.**

1. La clase de pintura de María es todos los viernes.
2. Todos hicimos nuestros análisis de la obra de teatro para la clase.
3. La maestra de arte escribió dos tesis en la universidad.
4. Los estudiantes usaron sus paraguas al salir del museo.
5. El museo estaba ubicado entre varios rascacielos.
6. Él no pudo participar en la obra porque le dio un virus.

Nombre ____________________ Fecha ____________

Errores comunes

La familia Myers
Gramática: El plural de los sustantivos

Un **sustantivo invariable** tiene la misma forma en singular y en plural. Un error común es agregar *-es* para indicar el plural de los sustantivos invariables, así como quitarles la *-s* para referirnos a ellos en singular.

Para reconocer los sustantivos invariables en singular o plural, fíjate en las palabras que los modifican (por ejemplo: varias, muchos, dos, cuatro) y los artículos *un, una, unos, unas, el, la, los, las*.

singular	**plural**
Vamos a ir el jueves.	Vamos a ir los jueves.
Fue un buen análisis.	Los análisis fueron buenos.

Pregunta para reflexionar
¿Qué artículos y palabras modifican a los sustantivos?

Actividad Indica si los sustantivos invariables subrayados están en singular o en plural. Encierra en un círculo las palabras que te ayudan a saberlo.

1. Mi hermano toma clases de guitarra los martes. ____________
2. Un famoso arquitecto está construyendo el rascacielos más alto del país. ____________
3. Me gusta la música ultra moderna en pequeñas dosis. ____________
4. Mi prima tiene su primera clase de guitarra este lunes. ____________
5. Mi tío siempre toca el oboe en los cumpleaños de todos nosotros. ____________
6. Tenemos un ensayo el próximo viernes. ____________

Nombre ______________________ Fecha ____________

Lección 5
CUADERNO DEL LECTOR

La familia Myers
Gramática: Repaso frecuente

La coma y el punto y coma

Usar la coma y el punto y coma	
Uso de la coma	
Palabras introductorias	Sí, leí esa obra de teatro de Joe Jones.
Al hablar directamente a alguien	Samuel, danos un resumen de la obra que leíste.
Aposiciones	Harlem, una sección de la Ciudad de Nueva York, es el escenario del musical.
Series	Ella se levanta temprano, desayuna, se lava los dientes y practica hasta las doce.
Preguntas al final de la oración	La clase de teatro empieza a las dos, ¿no es así?

Uso del punto y coma	
Series con comas	Había tres grupos: Ana, Sofía y Manuel; Gabriel y Alejandro; y Alicia, José y Miguel.

1 a 5. Vuelve a escribir las oraciones. Añade coma y punto y coma donde sea necesario.

1. No no tengo una sala para mi obra todavía.

____

2. Nuestra clase escribió dos cuentos cinco poemas y una obra de teatro.

____

3. La obra una comedia musical cuenta la historia de un escritor joven.

____

4. Los estudiantes están planificando el vestuario la utilería las luces y la música.

____

5. El vestuario está a cargo de Rosa Mía y Laura las luces les tocan a Javier Pablo y Raquel los útiles los planeará Martín.

____

____

Nombre _______________ Fecha _______________

Conectar con la escritura

Sustantivo singular	Sustantivo plural
libro	libros
pared	paredes
canción	canciones
arroz	arroces
alelí	alelíes
el análisis	los análisis

Vuelve a escribir las oraciones usando la forma correcta del plural de los sustantivos subrayados.

1. La cantante presentó sus nuevas canción el fin de semana.

____

2. Fue un magnífico espectáculo con muchos acto diferentes.

____

3. Todos los artista recibieron una gran y larga ovación.

____

4. La caja se cayó con un estruendo y los disfraz cayeron al suelo.

____

5. Cuando Paula encontró los instrumentos extraviados, evitó varias crisis.

____

6. Había una guitarra, dos saxofón y un clarinete en escena.

____

7. Los sombrero de los bailarines eran rojos y blancos.

____

8. Al final nos invitaron a una de las fiesta del reparto.

____

Nombre ______________________ Fecha ____________

Lección 5
CUADERNO DEL LECTOR

La familia Myers
Escritura: Escritura narrativa

Punto de enfoque: Elección de palabras

Crear escritura vívida

Una forma de crear escritura que es interesante y atrae al lector es proporcionar detalles descriptivos y lenguaje sensorial para explicar los sucesos del cuento.

Oración con datos básicos	Oración que permite al lector "ver" y "oír" los sucesos
La bailarina actuó para la audiencia.	La bailarina flotó con gracia por el escenario y luego saludó e hizo una delicada reverencia mientras la audiencia la ovacionaba de pie.

Revisa las oraciones para crear oraciones vívidas que creen una imagen para el lector. Incluye detalles descriptivos y lenguaje sensorial.

1. Alice se maquilló para la presentación.

____

____

____

2. La niña hizo un dibujo para su cuento.

____

____

____

3. A los niños les gustó el narrador de cuentos.

____

____

____

4. La cantante de ópera cantó con fuerza.

____

____

Nombre ______________________ Fecha __________

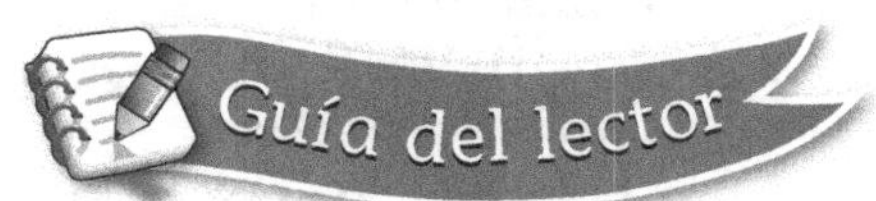

El niño que salvó al béisbol

Piensa como un periodista

Escribe un guión para una escena de las páginas 168 a 172 como si fueras periodista. Concéntrate en un tema específico. Usa las descripciones del cuento para mostrar en la columna Video lo que los espectadores verían en el video. En la columna de Audio, escribe el relato del periodista. También puedes usar citas de los personajes como si fueran entrevistas en primera persona.

Práctica de bateo

Video	Audio

Nombre ______________________ Fecha ____________

Lección 6
CUADERNO DEL LECTOR

El niño que salvó al béisbol
Lectura independiente

Vuelve a leer las páginas 176 a 179 y escribe el guión de noticias.

Práctica de bateo

Video	Audio

Nombre ______________________ Fecha ______________

Usar el contexto

Lee las siguientes oraciones. Usa las claves de contexto para determinar el significado de la palabra subrayada. Luego, escribe el significado de la palabra en la línea.

1. ¿Reconoces a esa muchacha o es nueva en la clase?

   ____

   ____

2. Mi madre me ha enseñado a ser educada y cortés con los ancianos.

   ____

   ____

3. Mi madre llevó la receta del medicamento a la farmacia.

   ____

   ____

4. El jinete se montó al caballo para practicar antes del espectáculo ecuestre.

   ____

   ____

5. Si te concentras y te esfuerzas podrás memorizar las palabras de vocabulario.

   ____

   ____

Nombre ______________________ Fecha ______________

El niño que salvó al béisbol

Ortografía: Palabras con las terminaciones *-ado, -ando, -iendo*

Palabras con las terminaciones *-ado, -ando, -iendo*

Básicas **Encuentra y escribe la Palabra básica que mejor completa el grupo de palabras.**

1. golpeando, pegando, ______________
2. espeso, reducido, ______________
3. desenvuelto, deshecho, ______________
4. creando, formando, ______________
5. fingiendo, imitando, ______________
6. transmitido, emitido, ______________
7. soportando, sosteniendo, ______________
8. encarcelando, deteniendo, ______________
9. persuadiendo, induciendo, ______________
10. parado, situado, ______________
11. alias, nombrado, ______________
12. ocurriendo, pasando, ______________
13. silbando, ronroneando, ______________
14. lanoso, peludo, ______________
15. entendido, comprendido, ______________
16. calculado, automatizado, ______________
17. hablando, expresando, ______________
18. peleando, combatiendo, ______________
19. riendo, risa, ______________
20. bebiendo, ingiriendo, ______________

Palabras de ortografía

1. bateando
2. concentrado
3. desarrollado
4. haciendo
5. simulando
6. televisado
7. apoyando
8. capturando
9. convenciendo
10. estacionado
11. llamado
12. sucediendo
13. zumbando
14. afelpado
15. captado
16. computarizado
17. diciendo
18. luchando
19. sonriendo
20. tomando

Avanzadas

describiendo
dedicando
enfrentado
aprovechando
empobreciendo

Avanzadas **En una hoja aparte, escribe un párrafo en el que cuentes cómo encaraste un desafío. Usa tres Palabras avanzadas.**

Nombre ______________________ Fecha ____________

El niño que salvó al béisbol

Ortografía: Palabras con las terminaciones *-ado, -ando, -iendo*

Clasificación de palabras

Básicas Escribe las Palabras básicas en la columna que corresponda.

Palabras terminadas en *-ado*	Palabras terminadas en *-ando*	Palabras terminadas en *-iendo*

Avanzadas Agrega las Palabras avanzadas a tu tabla de Clasificación.

Conectar con la lectura Encuentra en *El niño que salvó al béisbol* tres palabras más con las terminaciones *-ado, -ando, -iendo.* Agrégalas a tu tabla de Clasificación.

Palabras de ortografía

1. bateando
2. concentrado
3. desarrollado
4. haciendo
5. simulando
6. televisado
7. apoyando
8. capturando
9. convenciendo
10. estacionado
11. llamado
12. sucediendo
13. zumbando
14. afelpado
15. captado
16. computarizado
17. diciendo
18. luchando
19. sonriendo
20. tomando

Avanzadas

describiendo
dedicando
enfrentado
aprovechando
empobreciendo

Nombre ______________________ Fecha ____________

Lección 6
CUADERNO DEL LECTOR

El niño que salvó al béisbol

Ortografía: Palabras con las terminaciones *-ado, -ando, -iendo*

Corregir la ortografía

Lee el párrafo y encierra en un círculo todas las palabras de ortografía mal escritas. Escribe las palabras correctamente en las líneas de abajo.

El director de nuestra escuela ha estado luchiando por mucho tiempo para computarizar la información de la escuela. Él ha estado hasiendo mucho trabajo, sonrindio y apollando la idea del cambio. El proyecto ha sido desarroyado por una compañía que tiene mucha experiencia. Este cambio se hizo gracias al esfuerzo de mucha gente. Como es un tema tan popular, se ha televizado en las noticias de la noche y ha kaptado el interés de otras escuelas que se están conbenciendo de que es una buena medida. Parece que esta idea está capturendo el interés de muchos padres y está tomanto cuerpo en muchas comunidades de la ciudad. Estamos orgullosos de que nuestra escuela sea líder en este cambio.

1. ______________________
2. ______________________
3. ______________________
4. ______________________
5. ______________________
6. ______________________
7. ______________________
8. ______________________
9. ______________________
10. ______________________

Palabras de ortografía

1. bateando
2. concentrado
3. desarrollado
4. haciendo
5. simulando
6. televisado
7. apoyando
8. capturando
9. convenciendo
10. estacionado
11. llamado
12. sucediendo
13. zumbando
14. afelpado
15. captado
16. computarizado
17. diciendo
18. luchando
19. sonriendo
20. tomando

Nombre ______________________ Fecha ____________

El niño que salvó al béisbol
Gramática: Clases de verbos

Los verbos de acción

Los **verbos de acción** expresan una acción, o lo que el sujeto hace o hizo. Los verbos de acción indican qué suceso o actividad sucede o ya sucedió.

Carlos come pizza.

El sábado jugamos baloncesto en el parque.

Pregunta para reflexionar
¿Qué palabra expresa una acción?

Actividad Subraya el verbo de acción en cada oración.

1. Caminamos desde el auditorio hasta el campo de béisbol.
2. Yo predije que los Pumas ganarían.
3. Gabe lanzó la primera pelota.
4. Keisha voló a través de la cancha.
5. Todos animamos a los jugadores.
6. Jack bateó un jonrón.
7. Ambos equipos jugaron un gran partido.
8. Para celebrar, comimos helados.

Nombre ______________________ Fecha ____________

Los verbos principales y los verbos auxiliares

Un verbo puede estar compuesto por más de una palabra. El **verbo principal** de una oración expresa una acción o un estado. Tiene significado por sí mismo.

Estás <u>saltando</u> demasiado alto.

Un **verbo auxiliar** no expresa acción, sino que antecede al verbo principal e indica la conjugación.

<u>Estás</u> saltando demasiado alto.

Preguntas para reflexionar
¿La palabra dice lo que el sujeto hace o lo que es? ¿La palabra indica la conjugación?

Actividad Subraya el verbo principal en cada oración. Encierra en un círculo el verbo auxiliar.

1. El equipo ha jugado bien esta temporada.
2. Hemos ganado casi todos los juegos.
3. Estoy pensando en irme al final de la temporada.
4. Yo puedo ver el juego desde mi casa.
5. Esta tarde estaremos trabajando en la biblioteca.
6. Debes concentrarte en el juego.
7. Tú sí podrías atrapar esa pelota.
8. Para mañana ya habremos llegado a la ciudad.

Nombre ______________________ Fecha ______________

Los verbos copulativos

Los **verbos copulativos** no aportan un significado pleno, sólo se emplean para unir el sujeto con el predicado, que suele ser un sustantivo o un adjetivo que indica cómo está o cómo es el sujeto. Los verbos copulativos son *ser, estar* y *parecer.*

Hoy, el entrenador parece feliz.

Pregunta para reflexionar
¿Qué palabra une al sujeto con otra palabra que indica cómo está o cómo es él?

Actividad Subraya el verbo copulativo de cada oración.

1. El béisbol es un deporte muy popular.
2. El capitán parecía bastante feliz.
3. El puntaje me pareció justo.
4. El juego estuvo muy tenso.
5. Parecías calmado después del partido.
6. Nuestros puestos estaban bastante alejados del campo.
7. El béisbol es un juego muy emocionante.
8. Ella está feliz porque su equipo ganó.
9. La barra es muy bulliciosa.
10. El abuelo parece contento de tenernos en casa.

Nombre ______________________ Fecha ____________

Oraciones completas

Sujeto completo	Predicado completo
Mi hermano	juega béisbol con el equipo de secundaria.

Fragmento	Todos los días, después de clases.
Oración completa	Él practica todos los días, después de clases.

Oración seguida	Vimos el partido anoche fue divertido hacer barra.
Oraciones completas	Vimos el partido anoche. Fue divertido hacer barra.
Oración seguida	Mi hermano bateó un elevado y conectó un jonrón.
Oración completa	Mi hermano bateó un elevado y conectó un jonrón.

1 a 4. Rotula cada grupo de palabras como *fragmento* u *oración completa.* En las oraciones, traza una línea entre el sujeto y el predicado.

1. Los niños han jugado en el parque O'Leary por años. ______________________
2. ¡Hasta mi abuelo cuando era joven! ______________________
3. La ciudad ahora quiere pavimentar la cancha. ______________________
4. Escribirle al alcalde y hacer carteles para protestar. ______________________

5 y 6. Corrige las oraciones seguidas creando un sujeto compuesto o un predicado compuesto. Usa la conjunción que está entre paréntesis. Escribe la nueva oración en la línea.

5. Mi familia ama el béisbol mi familia siempre anima al equipo de nuestra ciudad natal. **(y)**

____

____

6. En el parque de béisbol, mis hermanas comparten un paquete de cacahuate yo comparto un paquete de cacahuate. **(y)**

____

____

Nombre ______________________ Fecha ______________

Lección 6
CUADERNO DEL LECTOR

El niño que salvó al béisbol
Gramática:
Conectar con la escritura

Conectar con la escritura

Los verbos dicen lo que alguien o algo hace. Los buenos escritores eligen cuidadosamente los verbos para ayudar a los lectores a imaginar la acción.	
oraciones con verbos imprecisos	**oraciones con verbos precisos**
Gracie corrió por el campo.	Gracie voló por el campo.
Tyler caminó por el jardín.	Tyler paseó por el jardín.

Vuelve a escribir cada oración reemplazando el verbo subrayado por otro más exacto.

1. Cho miró las caras de los jugadores.

____

2. Ella caminó por el campo.

____

3. Todos fueron a las bases.

____

4. Muchos espectadores comían palomitas de maíz durante el juego.

____

____

5. Yo dije que nuestro equipo ganaría el juego.

____

6. Ella hizo un cuadro del campo de béisbol.

____

Nombre ______________________ Fecha ___________

Lección 6
CUADERNO DEL LECTOR

El niño que salvó al béisbol

Escritura:
Escritura argumentativa

Punto de enfoque: Voz

Hacer una afirmación

Los buenos escritores comienzan un párrafo de respuesta con una afirmación, o una opinión, sobre un tema. La afirmación indica lo que opina el autor. El resto del párrafo está organizado con razones relevantes y evidencia que apoya la afirmación.

Lee los párrafos. Vuelve a escribir la oración principal para incluir una buena afirmación que presente el autor. Usa el lenguaje apropiado.

1. Los medios de comunicación son buenos para las personas. La razón por la que creo esto es que nos brindan las noticias importantes que nos mantienen conectados con el mundo exterior. Por ejemplo, sé lo que ocurre en mi comunidad, ¿pero qué ocurre a mil millas de distancia? Cuando enciendo la televisión, oigo la voz familiar de la presentadora llenando la sala y escucho las noticias con atención. Como consecuencia, me siento conectado con mi país y con los habitantes de todo el mundo. ______________________

____

2. Los medios de comunicación distraen. Cuando miro a mi alrededor, me siento bombardeado por publicidades. Una publicidad promete: "¡Ten dientes más blancos de inmediato!". La siguiente publicidad reza: "¡El champú más increíble que hayas probado en tu vida!". La cantidad de productos es infinita y puede ser abrumador decidir cuál elegir. Al final, siempre me convenzo de que estar al aire libre es la mejor opción para mí.

____

____

Nombre ______________________ Fecha __________

"Me*nudo* lugar" de *Matelocuras: Pasatiempos matemáticos*

Examina los nudos

A veces los autores usan lenguaje figurado para que el lector sienta ciertas emociones. Vuelve a leer la página 198 de "Me*nudo* lugar". Observa el lenguaje figurado e identifica el sentimiento que crea.

Lenguaje figurado	Lo que realmente significa	Sentimiento que causa
Se retuerce y pasa una vez más por arriba y por debajo de sí mismo...		
... un grupo de niños giran montados sobre un platillo volador bastante extraño...		
Para el carro.		
...portón de nudos lanudos...		

"*Menudo* lugar"
de *Matelocuras: Pasatiempos matemáticos*
Lectura independiente

Nombre ______________________ Fecha ____________

La autora creó títulos muy ingeniosos para las distintas secciones usando la palabra *nudo*. Observa otra vez los títulos de las secciones. Luego, escribe el significado de cada título basándote en el título y el contenido de la sección.

Título de la sección	Significado
Menudo lugar	
Nudos y no nudos	
Menudo nudo	
Los nudos de Lord Kelvin	
Nudos en tu cuerpo	

Nombre ______________________ Fecha ____________

Relaciones entre las palabras

Lee cada par de palabras. Usa la relación entre paréntesis para predecir el significado de la palabra en negrita. Escribe en la línea el significado que predijiste.

1. zorro / **cachorro** (de adulto a bebé)

Significado: ______________________

2. insecto / **antena** (del todo a la parte)

Significado: ______________________

3. **raqueta** / tenis (de equipo a deporte)

Significado: ______________________

4. simple / **adornada** (antónimos)

Significado: ______________________

5. **pluma** / bolígrafo (de elemento a categoría)

Significado: ______________________

6. **azufre** / olor (de causa a efecto)

Significado: ______________________

7. **estambre** / flor (de la parte al todo)

Significado: ______________________

8. **sombrerero** / tienda de sombreros (de persona a lugar)

Significado: ______________________

9. **velociraptor** / dinosaurio (de elemento a categoría)

Significado: ______________________

10. **angustia** / lágrimas (de causa a efecto)

Significado: ______________________

Nombre ______________________ Fecha ____________

Me*nudo* lugar
Ortografía: Palabras con los prefijos *des-*, *re-*, *pre-*, *pro-*

Palabras con los prefijos *des-*, *re-*, *pre-*, *pro*

Básicas Completa el crucigrama usando las Palabras básicas.

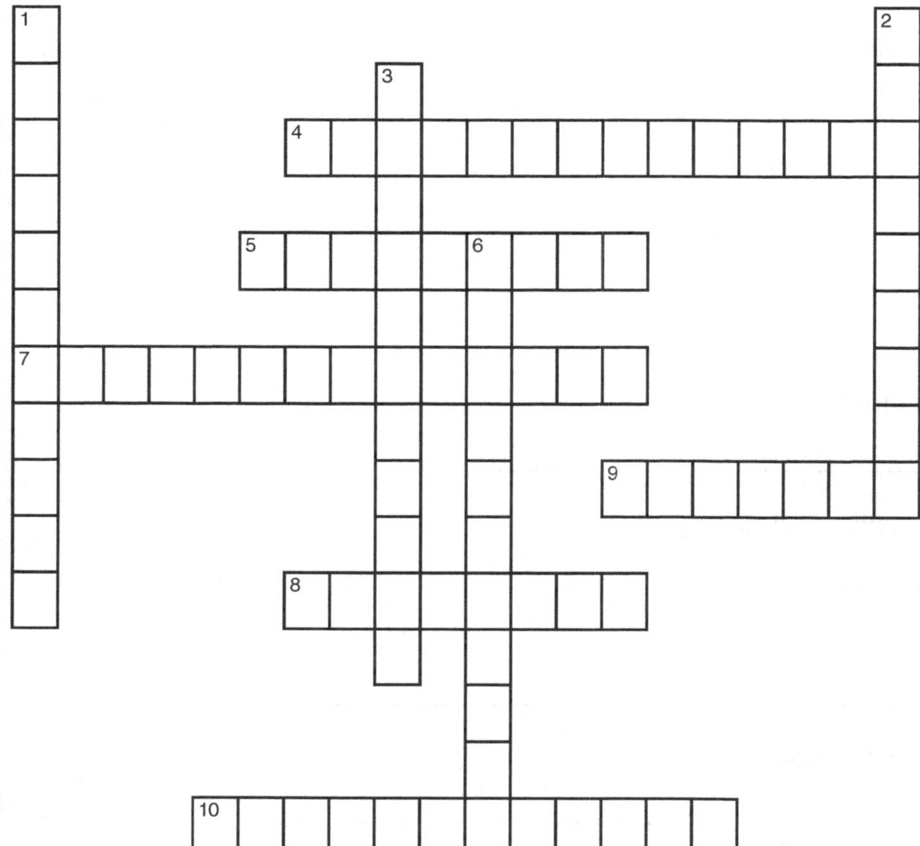

Horizontal

4. Decidido antes
5. Sacar la carga
7. Encontrar algo nuevo
8. Hacer que no pase
9. Reemplazar
10. Antes de Colón

Vertical

1. Agregar profundidad
2. Decir públicamente
3. Deshacer
6. Reunión

Palabras de ortografía

1. descubrimiento
2. precolombino
3. preocupación
4. profundizar
5. rebote
6. repoblar
7. descomponer
8. desenrolla
9. predeterminado
10. proclamar
11. proveniente
12. reencuentro
13. representar
14. descargar
15. desgastados
16. predestinado
17. prevenir
18. propusieron
19. recubrir
20. reponer

Avanzadas

proposición
desentonar
recompensar
reconciliación
preestablecido

Avanzadas Escribe oraciones con tres Palabras avanzadas sobre una excursión que hiciste con tu clase al museo de ciencias. Describe las actividades que hicieron adentro y las que hicieron al aire libre. Escribe en una hoja aparte.

Nombre ______________________ Fecha ______________

Clasificación de palabras

Me*nudo* lugar
Ortografía: Palabras con los prefijos *des-*, *re-*, *pre-*, *pro-*

Básicas Escribe las Palabras básicas en la hilera que corresponde.

Palabras con *des-*	
Palabras con *re-*	
Palabras con *pre-*	
Palabras con *pro-*	

Avanzadas Agrega las Palabras avanzadas a tu tabla de Clasificación.

Conectar con la lectura Encuentra en *Me*nudo *lugar* tres palabras con *des-*, *re-*, *pre-*, *pro-*. Agrégalas a tu tabla de Clasificación.

Palabras de ortografía

1. descubrimiento
2. precolombino
3. preocupación
4. profundizar
5. rebote
6. repoblar
7. descomponer
8. desenrolla
9. predeterminado
10. proclamar
11. proveniente
12. reencuentro
13. representar
14. descargar
15. desgastados
16. predestinado
17. prevenir
18. propusieron
19. recubrir
20. reponer

Avanzadas
proposición
desentonar
recompensar
reconciliación
preestablecido

Nombre ______________________ Fecha ____________

Corregir la ortografía

Men*udo* lugar

Ortografía: Palabras con los prefijos *des-, re-, pre-, pro-*

Lee el párrafo y encierra en un círculo las palabras mal escritas. Escribe las palabras correctamente en las líneas de abajo.

El paseo que habíamos planeado con mi familia parecía perfecto. Digo parecía porque en realidad el plan fracasó. La preocupasion de mi papá era que la batería del coche se fuera a descarjar, o que el coche se fuera a discomponer. Comenzó a revisarlo a las 6:00 de la mañana y su descubremiento fue que los tornillos de las ruedas estaban desgustados. Papi desinrolla una lona para tirarse al suelo a cambiarlos. Ya eran las 9:00 de la mañana. Estábamos impacientes y mis hermanos preposieron que tomáramos el desayuno. Mi papi se decidió a profonduzar el arreglo del coche y así se hicieron las 11:00 de la mañana. Cuando prendió el coche se escuchó un ruido preveniente del motor, ¡puf! salió un poquito de humo. A mi mamá el susto le duró como una hora hasta que se pudo repener. Ya eran las 2:00 de la tarde. Finalmente mi papi decidió preclamar que el coche estaba listo para salir. Ya eran las 4:00 de la tarde y no hubo paseo. Pero mi papá y mi mamá decidieron que nos merecíamos ir a comer unos ricos helados. Bueno, no fue un viaje largo, pero sí tuvo un resultado muy dulce.

1. ______________
2. ______________
3. ______________
4. ______________
5. ______________
6. ______________
7. ______________
8. ______________
9. ______________
10. ______________
11. ______________

Palabras de ortografía

1. descubrimiento
2. precolombino
3. preocupación
4. profundizar
5. rebote
6. repoblar
7. descomponer
8. desenrolla
9. predeterminado
10. proclamar
11. proveniente
12. reencuentro
13. representar
14. descargar
15. desgastados
16. predestinado
17. prevenir
18. propusieron
19. recubrir
20. reponer

Nombre ______________________ Fecha ____________

Me*nudo* lugar
Gramática: Verbos transitivos e intransitivos

Los verbos transitivos

Los **verbos transitivos** son verbos de acción que "pasan" la acción a un sustantivo o pronombre llamado objeto directo. Los verbos transitivos necesitan del objeto directo para que la oración tenga sentido.

verbo transitivo

Edward agregó dos elementos a mi lista.

Edward repartió las bebidas y los refrigerios.

Pregunta para reflexionar
¿Sobre qué recae la acción del verbo?

Actividad Subraya los verbos transitivos.

1. José midió la distancia entre su casa y mi casa.
2. Determiné la longitud y el ancho para calcular el área de la caja.
3. Medí dos tazas de azúcar para la receta.
4. La Sra. Santos agregó vinagre y bicarbonato.
5. El nuevo plan aumentó las ventas.
6. Richie siempre compra caramelos en esa tienda.
7. Reese llegó e incorporó tres empleados más al personal.
8. Sheila comió tres galletas y solo dejó nueve para nosotros.

Nombre ____________________ Fecha __________

Los verbos intransitivos

Me*nudo* lugar
Gramática: Verbos transitivos e intransitivos

Los **verbos intransitivos** son aquellos verbos que no requieren de un objeto directo para que la oración tenga sentido. El mismo verbo puede ser transitivo en una oración e intransitivo en otra.

verbo transitivo

Liz compró una docena de rosas.

verbo intransitivo

Liz sonrió tímidamente.

Pregunta para reflexionar
¿Los verbos intransitivos nunca están acompañados de un objeto directo?

Actividad **Escribe T si el verbo subrayado es transitivo o I si es intransitivo. Si es transitivo, encierra en un círculo el objeto directo.**

1. Ella vio un cartel de clases de baile. __________
2. Come una fruta antes de la presentación. ______
3. Reía satisfecho al final del espectáculo. ______
4. Repasé "El alcaraván" y "La bamba". ______
5. Caminaba nerviosa antes de la presentación. ______
6. Esperé un largo rato en el camerino. ______
7. Observé a los bailarines todas las noches. ______
8. Ella se preocupó por su disfraz. ______

Nombre ______________________ Fecha __________

Lección 7
CUADERNO DEL LECTOR

***Menudo* lugar**
Gramática: Verbos transitivos e intransitivos

El objeto indirecto

Un **objeto directo** es un sustantivo o pronombre que recibe la acción de un verbo. Un **objeto indirecto** es el sustantivo o pronombre que recibe indirectamente la acción del verbo y siempre se une al verbo mediante la preposición *a*, y algunas veces *para*. El objeto indirecto se identifica hallando el sujeto, luego el verbo y preguntando *¿a qué?* o *¿a quién?*

Liz le trajo un ramo de flores al elenco.

Liz nos trajo un ramo de flores.

Pregunta para reflexionar
¿Quién o qué se ve afectado por la acción que expresa el verbo?

Actividad Subraya los objetos indirectos.

1. El maestro nos dio diez ejercicios de matemáticas.
2. Mi mamá me regaló media docena de lápices.
3. Will le mostró a Mónica su puntaje en la prueba
4. José pidió al maestro Wilson que sumara las notas de nuevo.
5. Encontré un par de zapatos de baile para Rafael.
6. Les compré cuatro boletos para el espectáculo.
7. Diana me pagó diez dólares.
8. Nos dieron el 100 por ciento de las ganancias.

Clases de oraciones

Me*nudo* lugar
Gramática: Repaso frecuente

Clase de oración	Puntuación	Ejemplo
Enunciativa	punto (.)	Te voy a enseñar a restar.
Interrogativa	signos de interrogación (¿?)	¿Estás listo para estudiar álgebra?
Imperativa	punto (.)	Por favor, revisa tus cuentas.
Exclamativa	signos de exclamación (¡!)	¡Eres un gran matemático!

1 a 6. Añade la puntuación correcta. Luego, escribe qué clase de oración es.

1. Este es un cálculo complicado ___ ____________________
2. Crees que calculé bien la cantidad de harina ___ ____________________
3. Espera que canten el quinto tema ___ ____________________
4. Es imposible resolver esa ecuación ___ ____________________
5. Sigamos midiendo esta tela ___ ____________________
6. Restaste lo que gastamos en la tienda ___ ____________________

7 a 12. Vuelve a escribir el siguiente párrafo, corrigiendo los errores de puntuación.

¿Me encanta esta receta? ¿Este pastel es delicioso? Sabes si tenemos suficiente cantidad de huevos. ¡Bueno, supongo que podemos pedirle a mamá! Por favor, mide la harina. ¡Puedes agregar una taza de leche! ¿No encuentro las cucharas de medir?

____

____

____

____

Nombre _______________ Fecha _______________

Conectar con la escritura

Oraciones entrecortadas
Ella contó las jarras. Ella contó los vasos. Ella también contó los tazones de cerámica.
Oración combinada
Ella contó las jarras, los vasos y los tazones de cerámica.

Combina estas oraciones formando objetos directos compuestos. Escribe la nueva oración en la línea.

1. Necesitamos añadir huevos. Necesitamos añadir mantequilla. Necesitamos añadir harina tamizada.

   ____

   ____

2. Ella midió el dobladillo. Ella midió la entrepierna. Ella midió el largo.

   ____

   ____

3. Juana calculó el área. Juana calculó la densidad. Juana calculó el volumen.

   ____

   ____

4. Pagué la cuenta. Pagué la propina. Pagué el estacionamiento.

   ____

   ____

5. David contó los lápices del cajón. David contó los bolígrafos del cajón. David contó los clips del cajón.

   ____

   ____

Nombre ______________________ Fecha ______________

Lección 7
CUADERNO DEL LECTOR

Men*udo* lugar
Escritura:
Escritura argumentativa

Punto de enfoque: Organización
Conectar las ideas en un orden lógico

Para organizar los párrafos argumentativos, los buenos escritores presentan una afirmación y luego incluyen razones y evidencia para apoyarla. Además, usan palabras, frases y cláusulas específicas para mostrar la relación que hay entre la afirmación, las razones y la evidencia.

Lee el párrafo argumentativo. Luego revisa el párrafo en las líneas siguientes. Comienza reorganizando las primera tres oraciones, de modo que la afirmación aparezca en primer lugar. Luego fíjate dónde puedes agregar palabras, frases o cláusulas específicas para conectar ideas.

Esto prueba que los acertijos matemáticos te hacen pensar. Puedes hacer que un acertijo común sea más difícil agregando un elemento de matemáticas. Lo sé porque descubrí un acertijo matemático que requiere un poco de razonamiento crítico. Cuatro magos se encuentran en una fiesta. Cada mago debe darle la mano a los demás una vez. ¿Cuál es la cantidad total de veces que se darán la mano? Es probable que hayas hallado la respuesta enseguida. Quizás juntaste a tus amigos para representar el acertijo. Pero el solo hecho de deducir que la respuesta es seis te hizo pensar, ¿no? Las matemáticas animan a las personas a usar destrezas de razonamiento crítico.

____

____

____

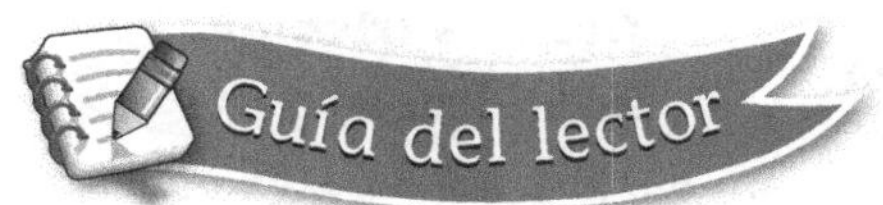

Ciencia fricción

Piensa como un científico

Los científicos están entrenados para pensar de cierta manera. Primero, presentan una hipótesis, que es un enunciado que dice algo que ellos creen que es verdadero. Reúnen datos o detalles para apoyar su hipótesis. Luego, analizan los datos o sacan conclusiones en un informe de laboratorio.

Vuelve a leer las páginas 224 a 226 del cuento. Completa el informe de laboratorio para la siguiente hipótesis. Reúne los datos y anótalos usando el texto del cuento.

Informe de laboratorio N.º 1

Hipótesis: Amanda es la líder del grupo.

Datos de apoyo:

1.

2.

3.

4.

5.

Conclusión:

Nombre ______________________ Fecha ____________

Ciencia fricción
Lectura independiente

Vuelve a leer las páginas 230 a 234. Completa el informe de laboratorio para la siguiente hipótesis. Reúne y anota los datos usando el texto del cuento.

Informe de laboratorio N.º 2

Hipótesis: Amanda se sentía mal por cómo trató a Ellen.

Datos de apoyo:

1.

2.

3.

4.

Conclusión:

Raíces y afijos latinos

Algunas de las siguientes palabras están formadas con las siguientes raíces latinas: *lumen/luc/lum* que significa "luz" y *mov/mot/movil* que significa "mover". Las demás palabras tienen los siguientes prefijos: *ambi-*, que significa "los dos" o "alrededor", y *sub-* que significa "por debajo de". Elige la palabra del recuadro que mejor complete cada oración.

ambivalentes	translúcido	ambidiestro	motivado
inmóvil	subterráneo	luminosa	submarino

1. Si eres ______________________, puedes escribir con las dos manos.
2. Las lombrices son organismos ______________________ ya que viven bajo tierra.
3. Se podía ver la luz a través de la ______________________ pantalla.
4. Sus sentimientos hacia su vecino son ______________________, pasa del amor al odio.
5. De entre todas las estrellas se destacaba una muy ______________________.
6. Estaba muy ______________________ porque en el examen anterior saqué buena nota.
7. El delfín se sumergió bajo el agua y pasó cerca de un ______________________.
8. Cuando el ratón vio a la serpiente se quedó ______________________.

Nombre ______________________ Fecha ______________

Ciencia fricción

Ortografía: Palabras con los prefijos *im-, in-, dis-*

Palabras con los prefijos *im-, in-, dis-*

Básicas Encuentra y escribe la Palabra básica que mejor completa el grupo de palabras.

1. descomponer, desconectar, ______________
2. velozmente, prontamente, ______________
3. tumulto, perturbación, ______________
4. extraordinariamente, fantásticamente, ______________
5. fatigoso, molesto, ______________
6. inventor, creador, ______________
7. intranquilidad, nerviosismo, ______________
8. trivial, pequeño, ______________
9. alternar, transformar, ______________
10. triste, dolorido, ______________
11. indeterminado, vago, ______________
12. excusa, razón, ______________
13. unido, fusionado, ______________
14. incierto, indeciso, ______________
15. vacilante, inseguro, ______________

Avanzadas Imagina que estás corriendo un maratón. En una hoja aparte, escribe un párrafo sobre el suceso. Usa tres Palabras avanzadas.

Palabras de ortografía

1. disculparse
2. dispuesta
3. imperturbable
4. inconsolable
5. infeliz
6. innovador
7. disculpa
8. discurso
9. impersonal
10. increíblemente
11. indeciso
12. inseparable
13. insignificante
14. dislocar
15. disturbio
16. impaciencia
17. incómodo
18. inmediatamente
19. inseguro
20. invertir

Avanzadas

impertinente
disminuir
inconsciente
disyuntiva
impreciso

Ciencia fricción
Ortografía: Palabras con los prefijos *im-*, *in-*, *dis-*

Clasificación de palabras

Básicas Escribe las Palabras básicas en la hilera que corresponde.

Palabras con el prefijo *im-*	
Palabras con el prefijo *in-*	
Palabras con el prefijo *dis-*	

Avanzadas Agrega las Palabras avanzadas a tu tabla de Clasificación.

Conectar con la lectura Encuentra en *Ciencia fricción* una palabra más con cada prefijo. Agrégalas a tu tabla de Clasificación.

Palabras de ortografía

1. disculparse
2. dispuesta
3. imperturbable
4. inconsolable
5. infeliz
6. innovador
7. disculpa
8. discurso
9. impersonal
10. increíblemente
11. indeciso
12. inseparable
13. insignificante
14. dislocar
15. disturbio
16. impaciencia
17. incómodo
18. inmediatamente
19. inseguro
20. invertir

Avanzadas

impertinente
disminuir
inconsciente
disyuntiva
impreciso

Nombre ______________________ Fecha ______________

Corregir la ortografía

Ciencia fricción

Ortografía: Palabras con los prefijos *im-, in-, dis-*

Lee el párrafo y encierra en un círculo las palabras mal escritas. Escribe las palabras correctamente en las líneas de abajo.

Mi hermano Manuelito tiene 3 años. Él es muy insuguro y así resulta que es inseperable de su mantita. La lleva con él todo el día y la noche. Cuando no la tiene es muy infelis. El otro día se le perdió y yo estaba indesiso de cómo proceder. Él creó un disturbo fenomenal y estaba inconsalable. Inmediatemente yo le di un discurso sobre el hecho de que ya era grande y que perder su manta era algo insigneficante. Su impacencia creció y me dijo: "no para mí". Su reacción me puso imcómodo porque él todavía es chiquito y me dio pena. Le di una dispulca y puse más esfuerzo para buscar su manta. Imcreíblemente la encontré debajo de su cama. ¡Tienen que haber visto lo feliz que estaba Manuelito! Y así otro incidente en que aprendí que la paciencia y el cariño triunfan.

1. ______________ 7. ______________
2. ______________ 8. ______________
3. ______________ 9. ______________
4. ______________ 10. ______________
5. ______________ 11. ______________
6. ______________ 12. ______________

Palabras de ortografía

1. disculparse
2. dispuesta
3. imperturbable
4. inconsolable
5. infeliz
6. innovador
7. disculpa
8. discurso
9. impersonal
10. increíblemente
11. indeciso
12. inseparable
13. insignificante
14. dislocar
15. disturbio
16. impaciencia
17. incómodo
18. inmediatamente
19. inseguro
20. invertir

Nombre ______________________ Fecha ____________

Ciencia fricción
Gramática: Conjunciones coordinantes

Usar *y, pero* y *o*

Las **conjunciones coordinantes** unen dos o más palabras que desempeñan la misma función en la oración. Son: *y, pero* y *o*. *Y* añade información. *O* da opciones. *Pero* contrasta. Puedes usar estas conjunciones para unir dos oraciones simples y formar una **oración compuesta**.

Paseamos en el bote y ella nos mostró los peces.

Mike puede ir a nadar o a pescar.

Estaba cansado, pero terminé el trabajo.

Preguntas para reflexionar
¿Qué palabra une partes de la oración? ¿Añade información, da opciones o contrasta?

Actividad Subraya las conjunciones coordinantes en cada oración.

1. Te esperamos, pero estabas en clase de ciencias.
2. Podemos preparar un informe o escribir algunas hipótesis.
3. La ciencia me interesa, pero es difícil.
4. Nos sentamos en mi habitación y tratamos de decidir quién sería el líder.
5. Quiero ser el líder, pero ella quiere tomar las decisiones.
6. Elegimos estudiar las plantas y esto me puso contento.
7. Podemos iniciar la investigación en un parque o podemos ir al campo.
8. Me gusta la astronomía, pero prefiero la biología.
9. Nuestra hipótesis era que las plantas morirían, pero crecieron bien.
10. Me preocupé, pero el proyecto salió bien.

Nombre ______________________ Fecha ______________

Las oraciones compuestas

Ciencia fricción
Gramática: Conjunciones coordinantes

Las **oraciones compuestas** son dos oraciones simples unidas por una coma o una conjunción coordinante tal como *y, o* o *pero.*

Ellen habla mucho, pero George es callado.

Pregunta para reflexionar
¿Cuáles son las dos oraciones simples unidas por la palabra conectora?

Actividad Subraya las oraciones simples en cada oración compuesta. Encierra en un círculo la conjunción coordinante.

1. Pedro empezó el examen de ciencias, pero no lo terminó.
2. ¿Te gusta la ciencia o prefieres las matemáticas?
3. Estaba preocupado y Benji me animó.
4. Intentamos investigar, pero teníamos ideas diferentes.
5. Pasaron cinco semanas y todavía no teníamos un plan.
6. La mayoría votó por estudiar ecología, pero yo voté por los invertebrados.
7. Puedes hacer el modelo o puedes dibujar un bosquejo.
8. Yo quería hacer un informe escrito, pero Ellen quería hacer ilustraciones.
9. Terminamos el proyecto y le gustó al maestro.
10. Podría ser un científico o podría ser un payaso.

Nombre ______________________ Fecha ____________

Las concordancia de sujeto y verbo en oraciones compuestas

En las oraciones compuestas, debe haber concordancia entre el sujeto y el verbo en persona y en número.

Mi padre estudió biología, pero mis hermanos estudiarán astronomía.

Pregunta para reflexionar
¿Hay concordancia entre los sujetos y los verbos de la oración?

Actividad Encierra en un círculo la forma correcta del verbo entre paréntesis.

1. El Sr. Wallace (enseñar, enseña) ciencias, pero ellos (enseña, enseñan) matemáticas.
2. Alison (estudiar, estudia) biología y yo (leo, lees) un libro de ciencia ficción.
3. Tú (es, eres) bueno en física y Juan (es, son) bueno en biología.
4. Ana (estar, está) orgullosa de su investigación, pero sus resultados no (es, son) buenos.
5. El proyecto de ciencias (toman, toma) mucho tiempo, pero me (gusta, gusto) aprender sobre las serpientes.
6. Ellos (necesitan, necesita) uno más en el equipo y yo (querer, quiero) participar.
7. Jeanine me (ayudan, ayuda) en matemáticas, pero yo la (ayudo, ayuda) en ciencias.
8. Cinco estudiantes (quieres, quieren) hacer un proyecto sobre cristales, pero Mari (prefieren, prefiere) un proyecto de plantas.
9. Kyle y Hina (es, son) capitanes de los grupos de ciencias, pero Hina (quieren, quiere) retirarse.
10. La feria de ciencias (es, son) el viernes y yo (estoy, está) casi listo.

Nombre ____________________ Fecha __________

Sujetos y predicados

Ciencia fricción
Gramática: Repaso frecuente

Oración imperativa	Por favor, ordena la mesa del laboratorio.
Oración interrogativa	¿Limpiarás la pecera?
Sujeto compuesto	Los filtros y las probetas están en el armario del laboratorio.
Predicado compuesto	Doblaré los delantales de laboratorio y ordenaré el armario.

1 a 3. Escribe si cada oración es *imperativa* o *interrogativa*. Luego, escribe el sujeto de cada una.

1. Por favor, alcánzame los tubos de ensayo. ____________________
2. ¿Deberíamos buscar un acuario? ____________________
3. Primero barre el piso del laboratorio. ____________________

4 a 8. Subraya la conjunción de cada sujeto o predicado compuesto. Luego, escribe los sujetos o predicados compuestos que unen la conjunción.

4. Los tubos de ensayo y los frascos están en el estante.

   ____

5. ¿Limpio la pecera o lavo los vasos de precipitados?

   ____

6. Barremos el laboratorio todas las semanas y ayudamos al Sr. Wallace a hacer otras tareas. ____________________
7. En este salón se enseña biología y química.

   ____

8. Jackson y Felicia dicen que el salón de clases de ciencias estaba más ordenado. ____________________

Nombre ______________________ Fecha ______________

Conectar con la escritura

Oraciones vagas e inconexas
Podríamos hacer un proyecto de astronomía. Solo Ellen sabe de astronomía. George no dice mucho. Benji tampoco es de mucha ayuda.
Oraciones compuestas
Podríamos hacer un proyecto de astronomía, pero solo Ellen sabe de astronomía. George no dice mucho y Benji tampoco es de mucha ayuda.

Combina las oraciones simples en oraciones compuestas. Escribe la oración nueva en la línea.

1. Podíamos estudiar los peces. Podíamos cultivar frijoles.

   ____

2. Tal vez George era inteligente. Era difícil saberlo.

   ____

3. No pudimos trabajar juntos. Nuestro proyecto estaba atrasado.

   ____

4. Pensé que la comida mohosa era un desastre. Nos dio una A.

   ____

5. Ellen tiene muchos intereses. Lo que más le gusta es astronomía y música.

   ____

Nombre ______________________ Fecha ______________

Lección 8
CUADERNO DEL LECTOR

Ciencia fricción
Escritura: Escritura argumentativa

Punto de enfoque: Ideas
Expresar una opinión

Los buenos escritores desarrollan un argumento dando razones y evidencia para apoyar su afirmación u opinión, y organizan las ideas en un orden lógico.
Al escribir una reseña de un libro, asegúrate de incluir razones que indiquen por qué opinas lo que opinas. Apoya tus razones con evidencia del cuento.

Lee la reseña. Luego responde las preguntas siguientes.

El nuevo libro del aclamado autor Oliverio Metemiedo, *Una historia muy terrorífica sobre científicos locos,* es una excelente secuela de su primera novela, *Una historia terrorífica sobre científicos locos*. Lo mejor de este nuevo libro es el personaje chiflado llamado Dr. Al Quimia y sus aventuras desopilantes.

Una vez más, el Dr. Al Quimia genera una gran confusión al dejar libres unos raros monstruos creados en su laboratorio secreto. La trama se pone más interesante cuando el Dr. Al Quimia crea la criatura más destructiva de todas. En el Capítulo 5, un monstruo-manzana gigante, que se alimenta de doctores, desata el caos en un hospital.

Salvo por el Capítulo 2, donde el autor se extiende demasiado en la descripción del hermano del Dr. Al Quimia, Joe, el libro es todo un suceso. Los sucesos vívidos hacen que sea imposible dejarlo. Es muy recomendable.

1. ¿Qué palabra de la introducción expresa la opinión del autor sobre el libro?

____

2. ¿Qué oración indica que el autor usa evidencia del texto para apoyar su opinión?

____

3. ¿Qué razón da el autor para mostrar que le gusta el libro?

____

____

4. ¿Qué parte del libro no le gusta al autor? ¿Qué razón da?

____

Nombre ______________________ Fecha __________

El reino de Kensuke

Escribe una lista de recomendaciones

Michael enciende fogatas para que los barcos que pasan lo vean y lo rescaten. Vuelve a leer las páginas 254 y 255 y usa los detalles del texto para identificar, en el siguiente espacio, las causas y los efectos de que Michael viera pasar un barco.

Causa	Efecto
______________	______________
______________	______________
______________	______________
______________	______________

Michael desobedece al viejo y va a nadar al océano, donde lo pica una medusa. Vuelve a leer las páginas 256 y 257 y usa los detalles del texto para identificar, en el siguiente espacio, las causas y los efectos de que a Michael lo picara una medusa.

Causa	Efecto
______________	______________
______________	______________
______________	______________
______________	______________

Nombre ______________________________ Fecha ____________

El reino de Kensuke
Lectura independiente

Ahora Michael comprende los peligros de nadar en aguas desconocidas. Usa detalles del texto para ayudar a Michael a escribir una lista de recomendaciones que describa estos peligros.

Pregunta: ¿Por qué es peligroso nadar en aguas desconocidas?

Respuesta: ______________________________

____

____

____

Pregunta: ¿Qué se siente cuando te pica una medusa?

Respuesta: ______________________________

____

____

Pregunta: ¿Qué se puede usar para tratar la picadura de una medusa?

Respuesta: ______________________________

____

Nombre ______________________ Fecha ______________

Denotación y connotación

La denotación de una palabra es la definición que aparece de ella en el diccionario. La connotación es la idea o sentimiento que sugiere una palabra. Las palabras del recuadro tienen una connotación positiva o negativa. Elige la palabra que mejor complete cada oración y encierra en un círculo el signo (+) o (–), según la connotación sea negativa o positiva.

atreverse	risotada	furia	ensombreces
destacarla	tolerar	mueca	

1. El petirrojo empujó al polluelo a ______________ a salir del nido.
   \+ –
2. Su profunda ______________ resonó entre las vocecitas de los niños.
   \+ –
3. Si ______________ el sentido de tus palabras, nunca te entenderé.
   \+ –
4. El director puso el foco sobre la actriz principal para ______________ del resto del reparto.
   \+ –
5. Cuando le pusieron la inyección hizo una ______________ de dolor.
   \+ –
6. El oleaje azotaba con ______________ la escollera.
   \+ –
7. Apenas puedo ______________ el frío.
   \+ –

Nombre ______________________ Fecha ______________

El reino de Kensuke
Ortografía:
Verbos: terminaciones del infinitivo

Verbos: terminaciones del infinitivo

Básicas **Escribe la Palabra básica que corresponde para completar la oración.**

1. Es muy importante ______________ leer.
2. Cuando vuelva al principio voy a ______________ otra vez.
3. Con un telescopio puedo ______________ las estrellas.
4. Yo uso un fósforo para ______________ la vela.
5. Ver a mi abuelo me hizo ______________.
6. ¿Me ayudas a ______________ las monedas del piso?
7. Se usan los frenos para ______________ el automóvil.
8. ¿Me ayudas a ______________ el barril para vaciar el agua?
9. En días de verano me gusta ______________ las nubes.
10. Es importante tener un buen mecánico para ______________ un automóvil.

Avanzadas **Te han elegido para informar sobre una ceremonia de entrega de premios. En una hoja aparte, escribe una historia sobre lo que sucedió. Usa tres Palabras avanzadas.**

Palabras de ortografía

1. parar
2. morir
3. saber
4. escapar
5. empezar
6. voltear
7. transcurrir
8. encender
9. recoger
10. sonreír
11. contemplar
12. mantener
13. atraer
14. ahogar
15. volver
16. quedar
17. recobrar
18. aplastar
19. detectar
20. observar

Avanzadas

contradecir
seleccionar
contribuir
estremecer
espantar

Nombre ______________________ Fecha ____________

Clasificación de palabras

Básicas Escribe las Palabras básicas en la hilera que corresponde.

Palabras terminadas en -*ar*	
Palabras terminadas en -*er*	
Palabras terminadas en -*ir* o -*ír*	

Avanzadas Agrega las Palabras avanzadas a tu tabla de Clasificación.

Conectar con la lectura Encuentra tres verbos infinitivos más en *El reino de Kensuke*. Agrégalas a tu tabla de Clasificación.

Palabras de ortografía

1. parar
2. morir
3. saber
4. escapar
5. empezar
6. voltear
7. transcurrir
8. encender
9. recoger
10. sonreír
11. contemplar
12. mantener
13. atraer
14. ahogar
15. volver
16. quedar
17. recobrar
18. aplastar
19. detectar
20. observar

Avanzadas

contradecir
seleccionar
contribuir
estremecer
espantar

Nombre ______________________ Fecha ____________

Lección 9
CUADERNO DEL LECTOR

El reino de Kensuke
Ortografía:
Verbos : terminaciones del infinitivo

Corregir la ortografía

Lee el párrafo y encierra en un círculo todas las palabras mal escritas. Escribe las palabras correctamente en las líneas de abajo.

Los días de campamento de este verano van a quedar en mi memoria por mucho tiempo. Creo que voy a recordar más detalles con el transcurirr del tiempo. Por empesar, aprendimos a armar una carpa. Al terminar esa tarea fuimos a recojer ramitas para emcender el fuego. Mientras lo hacíamos, vimos a una ardilla detecter una pila de bellotas que comenzó a llevar a su guarida. Cuando nos sentamos alrededor de la hoguera del campamento vimos a un ciervo voltar una bolsa de basura para buscar comida. El líder nos recordó que no se pueden dejar restos de comida o basura porque pueden atrer animales, desde hormigas hasta osos. El líder anunció que dos campistas y un líder se iban a qeudar de guardia por la noche. La guardia iba a cambiar cada dos horas así que a mí me tocó el turno de 5:00 a 7:00 de la mañana. Fue hermoso comtenplar la salida del sol y ver brillar las telarañas con gotas de rocío como diamantitos. En fin, fue una noche que no me cansó para nada. Vuelvo a sonrír cada vez que pienso en esos días inolvidables. Espero volber a repetirlos el año que viene.

1. ______________________
2. ______________________
3. ______________________
4. ______________________
5. ______________________
6. ______________________
7. ______________________
8. ______________________
9. ______________________
10. ______________________
11. ______________________

Palabras de ortografía

1. parar
2. morir
3. saber
4. escapar
5. empezar
6. voltear
7. transcurrir
8. encender
9. recoger
10. sonreír
11. contemplar
12. mantener
13. atraer
14. ahogar
15. volver
16. quedar
17. recobrar
18. aplastar
19. detectar
20. observar

Las cláusulas y las frases

Una **frase** es un conjunto de palabras que no tiene sujeto ni predicado y no tiene sentido completo por sí misma.

Antes de desayunar, nos reuniremos con nuestros amigos en la playa.

Una **cláusula** es un grupo de palabras que tiene sujeto y predicado.

Después de desayunar, nos reuniremos con nuestros amigos en la playa.

Preguntas para reflexionar
¿El grupo de palabras tiene sujeto y predicado? ¿Tiene sentido completo por sí misma?

Actividad Indica si cada grupo de palabras es una frase o una cláusula.

1. Jon y yo quedamos atrapados en la isla ______________
2. en la playa ______________
3. hallamos refugio bajo unos árboles ______________
4. después de buscar ______________
5. por la lluvia ______________
6. con los pájaros ______________
7. como teníamos sed ______________
8. fuimos en busca de agua ______________.

Nombre _______________ Fecha _______________

Lección 9
CUADERNO DEL LECTOR

El reino de Kensuke
Gramática: Conjunciones subordinantes

Las cláusulas dependientes e independientes

Una **cláusula dependiente** es la parte de la oración que comienza con una conjunción subordinante, como *ya que, porque, si, mientras* y *aunque.* Tiene sujeto y predicado, pero no es una oración completa.

Mientras dormías, llovió fuerte.

Una **cláusula independiente** también tiene sujeto y predicado y puede estar sola como una oración completa.

Mientras dormías, llovió fuerte.

Preguntas para reflexionar
¿Tiene la cláusula sujeto y predicado? ¿La oración puede estar sola como una oración completa?

Actividad Encierra en un círculo la cláusula dependiente y subraya la cláusula independiente en las siguientes oraciones.

1. Mientras escalábamos, Lyssa y yo encontramos algunas piedras.
2. Después de que las examinamos, pusimos algunas en los morrales.
3. Como estábamos cansados, paramos a descansar.
4. Lyssa comió un sándwich mientras descansaba.
5. Aunque queríamos ir a casa, decidimos escalar más.
6. Antes de que llegáramos al final del sendero, vimos el humo subiendo.
7. Cuando estuvimos más cerca, vimos la cima del volcán.
8. Lyssa tomó una foto cuando salimos de regreso.

Nombre ______________________________ Fecha ______________

Las oraciones complejas

El reino de Kensuke
Gramática: Conjunciones subordinantes

Una **oración compleja** está formada por una cláusula dependiente y una cláusula independiente relacionadas, generalmente separadas por una coma.

cláusula independiente **cláusula dependiente**

Comió un sándwich porque tenía mucha hambre.

La conjunción subordinante puede aparecer al comienzo o en el medio de una oración compleja. Si la oración comienza con la conjunción, debes usar una coma después de la cláusula dependiente.

Como tenía hambre, comió un sándwich.

Preguntas para reflexionar
¿La oración está formada por una cláusula independiente y otra dependiente? ¿Las cláusulas están relacionadas por una conjunción subordinante?

Actividad Encierra en un círculo las conjunciones en las siguientes oraciones complejas. Escribe las comas que hagan falta.

1. Mientras subíamos al bote nos pusimos chalecos salvavidas.
2. Jimi habló con el capitán mientras yo abrochaba mi chaleco.
3. Como no habíamos visto toda la isla estábamos emocionados por el paseo en barco.
4. Jimi me prestó los binoculares aunque yo podía ver los peces saltar.
5. Si había visto algo así de sorprendente no lo recordaba.
6. Navegamos una hora hasta que llegamos al otro lado de la isla.
7. El capitán atracó el barco cuando quisimos explorar.
8. Hasta la hora de regresar Jimi y yo jugamos en la playa.

Nombre ______________________ Fecha ______________

Sustantivos comunes y propios

El reino de Kensuke
Gramática: Repaso frecuente

	Sustantivos comunes	Sustantivos propios
Concreto	niño, perro, montaña	Michael, Stella, Atlántico
Abstracto	miedo, felicidad, bondad, sueño	Edad Media, Renacimiento
Colectivo	equipo, familia, bandada, tribu	

1 a 3. Escribe los sustantivos de cada oración y rotúlalos como *concreto, abstracto* o *colectivo,* y *común* o *propio.*

1. Nuestro barco atracó en Isla Trueno, una isla desierta del Pacífico Sur.

____

____

2. Mientras el capitán conducía al pequeño grupo por la playa, el misterio y la intriga invadieron el aire.

____

____

3. La oscura selva agitaba mis sentidos, y el suspenso crecía.

____

____

4 a 6. Escribe con mayúscula los sustantivos propios.

4. Un marinero llamado capitán huesos nos contó la leyenda.

____

____

5. Su relato duró todo el trayecto desde la cueva perla hasta la cima del monte azul.

____

____

6. Mi perro pipo oyó ruidos entre el follaje y corrió a investigar.

____

____

Nombre ______________________ Fecha ____________

Conectar con la escritura

El reino de Kensuke
Gramática: Conectar con la escritura

Oraciones simples con ideas relacionadas
El cielo estaba nublado. Decidimos resguardarnos del agua.
Oraciones combinadas con conjunciones subordinantes
Como el cielo estaba nublado, decidimos resguardarnos del agua.

Combina estas oraciones con una conjunción subordinante. Escribe la oración nueva en la línea.

1. El barco estaba atrasado. Llegamos retrasados a nuestro destino.

____

____

2. Lyssa tenía un mapa. Yo no entendía dónde estábamos.

____

____

3. Pedro pidió ayuda en el puerto. Estábamos perdidos.

____

____

4. Lyssa tomó fotografías. La abuela se sentaba en una roca.

____

____

5. Pedro descubrió cómo llegar al río. Tomamos un camino nuevo.

____

____

6. Hacía muchísimo calor. Lyssa se mareó.

____

____

Nombre ______________________ Fecha ____________

Lección 9
CUADERNO DEL LECTOR

El reino de Kensuke
Escritura: Escritura argumentativa

Punto de enfoque: Ideas

Analizar el texto

Es importante apoyar cualquier afirmación con razones y evidencia. Al expresar una opinión sobre algo que has leído, debes usar evidencia del texto para apoyar las razones..

Afirmación: *Michael está furioso, desalentado y deprimido.*

Razón: *Tiene muchas ganas de volver a casa.*

Evidencia: *Michael se entusiasma tanto al ver la embarcación que chilla y grita. Desea tanto encender el fuego que no puede mantener firme la mano para sostener el vidrio pulido.*

Lee las preguntas y escribe una afirmación y una razón para cada una. Busca evidencia en *El reino de Kensuke* para apoyar las razones. Escribe la afirmación, la razón y al menos dos evidencias.

1. ¿Cómo cambian los sentimientos de Michael hacia Kensuke con el paso del tiempo?

   Afirmación:

   ____

   Razón:

   ____

   ____

   Evidencia:

   ____

   ____

2. ¿Cómo es probable que se sintiera Kensuke antes de que Michael llegara a la isla?

   Afirmación:

   ____

   Razón:

   ____

   Evidencia:

   ____

   ____

Nombre ______________________ Fecha ____________

Hijos del sol de medianoche: Voces jóvenes de los nativos de Alaska

Diseñar postes totémicos

La autora de este texto compara y contrasta las vidas de dos niños indígenas norteamericanos en Alaska para describir cómo celebran sus tradiciones en un contexto moderno. Usa el texto y las ilustraciones para comparar sus vidas y su cultura.

Arte y cultura

Vuelve a leer la página 283 y el primer párrafo de la página 284. ¿Cómo refleja el arte la cultura de los haida?

____

____

Vuelve a leer las páginas 290 y 291. ¿Cómo refleja el arte la cultura de los tlingit?

____

____

Comparación: ¿En qué se parecen estas dos tribus?

____

____

La importancia de la familia

Vuelve a leer las páginas 284 y 289. ¿En qué se parecen ambas tribus en cuanto a la importancia de la familia?

____

____

Nombre ______________________ Fecha __________

Hijos del sol de medianoche: Voces jóvenes de los nativos de Alaska

Lectura independiente

Mira los postes totémicos de la página 282. Los postes totémicos se tallan en madera y cada segmento tiene un significado especial. Diseña postes totémicos que expliquen la vida tribal de las familias de Selina y Josh. ¿Qué podrían incluir? Piensa en lo que hace única o diferente a cada tribu. Debajo de los postes totémicos escribe una descripción de por qué elegiste cada símbolo.

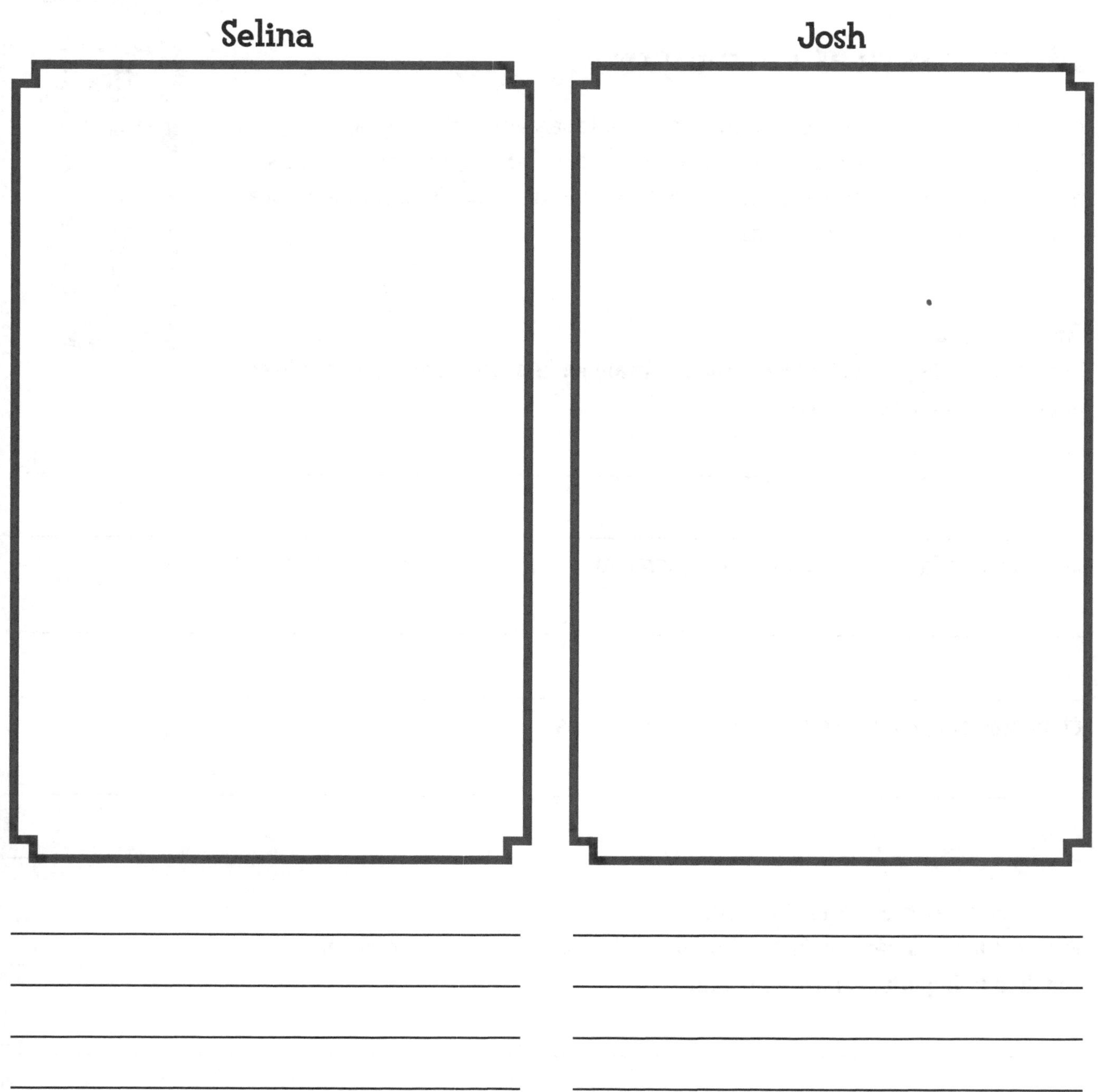

Nombre _______________ Fecha _______________

Hijos del sol de medianoche
Estrategias de vocabulario: Sinónimos

Sinónimos

Las siguientes palabras son pares de sinónimos, es decir, palabras con significados similares. Rellena los dos espacios en blanco de cada oración con el par correcto del recuadro. Luego piensa en otro sinónimo y escríbelo. Puedes usar un diccionario de sinónimos.

frondoso/tupido	casi/apenas	mantener/guardar	folclore/sabiduría
azul/celeste	bosque/arboleda	abandonar/desertar	numerosa/abundante

1. Al entrar en el _______________ bosque, vio un oso comiendo frutos de un __________ arbusto. _______________
2. Tienes que __________ tu contraseña en secreto y __________ todos los cambios antes de apagar la computadora. _______________
3. El granjero recogió una __________ cosecha y pudo mantener a su __________ familia. _______________
4. Posó con su blusa __________ ante el __________ profundo del mar. _______________
5. El soldado se dio cuenta de que __________ equivalía a __________ a sus compañeros. _______________
6. El __________ popular de México encierra una __________ ancestral. _______________
7. __________ nunca hablaban, ya que __________ había tiempo para conversar. _______________
8. Se veía una __________ en el prado que se extendía hasta el __________. _______________

Nombre ______________________ Fecha ____________

Lección 10
CUADERNO DE PRÁCTICA

Hijos del sol de medianoche
Ortografía: Palabras con las terminaciones *-ción, -sión, -xión* y *-cción*

Palabras con las terminaciones *-ción, -sión, -xión* y *-cción*

Básicas Escribe la Palabra básica que mejor reemplaza la palabra o frase subrayada.

1. La mezcla de harina y agua puede usarse como pegamento.
2. La muestra de carros antiguos fue muy interesante.
3. Se probó que la relación entre hermanos gemelos es muy fuerte.
4. Han hecho unos huequitos en la cerca que rodea la obra para que la gente pueda observarla.
5. En la ocurrencia del día de la celebración de la independencia, vamos a ver los fuegos artificiales.
6. Como estamos estudiando a los vikingos, vimos un documental que mostró cómo fabricaban su barco.
7. La película que vimos este domingo tenía movimiento y misterio.
8. En mi familia, la enseñanza está apreciada sobre todas las cosas porque nos va preparar para el futuro.
9. Aprendimos la composición con música en tres idiomas.
10. Nuestra familia tiene la costumbre de celebrar todos los cumpleaños del mes en el mismo día.

1. ______________ 6. ______________
2. ______________ 7. ______________
3. ______________ 8. ______________
4. ______________ 9. ______________
5. ______________ 10. ______________

Avanzadas Usando tres de las Palabras avanzadas escribe un párrafo sobre una persona que cambia su manera de ser después de cometer un error. Escríbelo en una hoja aparte.

Palabras de ortografía

1. educación
2. grabación
3. exhibición
4. celebración
5. atracción
6. selección
7. atención
8. tradición
9. combinación
10. lección
11. función
12. ocasión
13. canción
14. provisión
15. organización
16. acción
17. generación
18. embarcación
19. construcción
20. conexión

Avanzadas

inflexión
administración
repercusión
transformación
sumisión

Nombre ______________________ Fecha ____________

Hijos del sol de medianoche
Ortografía: Palabras con las terminaciones *-ción, -sión, -xión* y *-cción*

Clasificación de palabras

Básicas Escribe las Palabras básicas en la hilera que corresponde.

Palabras con *-ción*	
Palabras con *-cción*	
Palabras con *-sión*	
Palabras con *-xión*	

Palabras de ortografía

1. educación
2. grabación
3. exhibición
4. celebración
5. atracción
6. selección
7. atención
8. tradición
9. combinación
10. lección
11. función
12. ocasión
13. canción
14. provisión
15. organización
16. acción
17. generación
18. embarcación
19. construcción
20. conexión

Avanzadas
inflexión
administración
repercusión
transformación
sumisión

Avanzadas Agrega las Palabras avanzadas a tu tabla de Clasificación.

Conectar con la lectura Encuentra en *Hijos del sol de medianoche* más palabras con *-ción, -sión, -xión* o *-cción.* Agrégalas a tu tabla de Clasificación.

Nombre ______________________ Fecha ____________

Lección 10
CUADERNO DEL LECTOR

Hijos del sol de medianoche
Ortografía: Palabras con las terminaciones *-ción, -sión, -xión* y *-cción*

Corregir la ortografía

Lee el párrafo y encierra en un círculo todas las palabras mal escritas. Escribe las palabras correctamente en las líneas de abajo.

Nuestra escuela toma la educacción artística con seriedad. Además de prestar atensión a la educación académica, hay un gran interés en fomentar el talento creativo de esta generasión de estudiantes. Como culminación del año de trabajo, la escuela tiene la tradución de presentar una exhibición de arte en combanición con el concierto anual del coro de la escuela. La conesión entre la música y el arte es clara, ya que ambas son parte del esfuerzo artístico de esta comunidad. El evento es una gran atración en la comunidad. Vienen cientos de personas a ver las pinturas, trabajos en arcilla y madera, fotografías, y a escuchar la música del coro. Este año, la seleción fue numerosa ya que muchos estudiantes participaron en el programa. Una grabaxión de la cancción de la escuela se escuchaba en la entrada principal. La funcción duró cuatro horas y la combinación de música y artes plásticas resultó un éxito. Los padres, los estudiantes, los maestros y todo el personal de la escuela se sienten muy orgullosos de ser parte de este esfuerzo. ¡Qué suerte tengo de ser parte de esta comunidad!

1. ____________________
2. ____________________
3. ____________________
4. ____________________
5. ____________________
6. ____________________
7. ____________________
8. ____________________
9. ____________________
10. ____________________
11. ____________________

Palabras de ortografía

1. educación
2. grabación
3. exhibición
4. celebración
5. atracción
6. selección
7. atención
8. tradición
9. combinación
10. lección
11. función
12. ocasión
13. canción
14. provisión
15. organización
16. acción
17. generación
18. embarcación
19. construcción
20. conexión

Nombre ______________________ Fecha ______________

Las oraciones compuestas y las oraciones complejas

Una **oración simple** tiene un sujeto y un predicado. Expresa un pensamiento completo.

Las ballenas son enormes. Su grasa tiene muchos usos.

Una **oración compuesta** está formada por dos oraciones simples unidas por una **conjunción coordinante**, tiene dos sujetos y dos predicados, y lleva coma antes de la conjunción *pero*. Las ballenas son enormes y su grasa tiene muchos usos.

Una **oración compleja** está formada por una cláusula dependiente unida a una cláusula independiente por una conjunción subordinante. Algunas conjunciones subordinantes son: *aunque, cuando, mientras, como, porque*. Lleva una coma después de la cláusula dependiente cuando ésta va al comienzo de la oración.

Como las ballenas tienen grasa, pueden sobrevivir en aguas muy frías.

Preguntas para reflexionar
¿Tiene la oración dos sujetos y dos predicados? ¿Tiene una cláusula independiente? ¿Está esta cláusula unida a una cláusula dependiente?

Actividad Marca cada oración como *simple*, *compuesta* o *compleja*. Si hay una conjunción, enciérrala en un círculo.

1. Las montañas estaban cubiertas de nieve. ____________
2. Seri ha visto la nieve, pero no ha visto mucha. ____________
3. Aunque había estado en Planeta Océano, Seri nunca había visto ballenas en su hábitat natural. ____________
4. Cuando comió caribú por primera vez, pensó que tenía buen sabor. ____________
5. Todos los que conoció eran muy amistosos. ____________
6. Seri se sentía aventurero, pero no sabía dónde explorar. ____________

Nombre ____________________ Fecha ____________

Las oraciones compuestas y complejas

Las oraciones **compuestas** y **complejas** son oraciones largas formadas mediante la unión entre una oración compuesta y una oración compleja relacionada.

Como hacía frío, nos quedamos en la cabaña y Jack hizo sopa.

Pregunta para reflexionar
¿La oración tiene dos cláusulas independientes, y una o más cláusulas dependientes?

Actividad Marca cada oración como *compuesta*, *compleja* o *compuesta* y *compleja*. Subraya las cláusulas independientes. Encierra en un círculo las cláusulas dependientes.

1. Cuando fuimos a ver ballenas, el Sr. White nos hizo el desayuno y comimos en la cabaña. ____________________
2. Como ya habíamos comido, nos pusimos nuestra ropa más abrigada y el Sr. White nos llevó al barco. ____________________
3. Kim estaba hipnotizada por las ballenas, aunque no era su primer viaje. ____________________
4. Aunque hacía mucho frío, lo disfruté y pienso regresar pronto. ____________________
5. Kim y Jack estaban listos para regresar, pero yo quería quedarme en el barco. ____________________
6. Como pasamos todo el día en el barco, estábamos bastante cansados. ____________________
7. Cuando ya habíamos regresado, no parábamos de hablar y el Sr. White se reía de nuestra emoción. ____________________
8. Esperaba con ansia los sucesos del día siguiente y dormí profundamente. ____________________

Nombre ______________________ Fecha ____________

Hijos del sol de medianoche
Gramática:
Oraciones compuestas y complejas

Escribir oraciones claras

Cuando escriben **oraciones complejas**, los buenos escritores ponen la idea más importante en la **cláusula independiente**.

Ganamos la competencia de trineo porque practicamos.

Los buenos escritores también ponen las **cláusulas dependientes** al principio o al final de una oración compleja, no en la mitad.

incorrecto: Ellos, después de que ganamos, nos vitorearon.

correcto: Después de que ganamos, ellos nos vitorearon.

Preguntas para reflexionar
¿La idea más importante está en la cláusula independiente? ¿La cláusula dependiente está al principio o al final de la oración?

1 a 4. Combina las dos oraciones para hacer una oración compleja.

1. Necesitaba ayuda. Nunca había montado en trineo.
____
2. Nic montó en trineo el año pasado. Él me enseñó.
____
3. Hacía mucho frío. Tuvimos que usar mucha ropa.
____
4. Estábamos montando en trineo. Casi me caigo.
____

5 y 6. Vuelve a escribir las oraciones, poniendo la cláusula dependiente al principio o al final de cada oración.

5. Nic, porque montó en trineo el año pasado, lo hizo muy bien.
____
6. Mi trineo, como choqué con un árbol, se dañó.
____

Nombre ______________________ Fecha ____________

Otros tipos de sustantivos

Hijos del sol de medianoche
Gramática:
Repaso frecuente

singulares	humo, leche, basura, aire, arroz, harina, miel
plurales	tijeras, rompecabezas, abrelatas, pararrayos, celos
invariables	artista, tenista, estudiante, cantante, testigo
femeninos	vaca, libertad, pasión, honradez
masculinos	problema, mapa, bote, perro

1 a 12. Busca el sustantivo mal escrito en cada oración y escríbelo correctamente en la línea.

1. Por las chimeneas salían columnas de humos. ______________
2. Mis amigos artistos compraron tres libras de carne para el asado. ______________
3. Fue muy difícil armar el rompecabeza. ______________
4. La estudianta universitaria lleva muchos libros a su casa. ______________
5. Hay que resolver el problemo de matemáticas. ______________
6. Ella fue testiga de la entrega del paquete. ______________
7. Benjamín Franklin inventó el pararrayo en 1753. ______________
8. A los osos les gusta sacar mieles de los panales. ______________
9. Federico abrió la lata de atún con el abrelata eléctrico. ______________
10. Juliana dibujó un mapo de Canadá. ______________
11. El abuelo no ha podido encontrar su par de anteojo. ______________
12. Juguemos a piedra, papel o tijera para ver quién saca al perro. ______________

Nombre ______________________ Fecha ____________

Conectar con la escritura

Oraciones cortadas	Oraciones combinadas
La montaña era enorme. Todavía veíamos su cima. Tomamos fotos.	Como la montaña era enorme, todavía veíamos su cima y tomamos fotos.

Combina cada grupo de oraciones. Escribe la oración nueva en la línea.

1. Él viene del frío. Debemos prender la chimenea. Debemos calentar sopa.

   ____

   ____

2. Terminemos de cenar. Jugaremos un juego. Iremos a dormir.

   ____

   ____

3. Podemos poner más leña en el fuego. Tendrás que traerla. No puedo cargarla.

   ____

   ____

4. Los perros tienen hambre. Debemos alimentarlos. Luego debemos cepillarlos.

   ____

   ____

5. Trabajaron todo el día. Los perros deben descansar. Debemos dejarlos solos.

   ____

   ____

Nombre ______________________ Fecha ____________

Punto de enfoque: Fluidez de las oraciones

Corregir modificadores mal ubicados

Oración con un modificador mal ubicado	Oración correcta
El Año Nuevo chino marca el final del invierno, que es una de las festividades tradicionales más importantes en China.	El Año Nuevo chino, que es una de las festividades tradicionales más importantes en China, marca el final del invierno.

Lee las oraciones. Vuelve a escribir el modificador mal ubicado en cada una.

1. Las familias limpian sus casas completamente para barrer la mala suerte y hacer lugar a la buena suerte trabajando en conjunto.

____

____

2. Las decoraciones festivas cuelgan en las puertas y ventanas con adornos vistosos en rojo.

____

____

3. Las familias sirven un banquete tradicional la noche del Año Nuevo chino, que es la comida más importante del año.

____

____

4. Lanzados hacia el cielo, la noche suele terminar con una fiesta de fuegos artificiales.

____

____

5. Lo primero que hacen los niños por la mañana es saludar a sus padres y recibir regalos habiéndose levantado temprano.

____

____

Nombre ______________________ Fecha __________

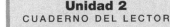

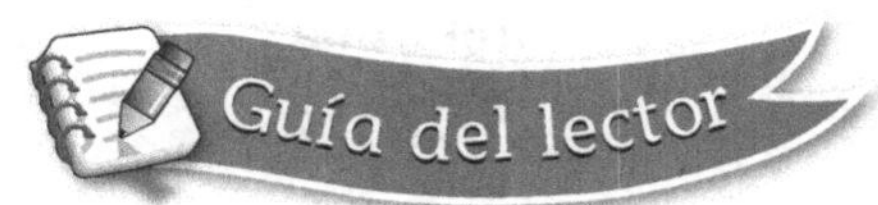

Guillermo González Camarena: Habitante del futuro

El origen de un inventor

Todos conocemos personas que tienen características que los hacen especiales para alguna actividad. Si les gusta el ejercicio físico, quizá sean buenos para algún deporte; si les gusta ayudar a su mamá en la cocina, tal vez podrían ser buenos cocineros. Vuelve a leer la página 7. Enumera las características de Guillermo cuando era pequeño que podrían ser importantes para ser un buen inventor.

Características de un buen inventor

1. ____

____

2. ____

____

3. ____

____

4. ____

Nombre ______________________________ Fecha __________

Unidad 2
CUADERNO DEL LECTOR

Guillermo González Camarena
Sección 1
Lectura independiente

Disparador de recuerdos

En la página 4, el autor relata cómo, al escuchar una noticia, su memoria viajó al pasado. Vuelve a leer las páginas 4 a 14. Escribe por qué crees que le ocurrió esto y qué noticia te imaginas que escuchó.

...supe la noticia por medio de la televisión y de golpe se me vinieron encima, como avalancha, todos los recuerdos.

Nombre ______________________ Fecha ____________

Guillermo González Camarena y el narrador

Aunque tenían la misma edad, Guillermo y su amigo el narrador tenían intereses diferentes. Consulta las páginas 4 a 14 del libro para completar la tabla y compararlos.

Comparar a Guillermo y al narrador	
Semejanzas	
Diferencias	

Nombre ______________________ Fecha __________

Unidad 2
CUADERNO DEL LECTOR

Guillermo González Camarena
Sección 1
Lectura independiente

Dedicar una vida a la invención

En el libro se cuenta la historia de Guillermo, un hombre que, desde pequeño, se obsesionó con la electrónica y las posibilidades que podía brindar a la sociedad. Vuelve a leer las páginas 4 a 14 y haz una lista de las ventajas y desventajas que podría tener dedicar una vida al estudio y la invención. Luego, escribe qué tipo de persona crees que, desde joven, sería un buen candidato para ser inventor.

Ventajas	Desventajas

Un buen inventor podría ser:

____

____

____

____

Nombre ____________________ Fecha ____________

El reportero de la máquina del tiempo

Imagina que es el año 2642 y eres un reportero de *Noticias de la máquina del tiempo*. Te subes a la máquina del tiempo y viajas al pasado, a la calle Havre, en la ciudad de México. Es el año 1926, donde te encuentras con Guillermo Camarena de niño y te cuenta todas sus ideas y posibles inventos.

Ten en cuenta lo que leíste hasta la página 14 para tomar notas de lo que ves al visitar a Guillermo: su vida, sus actividades, su personalidad y sus intereses. ¿Era igual a los demás niños de su época? ¿Qué cosas lo hacían diferente?

Nombre ______________________________ Fecha ____________

Ahora usa tus anotaciones para crear una entrada en tu blog acerca de tu experiencia. Escribe desde el punto de vista de un narrador en primera persona. Asegúrate de usar lenguaje descriptivo para entusiasmar a tus lectores al leer sobre la vida de Guillermo Camarena de pequeño.

Archivo Edición Ver Favoritos Herramientas Ayuda

Dirección e Ir a

Mi blog

Título: ______________________________

Por: ______________________________

____

____

____

____

____

____

____

____

____

____

____

19 de junio de 2642 4:45

Internet

Nombre ______________________ Fecha ____________

Guillermo González Camarena: Habitante del futuro

Guillermo Camarena, una vida creativa

Ya desde pequeño, Guillermo Camarena realizaba experimentos e intentaba crear inventos. Vuelve a leer la página 20. Enumera los momentos importantes de su niñez relacionados a sus creaciones en el orden en el que aparecen en el libro.

Actividades y creaciones de Guillermo Camarena durante su niñez

Nombre ____________________ Fecha __________

¿En qué pensaba Guillermo Camarena?

Lee la descripción que hace el propio Guillermo en la página 16 acerca de su opinión sobre los inventos, los que ya existían y los que no existían pero él se imaginaba. Ahora escribe un monólogo interior que exprese su razonamiento acerca de por qué el invento que él imagina podría ser tan popular. Agrega a un enunciado relacionado con cada oración.

"En esa época, la radiodifusión había comenzado a ser popular".

____

____

"A las personas también les gusta el cine".

____

____

"Las personas ya pueden recibir sonidos y ver imágenes en movimiento".

____

____

____

Nombre ______________________ Fecha ____________

No vas a poder creer lo que acabo de escuchar...

En las páginas 16 a 19 leíste sobre lo que imaginaba Guillermo de pequeño y la reacción de su amigo, el narrador, al escucharlo. ¿Cómo crees que te habrías sentido y reaccionado si hubieras vivido en esa época y te lo hubiera contado a ti? Escribe una carta a un miembro de tu familia sobre tus sentimientos respecto de sus ideas y lo que crees que podría ocurrir.

Nombre ______________________________ Fecha ____________

Creatividad se busca: Inventos por todos lados

Lee la página 15 y piensa en los inventos surgidos de la creatividad para satisfacer una necesidad. Piensa otros ejemplos de inventos y escribe qué necesidad satisfacen. Ilustra tu trabajo.

Nombre ______________________ Fecha ____________

Misión: Inventar

Imagínate que le has escrito una carta a Guillermo Camarena en la que le explicas un invento que se te ocurrió y le cuentas cómo todos te creen loco. Escribe la respuesta de Guillermo y los argumentos que usa para alentarte a que continúes con tu proyecto o desistas de él.

Nombre ______________________________ Fecha ____________

Unidad 2
CUADERNO DEL LECTOR

Guillermo González Camarena
Sección 2
Lectura independiente

Tuits desde el lugar de los hechos

Leíste sobre las ideas de Guillermo Camarena y la reacción de su amigo. Si hubiera contado eso mismo en la actualidad, alguien habría escrito tuits sobre el tema. Vuelve a leer sobre sus ideas en la página 16. Escribe tuits breves de respuesta a las palabras de Guillermo. ¡Recuerda que solo puedes usar 140 caracteres, incluidos los espacios y la puntuación!

Nombre ______________________ Fecha __________

Guillermo González Camarena: Habitante del futuro

Mi experiencia como inventor

Con el paso del tiempo, Guillermo continuó con sus esfuerzos y experimentos para poder llegar a su meta. Para lograrlo, debía pasar mucho tiempo encerrado en su laboratorio casero. Vuelve a leer las páginas 23 a 28 para comprender el sacrificio y el trabajo arduo que implicaba para Guillermo no renunciar a su sueño. Imagina que tuviste la oportunidad de trabajar con él en sus experimentos y que te preguntan cómo fue la experiencia. ¿Dónde estás todo el día? ¿Qué cosas haces? ¿Qué quieres que el mundo sepa?

Mi experiencia trabajando con Guillermo

____

____

____

____

____

____

Nombre ______________________ Fecha ____________

Diario de Guillermo González Camarena

Guillermo Camarena pasó muchos años dedicado a su trabajo y su deseo de lograr su invento. Vuelve a leer las páginas 23 y 24 para descubrir lo que ocurrió antes de poder lograr su objetivo. Escribe una entrada de diario que describa lo que pensaba y sentía durante sus días de búsqueda e investigación. Compara su situación con lo que sucedía al mismo tiempo en otros lugares del mundo.

Nombre ______________________ Fecha ____________

Unidad 2
CUADERNO DEL LECTOR

Guillermo González Camarena
Sección 3
Lectura independiente

Los amigos crecen

A medida que Guillermo y el narrador crecieron, se fueron distanciando. Cada uno siguió sus aficiones, y cada vez pudieron verse con menos frecuencia. Lee las páginas 27 y 28 para comparar a Guillermo y el narrador según sus intereses y los caminos que eligieron.

Nombre ______________________ Fecha __________

Unidad 2
CUADERNO DEL LECTOR

Guillermo González Camarena
Sección 3
Lectura independiente

¡Esta noche se presenta un invento revolucionario!

Las grandes noticias se anuncian de diferentes maneras: por medio de los periódicos, la radio, anuncios en la vía pública y otros medios de comunicación. Vuelve a leer la página 28 y diseña un folleto publicitario que describa la presentación del televisor a color en el que se invite a las personas a ser testigos de este invento revolucionario. Incluye la hora, el lugar y el tema principal del evento.

¡Máquina asombrosa se presenta esta noche!

Nombre ______________________________ Fecha ____________

¡Noticias de último momento!

Finalmente, Guillermo Camarena logró su objetivo y tuvo un éxito asombroso. Escribe un artículo periodístico sobre Guillermo Camarena y el éxito que tuvo su invento. Vuelve a leer las páginas 28 a 31 y escribe un título para el artículo que persuada a los lectores de leerlo. Luego, escribe un párrafo que explique el éxito de su invención y fama posterior.

Noticias

Nombre ______________________________ Fecha ____________

Mi amigo, el habitante del futuro

El narrador describe su amistad con Guillermo desde pequeños hasta convertirse en adultos. ¿Qué siente el narrador por Guillermo? ¿Qué crees que siente Guillermo por el narrador? Vuelve a leer las páginas 23 a 34. Escribe un párrafo que describa los sentimientos que expresa el narrador por su amigo, y lo que crees que siente Guillermo por él basándote en su relato.

Nombre ______________________________ Fecha ____________

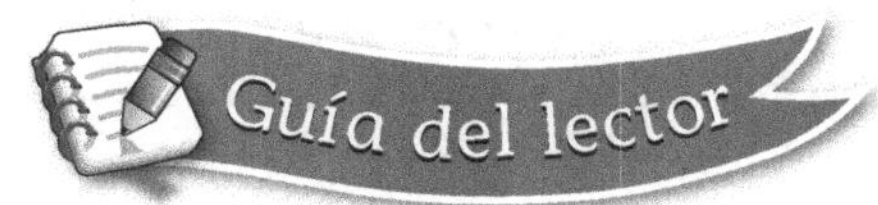

Guillermo González Camarena: Habitante del futuro

¿Un gran inventor o simplemente un creativo con suerte?

Muchas personas que escuchaban las ideas de Guillermo Camarena creían que lo que él se imaginaba era imposible. Otras personas, como el narrador, creían en él y lo admiraban. Imagina un debate sobre el tema donde deba decidirse si cualquier persona puede convertirse en inventor o no. Vuelve a leer las páginas 35 a 45. Encierra en un círculo una de las posturas del debate y respáldala con datos que aparezcan en la cronología de *Guillermo González Camarena: Habitante del futuro.*

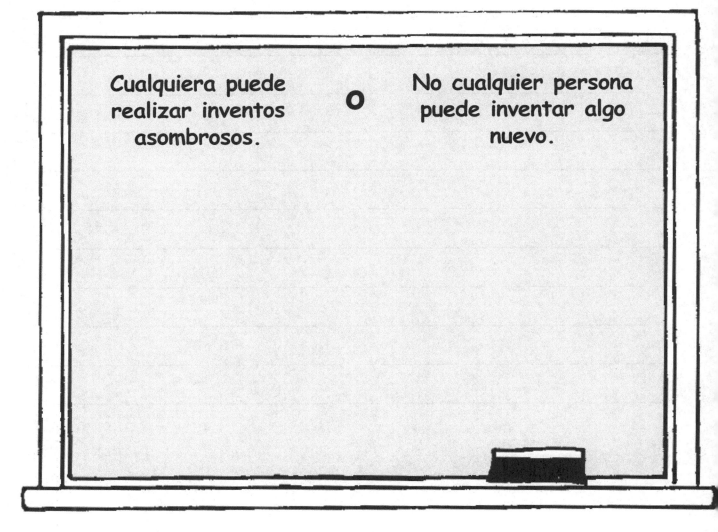

Cualquiera puede realizar inventos asombrosos. **o** No cualquier persona puede inventar algo nuevo.

Nombre ______________________ Fecha ____________

Guillermo González Camarena
Sección 4
Lectura independiente

¡Llegaron las noticias!

Los boletines informativos son mensajes breves acerca de noticias de último momento. Imagina un boletín del año 1940 en México. ¿Qué crees que informaría? Lee las páginas 41 a 45 y escribe la información que crees que daría el boletín informativo.

Noticias de último momento... ____________________

Una entrevista a Guillermo González Camarena

Vuelve a leer las páginas 35 a 45 y presta atención a los datos sobre la vida de Guillermo Camarena. Escribe las preguntas que te gustaría hacerle en una entrevista. Observa las fotografías y la cronología de su vida. Luego usa la información del texto para responder las preguntas.

P: ______________________________

R: ______________________________

____

____

P: ______________________________

R: ______________________________

____

____

P: ______________________________

R: ______________________________

____

P: ______________________________

____

R: ______________________________

____

Nombre ______________________ Fecha ____________

Con esfuerzo se alcanzan los sueños

En el año 1950, Guillermo Camarena fue nombrado Catedrático *Honoris Causa* por el Columbia College de Chicago. Vuelve a leer la página 43 y escribe el discurso que podría haber dado en dicha ocasión para explicar su éxito y alentar a la audiencia a lograr sus objetivos. No te olvides de mencionar la importancia de los inventos y de la televisión.

Discurso de Guillermo Camarena
en Columbia College, 1950

Nombre ______________________ Fecha ____________

Lecciones de vida

Guillermo González Camarena cambió la historia. Vuelve a leer las páginas 35 a 45 y escribe qué lecciones de vida te enseñó a ti. Usa ejemplos del libro para explicar lo que opinas sobre él.

Lección que aprendí de Guillermo Camarena:

____

____

____

____

____

Otra lección que aprendí de Guillermo Camarena:

____

____

____

____

____

Nombre ______________________ Fecha ____________

Otra lección que aprendí de Guillermo Camarena:

____
____
____
____
____
____
____
____
____

Otra lección que aprendí de Guillermo Camarena:

____
____
____
____
____
____
____
____
____

Otra lección que aprendí de Guillermo Camarena:

____
____
____
____
____
____
____
____
____

El gran incendio

Un incendio a tiempo

Esta selección comienza con el principio del gran incendio y vuelve atrás en el tiempo para describir los sucesos que condujeron a él. Mientras vuelves a leer el texto, coloca los sucesos en el orden en que ocurrieron en la línea cronológica.

Pistas:

Páginas 314 a 318: sucesos del 8 de octubre de 1871
Página 322: incendios que se produjeron antes del gran incendio
Página 324: consecuencias del incendio

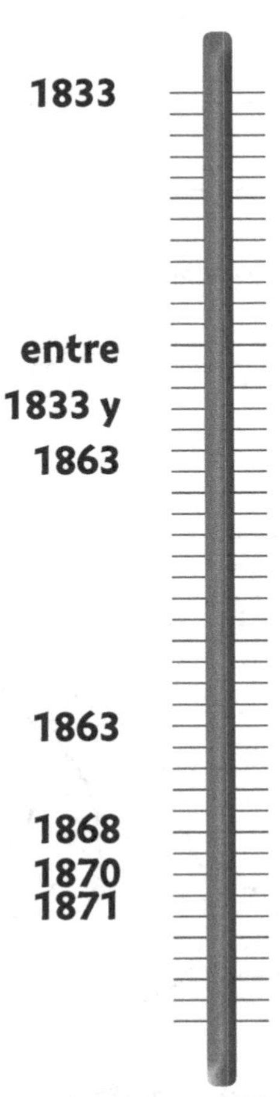

Nombre ______________________ Fecha ____________

El gran incendio
Lectura independiente

¿Crees que el gran incendio se pudo haber evitado? Escribe una de las posiciones en un debate acerca de si el incendio se pudo o no haber evitado. Apoya tu afirmación con los datos del texto y de la línea cronológica.

Nombre ______________________ Fecha ____________

El gran incendio
Estrategias de vocabulario:
Sufijos *-ción, -sión, -cción, -xión*

Sufijos *-ción, -sión, -cción, -xión*

Todos los sustantivos de la tabla terminan con los sufijos *-ción; -sión, -cción, -xión.* Elige la palabra del recuadro que mejor se adapte a cada oración.

ficción	colisión	decisión	aceleración	admiración
decoración	fracción	conexión	precisión	reflexión

1. Los libros de ________________ no me interesan, prefiero leer textos informativos.
2. La ________________ entre los dos autos fue causada por el hielo.
3. Es necesario hacer una ________________ sobre el estado de la economía.
4. Siento una gran ________________ por el velocista Maurice Green.
5. En la escuela tenemos ________________ a Internet.
6. La pera solo le gusta a una pequeña ________________ de los estudiantes.
7. Es una gran escritora que usa las palabras con mucha ________________.
8. Me gusta mucho la ________________ navideña de esa casa.
9. Los bólidos tiene una ________________ increíble.
10. Dejar uno de los tres deportes que hacía fue una buena ________________.

Nombre ______________________ Fecha ______________

Palabras con los prefijos *bi-*, *bis-*, *tri-* y *des-*

Básicas **Lee la clave y escribe la Palabra básica que corresponde.**

1. Tiene tres sílabas: ______________
2. Escrito en dos idiomas: ______________
3. Lo contrario de ató: ______________
4. Sombrero de tres puntas: ______________
5. Más de dos millones: ______________
6. Dejar ir: ______________
7. De dos dimensiones: ______________
8. Bajó del barco: ______________
9. Habla tres idiomas: ______________
10. Juguete infantil de tres ruedas: ______________
11. Dos veces al año: ______________
12. Cada tres meses: ______________
13. Vehículo de dos ruedas: ______________

Avanzadas **Escribe las Palabras avanzadas y subraya los prefijos y sufijos.**

1. ______________
2. ______________
3. ______________
4. ______________
5. ______________

Palabras de ortografía

1. bianual
2. desaparecido
3. desembarcó
4. triciclo
5. desprenderse
6. bidimensional
7. bisnieto
8. bilingüe
9. trisilábico
10. bicicleta
11. triatlón
12. trilingüe
13. desconsolada
14. desató
15. trillón
16. bicolor
17. tricornio
18. desaprobación
19. trimestral
20. destruido

Avanzadas

bifurcación
trisección
binomio
destemplado
binocular

Nombre ______________________ Fecha ____________

El gran incendio
Ortografía: Palabras con los prefijos *bi-*, *bis-*, *tri-* y *des-*

Clasificación de palabras

Básicas Escribe las Palabras básicas en la hilera que corresponde.

Palabras con el prefijo *bi-*	______ ______ ______ ______
Palabras con el prefijo *tri-*	______ ______ ______
Palabras con el prefijo *-des*	______ ______ ______ ______

Avanzadas Agrega las Palabras avanzadas a tu tabla de Clasificación.

Conectar con la lectura Encuentra en *El gran incendio* otras palabras con los prefijos *bi-, tri-* y *des-.* Escríbelas aquí.

Palabras de ortografía

1. bianual
2. desaparecido
3. desembarcó
4. triciclo
5. desprenderse
6. bidimensional
7. bisnieto
8. bilingüe
9. trisilábico
10. bicicleta
11. triatlón
12. trilingüe
13. desconsolada
14. desató
15. trillón
16. bicolor
17. tricornio
18. desaprobación
19. trimestral
20. destruido

Avanzadas

bifurcación
trisección
binomio
destemplado
binocular

Nombre ______________________ Fecha ____________

Corregir la ortografía

El gran incendio
Ortografía: Palabras con los prefijos *bi-*, *bis-*, *tri-* y *des-*

Lee el párrafo y encierra en un círculo todas las palabras mal escritas. Escribe las palabras correctamente en las líneas de abajo.

Este año se lleva a cabo un evento deportivo beanual en la ciudad donde vivo. Es un trialtlón, en el que hay que correr, andar en biciclita y nadar. Mi mamá siempre participa en este evento con un equipo de deportistas. Este año, el equipo va a usar una camiseta becolor, azul y amarilla. La capitana del equipo es vilingue y habla francés e inglés. Los miembros del equipo vienen de distintos lugares del país y para organizarse tienen una reunión trrimestral. El día inicial del triatlón se desateó una tormenta muy fuerte. El presidente del evento anunció que se iba a posponer por un día por la lluvia. Mi mamá estaba disconselada pensando que tal vez el evento se cancelara. Mucha gente expresó su disaprobasión al posponerse el evento, pero en realidad era lo más juicioso. Luego, el malestar de mi mamá y su equipo había desaparacido. Al día siguiente, el sol salió radiante y todos los competidores estaban listos para comenzar. A mi hermanito le costó desprendarse de mi mamá, pero le prometimos que la íbamos a esperar en la línea de llegada. Finalmente, partieron en bicicleta y todos aplaudieron. Mi mamá llegó tercera y le dieron una hermosa medalla y un ramo de flores. El equipo ya está planeando el próximo triatlón.

Palabras de ortografía

1. bianual
2. desaparecido
3. desembarcó
4. triciclo
5. desprenderse
6. bidimensional
7. bisnieto
8. bilingüe
9. trisilábico
10. bicicleta
11. triatlón
12. trilingüe
13. desconsolada
14. desató
15. trillón
16. bicolor
17. tricornio
18. desaprobación
19. trimestral
20. destruido

1. ______________ 5. ______________ 9. ______________
2. ______________ 6. ______________ 10. ______________
3. ______________ 7. ______________ 11. ______________
4. ______________ 8. ______________

Nombre ______________________ Fecha ____________

Los pronombres de sujeto

Un **pronombre** es una palabra que puede reemplazar a un sustantivo; ese sustantivo se llama antecedente del pronombre. Los **pronombres de sujeto** reemplazan al sujeto de la oración.

pronombre de sujeto

Magda vio el morillo. Ella lo palmeó.

Pregunta para reflexionar
¿El pronombre reemplaza a un sustantivo usado como sujeto?

1a 8. Subraya los pronombres de sujeto.

1. Magda intentó apagar el fuego, pero ella no pudo.
2. Los bomberos estaban preocupados, así que ellos mantuvieron la vigilancia.
3. Los bomberos saben cómo actuar ante un incendio. Ellos se han preparado para combatirlos.
4. Vera se preguntó cómo podría ayudar ella a prevenir incendios.
5. Ese bombero rescató a muchas personas. Él se portó como un héroe.
6. Magda se perdió. Ella recibió ayuda de Cleto.
7. Cleto y yo estábamos en problemas. Por suerte, nosotros recibimos ayuda de los bomberos.
8. Mis vecinos gritaban desesperados al ver el fuego. Ellos estaban muy asustados.

Los pronombres de complemento directo

El gran incendio
Gramática: Pronombres de sujeto y de complemento

Un **pronombre** es una palabra que puede reemplazar a un sustantivo; ese sustantivo se llama antecedente del pronombre. Los pronombres de **complemento directo** reemplazan al sustantivo usado como objeto directo de un verbo de acción y se colocan antes del verbo. Son *me, te, le, lo, la, nos, les, los, las.*

pronombre de complemento directo

Los bomberos apagaron el incendio. Los bomberos lo apagaron.

Pregunta para reflexionar
¿El pronombre reemplaza a un sustantivo usado como objeto directo?

Actividad Subraya el pronombre correcto que está entre paréntesis para completar las oraciones. Encierra en un círculo el antecedente si está presente.

1. Mi familia vive en el bosque. (Ellos, Nos) cuidamos de los incendios forestales.
2. En el otoño, cuando las hojas se secan, papá (las, ellas) barre junto con las bellotas.
3. Juana y yo (él, lo) ayudamos preparando fertilizante con las hojas.
4. La leña está lejos de la casa. Eso (nosotros, nos) mantiene seguros.
5. Papá y la tía Sara juntaban leña y (la, ellas) transportaban de mucho más lejos cuando eran niños.
6. Tener agua corriente es muy importante. Papá y Sara se aseguraban de que (ella, la) hubiera.
7. Cuando el establo se incendio, papá (nosotras, nos) dijo que usáramos las mangueras.
8. Había chispas por todas partes. (las, ellas) mantuvimos lejos de la casa para impedir el incendio.
9. Nuestras pertenencias estaban lejos del establo, así que el incendio no (nos, nosotros) afectó.
10. Si el incendio se hubiera expandido, (las, ellas) habríamos perdido, y nuestros vecinos habrían perdido aún más.

Nombre _______________ Fecha _______________

Los pronombres de complemento indirecto

Un **pronombre** es una palabra que puede reemplazar a un sustantivo; ese sustantivo se llama **antecedente** del pronombre. Los pronombres de complemento indirecto reemplazan al sustantivo usado como objeto indirecto de un verbo de acción y se colocan antes del verbo de acción. Son *me, te, le, se, nos, les*.

pronombre de complemento indirecto

El bombero ofreció ayuda a una mujer. El bombero le ofreció ayuda.

Pregunta para reflexionar

¿El pronombre reemplaza a un sustantivo usado como objeto indirecto?

1 a 4. Subraya el pronombre correcto que está entre paréntesis para completar las oraciones.

1. (Le, Lo) dieron una medalla a la capitana rescatista del cuartel de bomberos.
2. Francis y Boris (lo, se) la entregaron.
3. Ella (les, las) agradeció a ambos.
4. (Mí, Me) parece que ella es la heroína de la historia.

5 a 8. Encierra en un círculo el antecedente del pronombre subrayado en cada oración.

5. Todos llevamos regalos a Sabrina. Tomás fue el último que le entregó el suyo.
6. Yo llevé el mío primero. ¿Me dirá si le gustó?
7. Tú también fuiste a la fiesta. ¿Te gustó?
8. Nosotros jugamos con Sabrina. ¿Nos volverá a invitar?

Nombre ______________________ Fecha ______________

Clases de verbos

El gran incendio
Gramática: Repaso frecuente

verbo auxiliar	Yo **he** observado la fogata durante toda la noche.
verbo principal	Yo he **observado** la fogata durante toda la noche.

verbo copulativo	**Estoy** en paz al mirar cómo bailan y brillan las llamas.

1 a 5. Subraya el verbo auxiliar una vez y el verbo principal dos veces.

1. Mi papá y yo hemos revisado el estado del fuego esta mañana.
2. Por lo general, hemos hecho fogatas con facilidad.
3. ¿Te habría gustado ayudarnos?
4. Elena estuvo tocando muchas canciones con su guitarra esta tarde.
5. Si nos esforzamos todo el día de hoy, habremos cantado muchas canciones para la prueba de coro de mañana.

6 a 10. Subraya el verbo copulativo en cada oración.

6. Papá siempre está contento cuando se sienta alrededor de una fogata.
7. Su padre era el encargado de detectar incendios forestales.
8. Quizá sea encargada de detectar incendios forestales algún día yo también.
9. Elena parece más interesada en la música.
10. Estamos cansados pero felices al final de la noche.

Nombre ______________________ Fecha ____________

Conectar con la escritura

Oraciones entrecortadas	Oración compleja con pronombre
Vera vio que una llanta de mi bicicleta estaba pinchada. Vera me llevó hasta la estación de bomberos.	Vera me llevó hasta la estación de bomberos porque ella vio que una llanta de mi bicicleta estaba pinchada.

Combina cada par de oraciones para formar una oración compleja. Añade una conjunción subordinante si es necesario y reemplaza los sustantivos repetidos con pronombres.

1. María visitó la estación de bomberos de su vecindario. María quería aprender sobre la prevención contra incendios.

   ____

   ____

2. La familia de Rolo preparó un plan de prevención contra incendios. Rolo sabía qué hacer si ocurría un incendio.

   ____

   ____

3. Gina sabía lo que debía hacer. Gina olvidó reemplazar la batería de la alarma contra incendios.

   ____

   ____

4. Manuel aprendió a usar el extinguidor de fuego. Manuel hizo un curso de prevención contra incendios.

   ____

   ____

5. Nunca dejes velas encendidas si no hay nadie cerca. Las velas encendidas sin nadie cerca pueden iniciar un incendio.

   ____

   ____

Punto de enfoque: Elección de palabras

Usar el tono apropiado

Oración con un tono inapropiado	Oración con un tono apropiado
Me puse a estudiar un poco sobre los bomberos paracaidistas por un buen tiempo.	Me propuse estudiar más sobre los bomberos paracaidistas durante bastante tiempo.

A. Lee las oraciones. Cambia las palabras subrayadas para que tengan un tono más apropiado.

Oración con un tono inapropiado	Oración con un tono apropiado
Los bomberos paracaidistas son quienes se arrojan en paracaídas <u>en lugares lejos</u> para apagar incendios.	Los bomberos paracaidistas son quienes se arrojan en paracaídas ____________ para apagar incendios.
Los bomberos paracaidistas <u>hacen cosas</u> como apagar incendios, ayudar en los desastres y manejar las emergencias.	Los bomberos paracaidistas ____________ como apagar incendios, ayudar en los desastres y manejar las emergencias.

B. En parejas/Para compartir Vuelve a escribir las oraciones para que tengan un tono más apropiado. Piensa con un compañero cuáles son las mejores palabras que pueden usar.

Oración con un tono inapropiado	Oración con un tono apropiado
A lo mejor viene algún bombero a la clase mañana.	
¡Debe estar buenísimo ser bombero!	
En Rusia hay más bomberos paracaidistas que en los otros países.	

Nombre ______________________ Fecha ____________

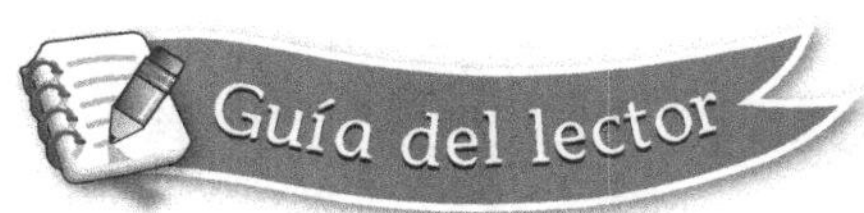

En el aire

El diario del capitán

Una tabla de la trama puede ayudarte a visualizar los sucesos principales de una historia. Si creas una tabla de la trama de *En el aire*, podrás ver la estructura de la historia. Escribe una oración en la que describas cada parte de la trama.

Clímax

Acción en aumento

Acción en descenso

Problema

Resolución

Página 346
Problema: ____

____

Páginas 348 y 349
Acción en aumento: ____

____

____

Páginas 350, 351 y 353
Clímax: ____

____

Páginas 354 y 355
Acción en descenso: ____

____

Páginas 356 y 359
Resolución: ____

____

Nombre ______________________ Fecha ____________

En el aire
Lectura independiente

El autor cuenta la historia desde el punto de vista de Matt Cruse. Imagínate que, después del rescate, el capitán Walken escribe sobre los sucesos del día en su diario. Como capitán, explica cómo te sientes sobre Matt Cruse y sus acciones. Pista: lee con atención las páginas 347 a 349, 353, 356 y 359.

Diario del capitán

Nombre ______________________ Fecha ______________

En el aire
Estrategias de vocabulario:
Prefijos *-en/-em; -ad*

Prefijos *-en/-em; -ad*

Algunas de las palabras del recuadro empiezan con *-en/-em,* que significa "hacer" o "introducir". Otras empiezan con el prefijo *-ad,* que quiere decir "a" o "hacia". Elige la palabra del recuadro que mejor se adapte a cada una de las siguientes oraciones.

envolver	adjuntar	emprender	adhesivo	encerrar
engloba	adoptar	endeudar	adyacente	adherir

1. Para ______________ una mascota hay que comprometerse a cuidarla.
2. Si gastas más de lo que tienes te vas a ______________.
3. La solapa de los sobres tienen un borde ______________ para pegarlo.
4. La atmósfera ______________ toda la superficie de la Tierra.
5. Mi casa es ______________ a la de mis vecinos.
6. ______________ a los animales en jaulas me parece cruel e innecesario.
7. Hay que ______________ todos los regalos antes de que lleguen los niños.
8. Me gusta mucho ______________ las decoraciones navideñas en la casa.
9. Vamos, ya es hora de ______________ el camino.
10. Olvidé ______________ la fotografía en mi correo electrónico.

Nombre ______________________ Fecha ____________

En el aire

Ortografía: Palabras con los sufijos *-ivo, -ísimo, -mente*

Palabras con los sufijos *-ivo, -ísimo, -mente*

Básicas Escribe la Palabra básica que sea el antónimo de cada palabra o frase que sigue.

1. larguísimo: ____________
2. buenísima: ____________
3. constructivo: ____________
4. muy común: ____________
5. sin energía: ____________
6. difícilmente: ____________
7. aburridísimo: ____________
8. inciertamente: ____________
9. muy cerca: ____________
10. rápidamente: ____________
11. suavemente: ____________

Avanzadas Escribe oraciones con tres de las Palabras avanzadas.

1. ____
____
2. ____
____
3. ____
____

Palabras de ortografía

1. seguramente
2. fuertemente
3. realmente
4. fijamente
5. interesantísimo
6. rarísima
7. lejísimo
8. descriptivo
9. creativa
10. informativo
11. lentamente
12. fácilmente
13. nuevamente
14. personalmente
15. vigorosamente
16. buenísima
17. brevísimo
18. expresivo
19. destructivo
20. furtiva

Avanzadas

cansadísimo
progresivo
aburridísimo
intempestivo
reflexivo

Nombre ______________________ Fecha ______________

Clasificación de palabras

En el aire

Ortografía: Palabras con los sufijos *-ivo, -ísimo, -mente*

Básicas Escribe las Palabras básicas en la hilera que corresponde.

Palabras con *-ivo, -iva*	____________ ____________ ____________ ____________ ____________
Palabras con *-ísimo, -ísima*	____________ ____________ ____________ ____________
Palabras con *-mente*	____________ ____________ ____________ ____________

Avanzadas Agrega las Palabras avanzadas a la tabla de Clasificación.

Palabras de ortografía

1. seguramente
2. fuertemente
3. realmente
4. fijamente
5. interesantísimo
6. rarísima
7. lejísimo
8. descriptivo
9. creativa
10. informativo
11. lentamente
12. fácilmente
13. nuevamente,
14. personalmente
15. vigorosamente
16. buenísima
17. brevísimo
18. expresivo
19. destructivo
20. furtiva

Avanzadas

cansadísimo
progresivo
aburridísimo
intempestivo
reflexivo

Nombre ______________________ Fecha ______________

Corregir la ortografía

En el aire

Ortografía: Palabras con los sufijos *-ivo, -ísimo, -mente*

Lee el párrafo y encierra en un círculo todas las palabras mal escritas. Escribe las palabras correctamente en las líneas de abajo.

Cuando este verano fuimos a pasar un mes a la casa de mis abuelos en la playa, conocimos a un muchacho intiresantesimo. Se llamaba Marino. Fásilmente ayudaba a su papá a sacar el barco pesquero a las 4:00 de la madrugada. Muchas veces lo acompañaba y le ayudaba fuertement a tirar las redes para pescar. En un brevícimo instante recorría el barco de una punta a la otra, mirando fijemente al fondo de la bahía. Muchas veces se iban lejícimo, a mar abierto, para poder pescar donde había menos barcos. Cuando Marino veía algún movimiento, sacudía los brazos bigorosamante para avisarle a su padre que era el momento de levantar la red. No era un muchacho muy espresibo, pero cuando levantaban lentamante las redes llenas de peces su expresión se animaba y rrealmente sonreía de oreja a oreja. Muchas tardes nosotros lo esperábamos en el muelle donde segurramente venderían toda la pesca del día. A veces nos traía caracoles grandes y nos contaba lo que había ocurrido ese día. Era un muchacho muy informatibo y le encantaba tener una audiencia para sus cuentos. Cuando nos despedimos, nos prometió que el año siguiente nos iba a llevar a pescar con él y su papá. ¡No veo el momento!

Palabras de ortografía

1. seguramente
2. fuertemente
3. realmente
4. fijamente
5. interesantísimo
6. rarísima
7. lejísimo
8. descriptivo
9. creativa
10. informativo
11. lentamente
12. fácilmente
13. nuevamente
14. personalmente
15. vigorosamente
16. buenísima
17. brevísimo
18. expresivo
19. destructivo
20. furtiva

1. ______________ 5. ______________ 9. ______________
2. ______________ 6. ______________ 10. ______________
3. ______________ 7. ______________ 11. ______________
4. ______________ 8. ______________ 12. ______________

Nombre ______________________ Fecha ____________

En el aire
Gramática: Usar los pronombres correctamente

Los pronombres personales y posesivos

Los **pronombres personales** reemplazan a personas o cosas específicas y tienen diferentes formas según el número y la persona.

pronombre personal

Marco le regaló su pelota roja a Luis. Él le dio a Luis la suya porque tenía otras.

Los **pronombres posesivos** muestran posesión en relación con las personas gramaticales. Estos pronombres se usan solos.

pronombre posesivo

Marco le regaló su pelota roja a Luis. Él le dio a Luis la suya porque tenía otras.

Pregunta para reflexionar
¿Qué pronombre reemplaza a una persona o cosa específica y qué pronombre muestra posesión?

Actividad Subraya los pronombres posesivos y encierra en un círculo los pronombres personales.

1. Le dije al piloto que yo había salvado su vida.
2. Señor, ¿es suyo este globo?
3. Yo conocía al padre de Mateo, pero Mateo no conocía al mío.
4. Ellos dijeron que los uniformes eran suyos.
5. El médico le dijo al piloto que sus heridas sanarían.
6. No encuentro mi sombrero, ¿puedo tomar prestado el tuyo?
7. Él sostuvo la cuerda en su mano.
8. El globo tenía alimento y provisiones en su góndola.

Nombre ______________________ Fecha __________

En el aire
Gramática: Usar los pronombres correctamente

La concordancia del pronombre y el antecedente

El **antecedente** de un pronombre es el o los sustantivos a los que el pronombre hace referencia. Los pronombres deben concordar en número y en persona con su antecedente.

antecedente **pronombre**
Karen compró un libro en el aeropuerto. Ella lo pagó y ahora es suyo.

Pregunta para reflexionar
¿El pronombre concuerda con el antecedente?

Actividad Subraya el pronombre y encierra en un círculo el antecedente al que hace referencia.

1. Yo no tenía almohada para dormir en el avión y Víctor me prestó la suya.
2. Yo usé ese cinturón porque pensé que era mío.
3. Frida no quería volar en avión porque ella le tenía miedo.
4. El carrito de refrigerios perdió una de sus ruedas.
5. Sara y Juan practicaron el vocabulario durante el vuelo. Ellos son estudiantes aplicados.
6. Karen creyó que ese asiento era el suyo.
7. Nosotras coincidimos en que esos asientos eran nuestros.
8. Aquí están tus gafas; yo tengo las mías en el bolsillo trasero.
9. Pedro sabe que los mandos están junto a él.
10. Juan se preguntaba si ese bolso era el suyo.

Nombre ______________________ Fecha __________

Lección 12
CUADERNO DEL LECTOR

En el aire
Gramática: Usar los pronombres correctamente

Los errores comunes

Un error común es usar un pronombre que no concuerde en número y en persona con su **antecedente**.

Incorrecto: Da Vinci diseñó la máquina para volar. Ella diseñó suya máquina hace mucho tiempo.

Correcto: Da Vinci diseñó la máquina para volar. Él diseñó su máquina hace mucho tiempo.

Pregunta para reflexionar
¿El pronombre concuerda en número y persona con su antecedente?

Actividad Encuentra la palabra incorrecta en cada oración. Escribe el pronombre correcto en el espacio en blanco. Si la oración es correcta, escribe *correcta*.

1. En 1783, dos hermanos volaron en suyo globo a 6,000 pies de altura. ______________
2. Henri Giffard voló su avión a vapor. Ellos lo hizo en 1852. ______________
3. ¿Eres de Carolina del Norte? Los hermanos Wright volaron en tu estado. ______________
4. Charles Lindbergh hizo sus primer vuelo en solitario sobre el Atlántico en 1923. ______________
5. Amelia Earhart hizo su vuelo transatlántico en solitario en 1932. ______________
6. Earhart probablemente se estrelló en suyo avión cuando se le acabó el combustible. ______________
7. Si una persona desea volar, nosotros debe realizar horas de lecciones de vuelo. ______________
8. ¿Es tuyo deseo aprender a volar un avión? ______________

Nombre ______________________ Fecha ______________

Lección 12
CUADERNO DEL LECTOR

Verbos y objetos

En el aire
Gramática: Repaso frecuente

Objeto directo	La tripulación cargó las **provisiones** en el barco.
Objeto indirecto	El primer oficial le llevó una taza de café al **capitán**.
Verbo transitivo	El timonel **dirige** la embarcación.
Verbo intransitivo	El barco **navega** suavemente por el océano.

1 a 5. Encierra el verbo en un círculo y rotúlalo como *transitivo* o *intransitivo*. Subraya con una línea los objetos directos y con doble línea los indirectos.

1. La tripulación encendió los motores. ______________
2. El capitán dio órdenes específicas a la tripulación. ______________
3. El viento zarandeaba el avión de arriba abajo. ______________
4. El capitán gritó con fuerza. ______________
5. El avión voló rumbo al sur. ______________

6 a 8. Combina cada par de oraciones para crear una sola con un objeto directo compuesto. Escribe la oración en el espacio en blanco.

6. El capitán de un avión necesita conocimientos sobre el estado del tiempo. El capitán de un avión necesita una tripulación confiable.

   ____

   ____

7. Una buena tripulación debe tener disciplina. Una buena tripulación debe tener concentración.

   ____

8. Durante cientos de años, la tripulación ha explorado cielos peligrosos. Durante cientos de años, la tripulación ha explorado tierras exóticas.

   ____

   ____

Nombre ______________________ Fecha ____________

Conectar con la escritura

Sustantivos repetidos	Paula quiere aprender a volar. Para hacerlo, Paula debe realizar cientos de horas de lecciones. Primero, los estudiantes deben volar junto a un instructor. Luego, los estudiantes deben realizar muchas horas de vuelo los estudiantes solos antes de poder solicitar una licencia de piloto.
Sustantivos reemplazados por pronombres u omitidos	Paula quiere aprender a volar. Para hacerlo, ella debe realizar cientos de horas de lecciones. Primero, los estudiantes deben volar junto a un instructor. Luego, ellos deben realizar muchas horas de vuelo ellos solos antes de poder solicitar una licencia de piloto.

Reemplaza los sustantivos repetidos con pronombres y escribe la nueva oración en el espacio en blanco.

1. Paula desea aprender a volar. Paula va a un aeropuerto cercano para averiguar cómo puede tomar lecciones de vuelo.

   ____

   ____

2. El instructor de vuelo se presenta. El instructor de vuelo dice que Paula necesita el permiso de los padres de Paula porque Paula tiene diecisiete años.

   ____

   ____

3. Paula habla con los padres de Paula. Los padres de Paula firman un permiso para permitir que Paula tome lecciones de vuelo.

   ____

   ____

4. Jaime decide que Jaime también quiere tomar lecciones de vuelo. Paula va con Jaime a hablar con los padres de Jaime.

   ____

   ____

Nombre ______________________ Fecha ______________

En el aire
Escritura: Escritura informativa

Punto de enfoque: Voz

Mantener un tono formal

Texto informal	Texto con tono formal, informativo
Chuck Yeager era una especie de piloto de prueba famoso.	Chuck Yeager es el piloto de prueba más famoso de todos los tiempos.

Lee las oraciones. Vuelve a escribirlas con un tono formal e informativo.

1. En algún momento después de la escuela secundaria, Yeager se debe haber alistado en el ejército Air Corps.

   ____

   ____

2. Empezó a volar durante la Segunda Guerra Mundial.

   ____

   ____

3. La mayoría de las personas conocen a Yaeger porque destrozó la barrera del sonido. Eso quiere decir que voló más rápido que la velocidad del sonido.

   ____

   ____

4. Yaeger se sentía pésimo cuando los motores fallaron, pero lo logró.

   ____

   ____

5. Yaeger es uno de los muchachos de *Elegidos para la gloria*, una peli sobre los primeros pilotos y astronautas de prueba.

   ____

   ____

Nombre ______________________ Fecha ____________

Adelante

POLO NORTE

Las listas más importantes

Acabas de leer sobre la expedición al Polo Norte. Sin una buena preparación, la expedición podría haber terminado como lo hicieron las otras cuatro.

Lee las páginas 379 y 380. Ayuda a los equipos a hacer una lista de las tres tareas que hay que hacer antes de la expedición. Para cada tarea, escribe quién estará a cargo de realizarla. Luego escribe por lo menos tres cosas que necesitarán los equipos. Escribe cómo se usará cada cosa.

Lista de tareas	Lista de provisiones
Antes	**Antes**

Nombre ______________________ Fecha __________

Adelante
Lectura independiente

Lee las páginas 381 a 384 y 387. Ayuda a los equipos a hacer una lista de por lo menos cuatro tareas que deben hacer durante la expedición. Para cada tarea, escribe quién estará a cargo de realizarla. Luego escribe por lo menos tres cosas que necesitarán los equipos. Escribe cómo se usará cada cosa. Usa lo que leíste como ayuda.

Lista de tareas

Durante

Lista de provisiones

Durante

Nombre ______________________ Fecha ____________

Figuras retóricas

Adelante
Estrategias de vocabulario:
Figuras retóricas

Lee las oraciones. Piensa en el significado de las figuras retóricas subrayadas. Luego escribe el significado en la línea.

1. Charlie cerró los ojos, respiró profundo y saltó. Siempre supo que tenía agallas para hacerlo.

   ____

2. La canción favorita de María la entregó a los brazos de Morfeo.

   ____

3. Mi abuelo dice que cuando dos personas están discutiendo es mejor no intervenir para no echar más leña al fuego.

   ____

4. Mi amigo me consiguió entradas para el recital al que tanto quería ir. No son en la ubicación que yo quería pero ¡a caballo regalado no se le miran los dientes!

   ____

5. Juana debería ser modelo, ¡la cámara la ama!

   ____

Nombre ______________________ Fecha ______________

Palabras con los prefijos *pro-*, *pre-*, *super-*, *extra-*

Básicas Escribe las Palabas básicas que correspondan mejor a cada clave.

1. Que no pertenece a la tierra: ______________
2. Antes de fabricado: ______________
3. Se tardó más de lo previsto: ______________
4. Padre: ______________
5. Muy inteligente: ______________
6. Estuvo a cargo: ______________
7. Pérdida: ______________
8. Más que ordinaria: ______________
9. Alistarse para hacer algo: ______________
10. Seguir adelante: ______________

Avanzadas Escribe oraciones con las Palabras avanzadas.

1. ______________
2. ______________
3. ______________
4. ______________
5. ______________

Palabras de ortografía

1. superarmado
2. prefabricar
3. provocar
4. superdotado
5. proveer
6. extraescolar
7. superficie
8. proseguir
9. pronombre
10. predominar
11. prolongó
12. progenitor
13. extraordinaria
14. prepararse
15. preparatorio
16. propuso
17. predispuesto
18. extraterrestre
19. extravío
20. supervisó

Avanzadas

superabundancia
extracurricular
supernova
extraoficialmente
presupuesto

Nombre ______________________ Fecha ______________

Adelante
Ortografía:
Palabras con los prefijos *pro-*, *pre-*, *super-*, *extra-*

Clasificación de palabras

Básicas Escribe las Palabras básicas en la hilera que corresponde.

Prefijo *pro-*	____________ ____________ ____________ ____________
Prefijo *pre-*	____________ ____________ ____________ ____________
Prefijo *super-*	____________ ____________ ____________ ____________
Prefijo *extra-*	____________ ____________ ____________ ____________

Avanzadas Agrega las Palabras avanzadas en la tabla de Clasificación.

Conectar con la lectura Encuentra tres palabras más con los prefijos *pro-, pre-, super-, extra-* en *Adelante.* Escríbelas aquí.

Palabras de ortografía

1. superarmado
2. prefabricar
3. provocar
4. superdotado
5. proveer
6. extraescolar
7. superficie
8. proseguir
9. pronombre
10. predominar
11. prolongó
12. progenitor
13. extraordinaria
14. prepararse
15. preparatorio
16. propuso
17. predispuesto
18. extraterrestre
19. extravío
20. supervisó

Avanzadas

superabundancia
extracurricular
supernova
extraoficialmente
presupuesto

Nombre ______________________ Fecha ____________

Lección 13
CUADERNO DEL LECTOR

Adelante

Ortografía:
Palabras con los prefijos *pro-*, *pre-*, *super-*, *extra-*

Corregir la ortografía

Lee el párrafo y encierra en un círculo todas las palabras mal escritas. Escribe las palabras correctamente en las líneas de abajo.

Cuando pienso acerca de Robert Perry, me imagino el gran esfuerzo que requiere ser un explorador. Estar prodispuesto a explorar tierras nuevas requiere visión, dedicación y entusiasmo. Una aventura estraordinaria de exploración requiere un intenso período preporatorio. Se necesita preparse para probeer alimentos, herramientas, refugio y transporte para mucha gente. Los exploradores, generalmente, van acompañados de un equipo supermado y superpreparado. Saber cómo preseguir a un sitio desconocido requiere instrumentación, mapas y comunicación con un campamento base. Un estrabío durante el viaje puede tener consecuencias peligrosas. Pienso que el que imagina y prepara tal aventura es un ser supertado. Es una persona dispuesta a proseguir sin dejarse vencer por los obstáculos. Tiene que predeminar en el explorador un sentido de aventura y curiosidad. Voy a seguir leyendo sobre otros exploradores ya que sólo he tocado la superfisie de este tema que tanto me interesa.

1. ______________________
2. ______________________
3. ______________________
4. ______________________
5. ______________________
6. ______________________
7. ______________________
8. ______________________
9. ______________________
10. ______________________
11. ______________________

Palabras de ortografía

1. superarmado
2. prefabricar
3. provocar
4. superdotado
5. proveer
6. extraescolar
7. superficie
8. proseguir
9. pronombre
10. predominar
11. prolongó
12. progenitor
13. extraordinaria
14. prepararse
15. preparatorio
16. propuso
17. predispuesto
18. extraterrestre
19. extravío
20. supervisó

Nombre ______________________ Fecha __________

Los tiempos verbales simples

Adelante
Gramática: Tiempos verbales simples y compuestos

El presente, el pretérito perfecto simple, el pretérito imperfecto y el futuro simple se llaman **tiempos simples**. Están formados por una sola palabra.

presente
Él pide que se unan a la expedición.

pret. perf. simple
Él pidió que se unan a la expedición.

pret. imperf.
Él pedía que se unan a la expedición.

futuro simple
Él pedirá que se unan a la expedición.

Pregunta para reflexionar
¿El tiempo de la oración está formado por una sola palabra?

Actividad Escribe a qué tipo de tiempo simple corresponde cada verbo subrayado.

1. Cargamos los trineos. ______________
2. Él observa el mapa. ______________
3. Nos quedaremos en el iglú. ______________
4. Nunca hablaban de fracaso. ______________
5. Mañana exploraremos las cuevas. ______________
6. El hielo de presión los demora. ______________
7. ¿Llegaremos la semana que viene? ______________
8. Yo seré el líder del equipo. ______________
9. Henson exploró el Ártico. ______________
10. Todos temían a las grietas. ______________

Nombre ______________________ Fecha ____________

Lección 13
CUADERNO DEL LECTOR

Adelante

Gramática: Tiempos verbales simples y compuestos

Los tiempos verbales compuestos

El pretérito perfecto compuesto, el pretérito pluscuamperfecto y el futuro perfecto se llaman **tiempos compuestos.** Están formados por el verbo auxiliar *haber* y un participio pasado.

pret. perf. comp.
Él ha pedido que se unan a la expedición.

pret. plusc.
Él había pedido que se unan a la expedición.

fut. perf.
Él habrá pedido que se unan a la expedición.

Los verbos conjugados en tiempos compuestos se componen de una forma del verbo auxiliar haber y el participio pasado del verbo principal.

Pregunta para reflexionar
¿El tiempo de la oración está formado por más de una palabra?

Actividad Escribe a qué tipo de tiempo compuesto corresponde cada verbo subrayado.

1. Boris ha completado la caminata en tres horas. ______________________
2. Julia había realizado caminatas con nuestro equipo durante meses. ______________
3. Habrán viajado muy lejos. ______________
4. En abril, habremos reunido suficiente dinero para el viaje. ______________
5. Los estudiantes han estudiado sobre el Polo Norte. ______________________
6. Las personas habían dicho que era una formación rocosa única. ______________
7. Habrán terminado para entonces. ______________
8. Para cuando llegamos a la cima de la montaña, había anochecido. ______________

Nombre ______________________ Fecha ____________

Lección 13
CUADERNO DEL LECTOR

Adelante

Gramática: Tiempos verbales simples y compuestos

La coherencia en los tiempos verbales

La **coherencia en los tiempos verbales** implica asegurarse de que todos los verbos estén conjugados de modo tal que concuerden con otras marcas de temporalidad en la escritura.

tiempos verbales coherentes

Caminé hasta mi casa, preparé la cena y terminé la tarea.

Pregunta para reflexionar
¿Cómo logro que haya coherencia en los tiempos verbales de una oración?

Actividad Vuelve a escribir los verbos subrayados para que haya coherencia en los tiempos verbales de las oraciones.

1. Llegaron al polo el quinto día y permanecían allí. ____________
2. Él pretende hacerlo en seis meses y esperó hacerlo antes. ____________
3. Henson reparó el trineo roto y lo arrastra hasta la parcela. ____________
4. Habíamos cocinado en una pequeña estufa y la servimos. ____________
5. Observa la grieta en el hielo y se preocupó. ____________
6. Los exploradores jugaban con los perros y los persiguieron. ____________
7. El perro líder del equipo renguea y forcejeará. ____________
8. Los exploradores estaban exhaustos después de un arduo día y añoran sus hogares.

   ____
9. Peary mostró su agradecimiento por el esfuerzo de los perros cuando los abraza.

   ____
10. Los perros estaban cansados y duermen una siesta. ____________

Nombre ______________________ Fecha ____________

Conjunciones coordinantes

Adelante
Gramática: Repaso frecuente

El Dr. Hollister **y** su equipo partieron hacia una aventura ártica.
¿Ya comieron los perros de los trineos **o** hay que alimentarlos?
El equipo quería irse inmediatamente, **pero** el doctor prefería esperar hasta la mañana.

1 a 4. Encierra en un círculo la conjunción coordinante que tenga el significado entre paréntesis. Luego, escribe si la conjunción se usa para conectar *sujetos, predicados* u *oraciones simples.*

1. La tundra ártica es peligrosa, pero los exploradores son un grupo valiente de aventureros. **(muestra contraste)** ____________________

2. Este abrigo de piel te mantiene caliente y te protege del viento. **(añade información)** ____________________

3. ¿Llevará el equipo líder las provisiones o las llevará el equipo de apoyo? **(muestra elección)** ____________________

4. El equipo líder y el equipo de apoyo están listos para empezar una difícil travesía. **(añade información)** ____________________

5 y 6. Combina las oraciones subrayadas del pasaje para formar oraciones compuestas. Para cada oración, usa una coma si es necesario y/o una conjunción coordinante.

La expedición comenzó en la mañana. Todos se sentían ansiosos por la travesía que les aguardaba. Los perros de los trineos ladraban. Trotaban sobre la nieve. El sol aún no asomaba. El equipo tenía linternas de casco para alumbrar el camino.

5. ____

____

6. ____

____

Nombre ______________________ Fecha ______________

Conectar con la escritura

Adelante
Gramática:
Conectar con la escritura

Tiempos incorrectos	Tiempos correctos
Nosotros seguíamos adelante y grandes nubarrones <u>cubrirán</u> el sol.	Nosotros seguíamos adelante, y grandes nubarrones <u>cubrían</u> el sol.

Vuelve a escribir cada oración usando el tiempo correcto del verbo entre paréntesis.

1. Henson estaba agotado y (esperar) que el tiempo mejorara.

____

____

2. El equipo caminó diez millas hoy y mañana (caminar) veinte millas.

____

____

3. Ayer (aguardar) largo rato al equipo de Peary.

____

____

4. Los inuit se marcharán pronto y nosotros (extrañar) su valiosa ayuda.

____

____

5. ¿Diste de comer a los perros cuando (ladrar)?

____

____

6. Estaban hambrientos y con frío cuando (llegar) al iglú.

____

____

Nombre ______________________ Fecha ______________

Adelante
Escritura:
Escritura informativa

Punto de enfoque: Organización
Agrupar ideas en párrafos

Ideas	Ideas organizadas en orden lógico en un párrafo
• Kit Carson vivió desde 1809 hasta 1868. • Carson fue contratado para ser el guía de John C. Fremont. • Carson se convirtió en un héroe nacional cuando Fremont escribió sobre el viaje. • Trabajó como cazador de pieles en Nuevo México. • Guió a Fremont hasta Oregon, más de 1300 millas de montañas y ambiente salvaje.	Kit Carson vivió desde 1809 hasta 1868. Trabajó como cazador de pieles en Nuevo México. Carson fue contratado para ser el guía de John C. Fremont. Condujo a Fremont hasta Oregon, más de 1300 millas de montañas y ambiente salvaje. Carson se convirtió en un héroe nacional cuando Fremont escribió sobre el viaje.

Lee las siguientes oraciones. Después vuelve a escribirlas como dos párrafos separados. Agrupa las ideas relacionadas en el mismo párrafo y en orden lógico.

En parejas/Para compartir **Trabaja con un compañero para escribir una nueva oración que pueda añadirse a cada párrafo.**

Ideas	Ideas organizadas en orden lógico en un párrafo
• Voló en el transbordador espacial Endeavour como especialista de la misión. • Mae Jemison nació en 1956. • De niña, le encantaba leer libros sobre el universo. • Jemison fue la primera afroamericana en el espacio. • La misión despegó el 12 de septiembre de 1992 y aterrizó el 20 de septiembre de 1992. • Más adelante, estudió ciencias y medicina.	______________________________ ______________________________ ______________________________ ______________________________ ______________________________ ______________________________ ______________________________ ______________________________ ______________________________ ______________________________

Nombre ______________________ Fecha ____________

Buena voluntad

¡Gracias por los recuerdos!

Es el final de la temporada de básquetbol. El entrenador Tree se va de la escuela, ¡pero no antes de una última fiesta! En la fiesta, le entregarán al entrenador Tree un libro firmado recordando su año en la escuela.

Elige dos personajes de *Buena voluntad* y lee las páginas que se muestran a continuación. Luego escribe como si fueras esos personajes y cuenta qué es lo que recordarán del entrenador Tree. Usa pistas del cuento para descubrir sus pensamientos y sentimientos.

Luis: págs. 410, 411 y 417 | **Arturo: págs. 410 a 413 y 417** | **José: págs. 413 a 414** | **Alicia: pág. 414**

Para el entrenador

De:

Para el entrenador

De:

Nombre ______________________ Fecha __________

Buena voluntad
Lectura independiente

En esa misma fiesta, el entrenador Tree dio a los Tigres su regalo. Lee las siguientes páginas sobre el entrenador Tree y dibuja lo que le podría regalar a la escuela. Luego, escribe una carta del entrenador Tree en la que explique por qué les está haciendo ese regalo, su recuerdo preferido del tiempo que pasó con los Tigres y cuáles son sus deseos para el equipo.

Lee las siguientes páginas sobre el entrenador Tree y los Tigres: 409, 412, 415 y 416.

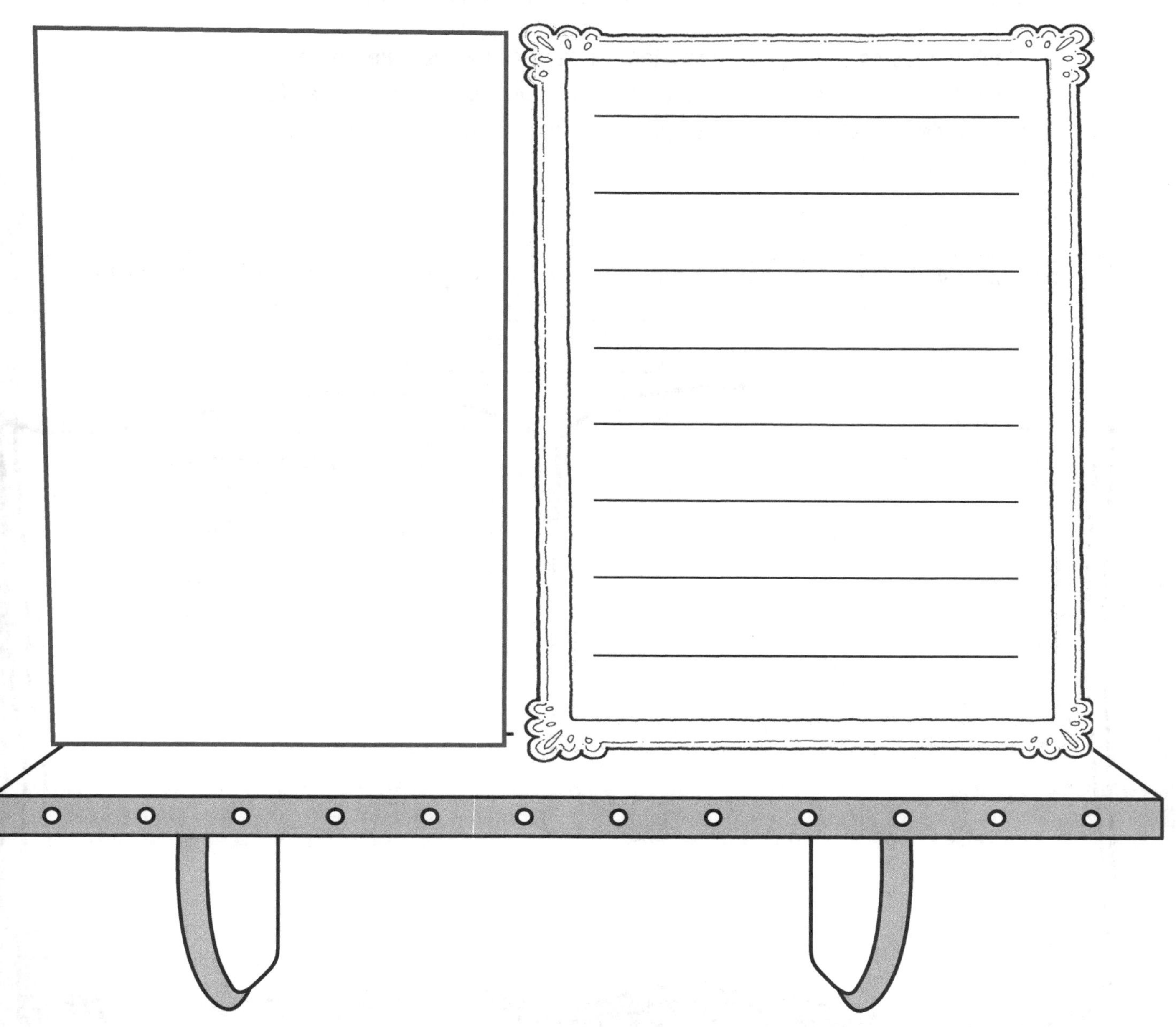

Nombre ______________________ Fecha ____________

Buena voluntad
Estrategias de vocabulario:
Relaciones entre las palabras

Relaciones entre las palabras

Para cada una de las oraciones, completa los espacios con un par de palabras para formar una oración con sentido. Luego, escribe el tipo de relación que tienen los dos pares de palabras.

felicidad, tristeza	enojado, alegre	rechazar, aprobar	dedo, minuto
lento, flaco	equipo de natación, banda	guitarra, rojo	utensilio, herramienta

1. ______________ es a aceptar lo que ______________ es a desaprobar. ______________
2. ______________ es a mano lo que ______________ es a hora. ______________
3. ______________ es a sonreír lo que ______________ es a llorar. ______________
4. ______________ es a furioso lo que ______________ es a contento. ______________
5. ______________ es a instrumento lo que ______________ es a color. ______________
6. Nadador es a ______________ lo que guitarrista es a ______________. ______________
7. Tenedor es a ______________ lo que martillo es a ______________. ______________
8. Rápido es a ______________ lo que gordo es a ______________. ______________

Nombre ______________________ Fecha ____________

Palabras con los sufijos *-ico, -ista, -ero, -dor, -ano*

Buena voluntad
Ortografía:
Palabras con los sufijos *-ico, -ista, -ero, -dor, -ano*

Básicas Completa el crucigrama con las Palabras básicas.

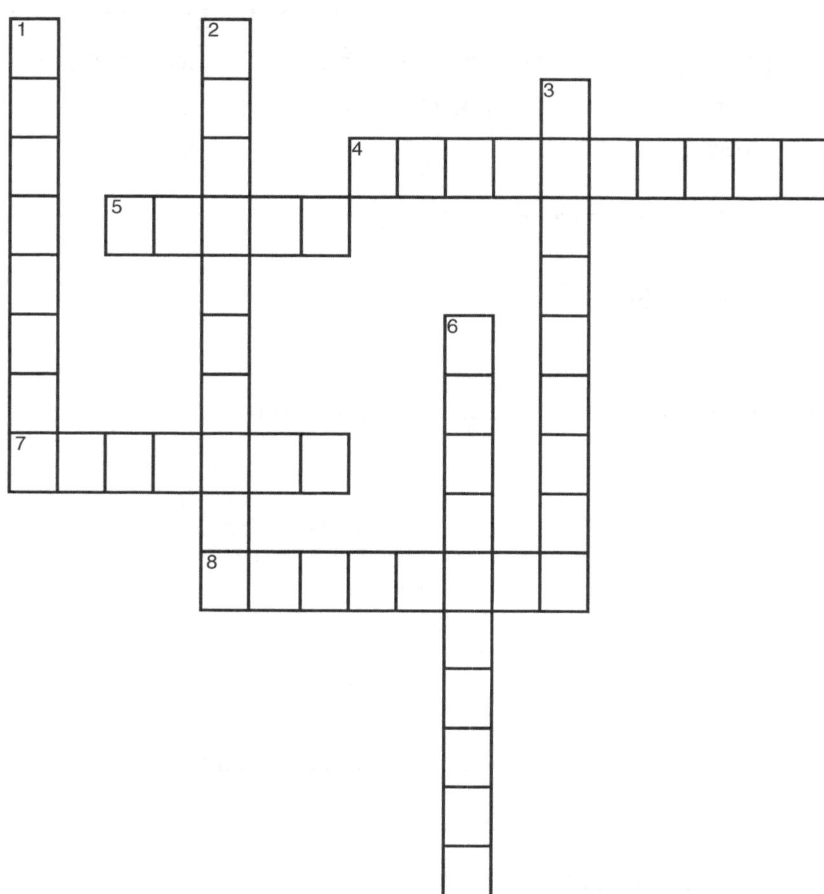

Horizontales

4. persona que va a lugares desconocidos
5. Solo hay uno
7. persona que crea arte
8. que se refiere al deporte

Verticales

1. persona que anda en bicicleta
2. escritor que trabaja en un periódico
3. amigo
6. los que vienen atrás

Palabras de ortografía

1. único
2. suburbano
3. rítmico
4. periodista
5. lanzador
6. seguidores
7. problemático
8. atlético
9. samaritano
10. entrenador
11. compañero
12. jugadores
13. triturador
14. explorador
15. ciclista
16. artista
17. espectador
18. comentarista
19. escéptico
20. deportista

Avanzadas

malabarista
heroico
jurídico
asambleísta
accionista

Avanzadas Escribe oraciones con tres de las Palabras avanzadas.

Nombre ____________________ Fecha ____________

Buena voluntad
Ortografía: Palabras con los sufijos *-ico, -ista, -ero, -dor, -ano*

Clasificación de palabras

Básicas Escribe las Palabras básicas en la hilera que corresponde.

Palabras con el sufijo *-ico*	____________ ____________ ____________
Palabras con el sufijo *-ista*	____________ ____________ ____________ ____________
Palabras con el sufijo *-ero*	____________
Palabras con los sufijos *–dor*, *-dores*	____________ ____________ ____________
Palabras con el sufijo *-ano*	____________

Palabras de ortografía

1. único
2. suburbano
3. rítmico
4. periodista
5. lanzador
6. seguidores
7. problemático
8. atlético
9. samaritano
10. entrenador
11. compañero
12. jugadores
13. triturador
14. explorador
15. ciclista
16. artista
17. espectador
18. comentarista
19. escéptico
20. deportista

Avanzadas
malabarista
heroico
jurídico
asambleísta
accionista

Avanzadas Agrega las Palabras avanzadas a la tabla de Clasificación.

Conectar con la lectura Encuentra tres palabras con los sufijos *-ico, -ista, -ero, -dor, -ano* en *Buena voluntad*. Escríbelas aquí.

Nombre ______________________ Fecha ____________

Corregir la ortografía

Buena voluntad

Ortografía: Palabras con los sufijos *-ico, -ista, -ero, -dor, -ano*

Lee el párrafo y encierra en un círculo todas las palabras mal escritas. Escribe las palabras correctamente en las líneas de abajo.

Eduardo estaba ecséptico de que la nueva escuela en la ciudad a la que se habían mudado le gustara. Él estaba muy feliz en **su** barrio, en **su** escuela. Allí era un depostisto muy activo. Practicaba varios deportes y era un buen estudiante. Un compeñaro de su equipo de béisbol era su mejor amigo. Los juegadoras del equipo le habían dado una fiesta de despedida y el periotista escolar le había hecho una entrevista. Caminando por las calles de su nueva comunidad se sentía como un esplorador, descubriendo nuevas cosas, encontrando nuevos caminos para llegar a la escuela. Mientras caminaba pensaba que tal vez su destino no era ser deportista, sino artisto, ciclisto, o comanterista de televisión. No, eso no era en realidad lo que le interesaba. Su sueño era ser lanzedora en las grandes ligas de béisbol. Hacerse conocer en la nueva escuela iba a ser problametico. Sin embargo, el primer día de clase durante el recreo, el profesor de gimnasia vino a conocerlo. En su mano traía un papel. "Hola Eduardo", le dijo el profesor, "aquí tengo una muy buena recomendación del entreñadora de béisbol de tu escuela anterior." "Bienvenido a nuestra escuela. Las prácticas empiezan la semana que viene, espero verte". Después de todo parece que esta nueva escuela no iba a ser tan extraña para Eduardo.

Palabras de ortografía

1. único
2. suburbano
3. rítmico
4. periodista
5. lanzador
6. seguidores
7. problemático
8. atlético
9. samaritano
10. entrenador
11. compañero
12. jugadores
13. triturador
14. explorador
15. ciclista
16. artista
17. espectador
18. comentarista
19. escéptico
20. deportista

1. ______________ 7. ______________

2. ______________ 8. ______________

3. ______________ 9. ______________

4. ______________ 10. ______________

5. ______________ 11. ______________

6. ______________ 12. ______________

Name ______________________ Date __________

La voz activa y la voz pasiva

Buena voluntad
Gramática: Concordancia del sujeto y el verbo

Un verbo en voz activa describe una acción que el sujeto hace directamente. Un verbo en **voz pasiva** describe una acción que se le hace o le pasa al sujeto. La voz **pasiva** se forma con el **participio** pasado del verbo principal que expresa la acción y el verbo *ser* como auxiliar.

voz activa
Yo arrojé la pelota.

voz pasiva
La pelota fue arrojada por mí.

Pregunta para reflexionar
¿El verbo describe una acción que el sujeto hace directamente o una acción hecha a alguien o a algo?

Vuelve a escribir las oraciones cambiando la voz pasiva por la voz activa.

1. Tomás fue golpeado por la pelota. ______________________
2. Fueron sorprendidos por el resultado del partido. ______________________
3. El partido fue ganado por los Cuervos. ______________________
4. La pelota fue gambeteada por Luis. ______________________
5. Raquel fue acusada de caminar con la pelota por el árbitro.
____
6. El equipo fue felicitado por la maestra. ______________________
7. Alejandro fue llamado para lanzar la pelota por el entrenador.
____
8. Los ganadores fueron aplaudidos por la multitud. ______________________

Los usos de los verbos *ser* y *estar*

Buena voluntad
Gramática:
Concordancia del sujeto y el verbo

Cuando los verbos **ser** y **estar** son usados como auxiliares, deben concordar con el sujeto de la oración.

sujeto **verbo auxiliar** **sujeto** **verbo auxiliar**

Él fue elegido como entrenador, y tú y yo estaremos entrenando con él.

Preguntas para reflexionar
¿Ser o estar son auxiliares en la oración? ¿Concuerda el verbo auxiliar con el sujeto?

Actividad Completa cada oración con la forma correcta del verbo *ser* o *estar*. Usa el tiempo que está en paréntesis.

1. Ella ______________ sintiéndose bien con el juego. (pasado)
2. Tú y yo ______________ esperando al entrenador. (presente)
3. Él y yo ______________ bien entrenados por dos años. (pasado)
4. Tú y yo ______________ compitiendo pronto. (futuro)
5. Él y el entrenador ______________ hablando. (presente)
6. Él ______________ ganando siempre. (pasado)
7. Tú ______________ reconocido por tus esfuerzos. (futuro)
8. Yo ______________ en el juego con mi mamá. (pasado)
9. Ella y él ______________ reconocidos como buenos aficionados del fútbol. (presente)
10. Yo ______________ entusiasmado con el equipo. (presente)

Nombre ______________________ Fecha ____________

Buena voluntad
Gramática: Concordancia del sujeto y el verbo

Los usos de *haber* como impersonal

El verbo **haber** se usa en forma impersonal para expresar estado o existencia. Es intransitivo y no se usa en plural, solo se conjuga en la tercera persona del singular en todos los tiempos y modos. Las expresiones con *haber* impersonal no tienen sujeto.

verbo
Hay muchos problemas con el equipo.

Preguntas para reflexionar
¿El verbo haber *expresa estado o existencia? ¿La expresión tiene sujeto?*

Actividad Escribe la forma correcta del verbo *haber*.

1. Allí (haber) algunos jugadores. ______________
2. (Haber) que jugar mejor el próximo partido. ______________
3. No (haber) ningún niño ni niña sin la camiseta o la gorra de su equipo en el partido de mañana. ______________
4. No (haber) conversaciones sobre el partido hasta el viernes. ______________
5. (Haber) que invitar a tus primos. ______________
6. ¿(Haber) ya un capitán en tu equipo? ______________
7. No (haber) que olvidarse de invitar a José a jugar en el equipo. ______________
8. (Haber) una oportunidad de ganar el torneo mañana. ______________

Nombre ______________________ Fecha ____________

Buena voluntad
Gramática:
Repaso frecuente

Conjunciones subordinantes

Cláusula dependiente	**Como ganamos el partido de básquetbol**, nuestro equipo celebró en la pizzería.
Cláusula independiente	Como ganamos el partido de básquetbol, **nuestro equipo celebró en la pizzería.**
Conjunción subordinante	**Como ganamos** el partido de básquetbol, nuestro equipo celebró en la pizzería.

1 a 5. Encierra en un círculo las conjunciones subordinantes. Luego, escribe si cada grupo de palabras subrayado es una *cláusula dependiente* o una *cláusula independiente.*

1. Si Pedro hace un tiro libre, su equipo llevará la delantera.
   ____
2. Aunque no es muy alto, David juega básquetbol muy bien.
   ____
3. Nuestro equipo pasará al desempate si gana el juego de hoy.
   ____
4. El juego terminará cuando que suene el último timbre.
   ____
5. Como anotamos la mayoría de los puntos, nuestro equipo ganó el juego.
   ____

6 a 8. Combina las oraciones simples usando una conjunción subordinante para formar una oración compleja.

6. Nuestro equipo juega. La abuela viene a alentar.
   ____
7. Nuestra familia es muy unida. Nos congregamos en los juegos de cada uno.
   ____
   ____
8. Mi casa tiene un patio grande. Fuimos los anfitriones de la fiesta.
   ____
   ____

Nombre ______________________ Fecha ____________

Conectar con la escritura

El uso incorrecto de una forma verbal puede confundir al lector. El sujeto de una oración debe **concordar** en persona y en número con el verbo.
voz activa El entrenador dio las indicaciones de las jugadas.
voz pasiva Los jugadores fueron instruidos sobre las jugadas antes de empezar el partido.

Cambia el verbo subrayado para que concuerde con el sujeto.

1. Él apiñaron el equipamiento de básquetbol en su bolso. ______________
2. Ella pregunté: "¿Cuál es el puntaje?" ______________
3. Ellos trota hasta la cancha. ______________
4. Todos trajiste el uniforme para la práctica. ______________
5. Nosotros disfrutó de un gran partido. ______________
6. Ella se estamos convirtiendo en una gran base.
   ____
7. Todos coincidí en que fue un juego difícil. ______________
8. Los periodistas deportivos tomó muchas fotografías.
   ____

Nombre ______________________ Fecha __________

Lección 14
CUADERNO DEL LECTOR

Buena voluntad
Escritura: Escritura informativa

Punto de enfoque: Ideas

Concentrarse en ideas bien fundamentadas

Los buenos escritores apoyan sus ideas con datos, ejemplos, definiciones y citas relevantes. Este escritor eliminó un detalle poco relevante y añadió uno importante.

El refugio para animales precisa tu ayuda. Te invitamos a hacer trabajo voluntario algunas horas por semana. Hay que pasear a los perros y los gatos necesitan interactuar con seres humanos. ~~*A los animales les gusta estar con gente*~~*. También se necesita ayuda en la oficina del refugio.* ^ Además, se necesitan recepcionistas para conversar con los visitantes acerca de la adopción de mascotas.

Lee el párrafo. Tacha tres detalles que no aportan fundamentos importantes. Para cada uno de ellos, escribe una nueva oración que apoye de forma relevante la idea principal del autor.

Al cuidar a los animales del refugio, ten en cuenta lo siguiente. Los gatos vienen de otro lado. Como pueden estar nerviosos, es importante hablarles con calma y moverse suavemente. Siempre hay que permitirles que nos huelan la mano antes de levantarlos. Esto los hará sentirse seguros. Si un gato no quiere que lo levanten, hay que dejarlo. Un gato asustado puede intentar huir. Estas heridas pueden ser graves. Si te lastima un gato, seguramente estarás bien.

1. **Oración anterior:** ______________________

   Nueva oración: ______________________

   ____

2. **Oración anterior: :** ______________________

   Nueva oración: ______________________

   ____

3. **Oración anterior:** ______________________

   Nueva oración: ______________________

   ____

Nombre ______________________ Fecha __________

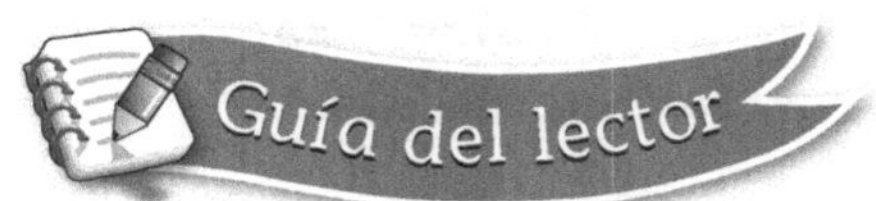

Equipo lunar

Haz un libro de historietas

¡Los libros de historietas no son solo para los superhéroes! Usa lo que acabas de leer en *Equipo lunar* para hacer las páginas de un nuevo libro de historietas sobre llegar a la Luna. En un libro de historietas, las palabras y las imágenes se complementan para contar la historia. ¿Cómo harás para que tus lectores sientan que están *realmente* en el alunizaje?

Observa el dispositivo de alunizaje de la página 439 y lee las citas de las páginas 440 y 441. Algunos libros de historietas incluyen una imagen grande llamada imagen *principal*. Ocupa toda la página y se enfoca en un solo suceso. Elige una o dos de las citas y usa imágenes y texto para crear una imagen principal grande que muestre lo que está sucediendo. Es probable que necesites volver a leer las páginas 436 a 438.

Nombre ______________________________ Fecha ____________

Equipo lunar
Lectura independiente

Es muy divertido planear y dibujar las imágenes principales, pero no son lo único que hay en un libro de historietas.

Lee las páginas 442 a 445. Usa la cuadrícula para hacer una página de un libro de historietas que muestre qué está sucediendo en esa sección. Agrega una leyenda que explique cada imagen. Recuerda usar las imágenes para transmitir información como emociones, el paso del tiempo o cómo se vería el interior del control de la misión. Usa información del texto para apoyar tus ideas.

Nombre _______________________ Fecha ___________

Equipo lunar
Estrategias de vocabulario:
Fuentes de referencia

Fuentes de referencia

Busca cada una de las palabras en un diccionario impreso o digital para completar las primeras dos columnas de la siguiente tabla. Anota una definición de la palabra en la tabla. Luego, busca en un diccionario de sinónimos un sinónimo para cada palabra y completa la última columna.

Palabra	Elemento gramatical	Definición	Sinónimo
1. apenado			
2. cortés			
3. retirarse			
4. informe			
5. sacudir			
6. vacante			

Ahora elige dos palabras de la tabla y escribe una oración con cada una de ellas.

____

____

____

____

Nombre ______________________ Fecha ____________

Equipo lunar
Ortografía: Palabras terminadas en *-dad* y *-tud*

Palabras terminadas en *-dad* y *-tud*

Básicas **Escribe la Palabra básica que mejor complete cada grupo.**

1. obligación, trabajo, ______________
2. número, conjunto, ______________
3. habilidad, predisposición, ______________
4. en el presente, ahora, ______________
5. grupo, cantidad, ______________
6. falta de habilidad, incompetencia, ______________
7. anchura, espacio, ______________
8. perpetuidad, permanencia, ______________
9. precisión, seriedad, ______________
10. comportamiento, postura, ______________
11. inseguridad, cambio, ______________
12. hermandad, compañerismo, ______________
13. confiabilidad, precisión, ______________
14. paz, quietud, ______________
15. medida, longitud, ______________

Avanzadas **Escribe oraciones con por lo menos tres de las Palabras avanzadas.**

Palabras de ortografía

1. inestabilidad
2. puntualidad
3. probabilidad
4. cantidad
5. igualdad
6. eternidad
7. seguridad
8. exactitud
9. ineptitud
10. actualidad
11. casualidad
12. responsabilidad
13. fraternidad
14. amplitud
15. multitud
16. actitud
17. aptitud
18. latitud
19. tranquilidad
20. oportunidad

Avanzadas

humildad
verosimilitud
pulcritud
conmutatividad
majestuosidad

Nombre ____________________ Fecha ____________

Equipo lunar
Ortografía: Palabras terminadas en *-dad* y *-tud*

Clasificación de palabras

Básicas Escribe las Palabras básicas en la hilera que corresponde.

Palabras con *-dad*	______ ______ ______ ______ ______ ______ ______
Palabras con *-tud*	______ ______ ______ ______

Avanzadas Agrega las Palabras avanzadas a tu tabla de Clasificación.

Conectar con la lectura Encuentra tres palabras más con las terminaciones *-dad* y *–tud* en *Equipo lunar.* Escríbelas aquí.

____

Palabras de ortografía

1. inestabilidad
2. puntualidad
3. probabilidad
4. cantidad
5. igualdad
6. eternidad
7. seguridad
8. exactitud
9. ineptitud
10. actualidad
11. casualidad
12. responsabilidad
13. fraternidad
14. amplitud
15. multitud
16. actitud
17. aptitud
18. latitud
19. tranquilidad
20. oportunidad

Avanzadas

humildad
verosimilitud
pulcritud
conmutatividad
majestuosidad

Nombre ______________________ Fecha ____________

Lección 15
CUADERNO DEL LECTOR

Equipo lunar
Ortografía: Palabras terminadas en *-dad* y *-tud*

Corregir la ortografía

Lee el párrafo y encierra en un círculo todas las palabras mal escritas. Escribe las palabras correctamente en las líneas de abajo.

La preparación para que una nave espacial despegue de la tierra es una responsebilitad enorme. Leyendo la historia de alunizaje de Apolo 11 me doy cuenta que hay una multidud de personas envueltas en este esfuerzo. Los participantes tienen una gran aptidud para ese tipo de trabajo y una actidud de determinación y optimismo. Además tiene una amplidad de conocimientos sobre temas como combustibles, electrónica, computarización, comunicaciones y simulacros. Hay una gran kantidad de detalles que se deben tener en cuenta. La lectura sugiere la fraternitud que sienten uno por el otro, especialmente con los astronautas que están en órbita. Aquellas personas que tienen la oportunitad de trabajar en el Control de Misión trabajan con intensa concentrasión y tranquilitud para resolver los problemas con exactidad. Admiro a estos hombres y mujeres que han hecho posible explorar el espacio. Contemplo la provavilidad de ser parte de esta fascinante aventura en el futuro.

Palabras de ortografía

1. inestabilidad
2. puntualidad
3. probabilidad
4. cantidad
5. igualdad
6. eternidad
7. seguridad
8. exactitud
9. ineptitud
10. actualidad
11. casualidad
12. responsabilidad
13. fraternidad
14. amplitud
15. multitud
16. actitud
17. aptitud
18. latitud
19. tranquilidad
20. oportunidad

1. ______________ 7. ______________
2. ______________ 8. ______________
3. ______________ 9. ______________
4. ______________ 10. ______________
5. ______________ 11. ______________
6. ______________ 12. ______________

Nombre ______________________ Fecha ______________

Equipo lunar
Gramática: Verbos regulares e irregulares

Los verbos regulares e irregulares

Los **verbos regulares** siguen las reglas de conjugación de los verbos modelo *amar, temer, partir* en los diferentes tiempos verbales y no modifican su raíz. Los **verbos irregulares** no siguen la conjugación de los verbos modelo. Pueden sufrir cambios en la raíz, en la terminación o en ambas en al menos un tiempo.

verbo regular

Mi hermano y yo miramos varios lanzamientos espaciales por televisión.

verbo irregular

Mi hermano y yo vimos muchas imágenes durante el espectáculo.

Pregunta para reflexionar
¿La raíz del verbo cambia en alguna de sus conjugaciones?

Actividad Escribe si el verbo subrayado es regular o irregular.

1. Doce personas observan la Luna. ______________
2. Todos escuchan a Neil Armstrong. ______________
3. El viernes vuelvo a la Luna. ______________
4. A él le gusta volar. ______________
5. Él sonríe cuando habla de su viaje a la Luna. ______________
6. Las personas no visitan la Luna con frecuencia. ______________
7. Siempre recuerda su viaje a la Luna. ______________
8. Ellos cuentan su aventura espacial. ______________

Nombre ______________________ Fecha ____________

Lección 15
CUADERNO DEL LECTOR

Equipo lunar
Gramática: Verbos regulares e irregulares

Los verbos irregulares en el presente

Los **verbos irregulares** en el presente no siguen las reglas de conjugación de los verbos modelo *amar, temer* y *partir* en ese tiempo. Algunos verbos irregulares comunes son *ser, estar, ir, tener, hacer, ver, poner, decir* y *dormir.*

presente

El astronauta va nuevamente a la Luna.

Pregunta para reflexionar
¿La raíz del verbo cambia?

Actividad **Escribe el presente del verbo entre paréntesis para completar la oración.**

1. Algunas personas ____________ a la Luna. (ir)
2. Él de verdad ____________ ser astronauta. (querer)
3. Siempre ____________ imágenes del espacio en clase. (ver)
4. ____________ interesante ver esas imágenes. (ser)
5. ¿Qué ____________ al llegar a la Luna? (decir)
6. Los astronautas ____________ de la Luna hoy. (venir)
7. ____________ comida especial para ellos. (servir)
8. Ellos ____________ la Tierra desde el espacio. (advertir)
9. Armstrong ____________ el primer astronauta en pisar la Luna. (ser)
10. El descubrimiento del espacio ____________ mucho conocimiento a nuestro mundo. (conferir)

Nombre ______________________ Fecha ______________

Equipo lunar
Gramática:
Verbos regulares e irregulares

Los verbos irregulares en el pretérito

Los **verbos irregulares** en el pretérito perfecto simple e imperfecto no siguen las reglas de conjugación de los verbos modelo *amar, temer* y *partir* en esos tiempos.

Le dije que mirara los cohetes.

Íbamos a ver el despegue del transbordador.

Linda leyó un libro sobre Marte.

Hacía frío, por eso me puse una chaqueta.

Pregunta para reflexionar
¿La raíz del verbo cambia en las conjugaciones del pretérito?

Actividad Escribe el pretérito perfecto simple del verbo irregular entre paréntesis para completar la oración.

1. __________ a los astronautas volar hacia la Luna. (ver)
2. Armstrong se __________ un traje especial para caminar en la Luna. (poner)
3. Nuestros padres nos __________ cómo vieron las imágenes por TV. (decir)
4. Los astronautas __________ su misión seriamente. (hacer)
5. Ellos __________ en una nave impulsada por un cohete. (ir)
6. La tripulación __________ piedras lunares a la Tierra. (traer)
7. María una vez __________ ser astronauta. (querer)
8. Yo __________ hasta la base para ver el transbordador. (conducir)
9. Todos __________ que estudiar los viajes espaciales en clase. (tener)
10. Marc __________ un discurso sobre el tema. (decir)

Nombre ______________________ Fecha ____________

Oraciones más largas

Simple	Neil es un astronauta.
Compuesta	Neil es un astronauta y viaja al espacio.
Compleja	Como viajar al espacio es peligroso, Neil se entrena durante varios meses.
Compleja y compuesta	Hasta la próxima misión, Neil entrenará rigurosamente y se concentrará en sus deberes como astronauta.

1 a 6. Para cada oración, escribe *simple, compuesta, compleja* o *compleja y compuesta*. Añade coma o una conjunción cuando sea necesario.

1. Los cohetes se encendieron el transbordador se elevó hacia el espacio.

   ____

2. Cuando el transbordador abandonó la atmósfera los cohetes se desprendieron y el transbordador orbitó la Tierra.

   ____

3. La nave se elevó sobre la Tierra y hacia el espacio. ____________________
4. Flotamos en la cabina porque no hay gravedad en el espacio. ____________
5. Aunque el espacio exterior es frío los astronautas permanecen calientes dentro del transbordador y usan pantalones cortos y camiseta.

   ____

6. La tripulación realizará experimentos científicos. ____________________

7 a 8. Vuelve a escribir las oraciones para formar oraciones complejas y compuestas.

7. El espacio exterior es vacío. No hay aire. Es muy frío.

   ____

8. Los seres humanos han viajado al espacio por décadas. Todavía tenemos mucho que aprender del universo. Continuaremos explorando el espacio exterior.

   ____

   ____

Nombre ______________________ Fecha __________

Equipo lunar
Gramática: Conectar con la escritura

Conectar con la escritura

Cuando escribes, es importante usar **verbos expresivos** y mantener la **coherencia** entre los tiempos. Los verbos expresivos hacen que la escritura sea más animada y la coherencia entre los tiempos evita confundir a los lectores.
verbo impreciso, tiempo confuso El astronauta va a la Luna. Tenía años de preparación en viajes espaciales y sabrá cómo aterrizar.
verbo preciso, coherencia en los tiempos El astronauta se dirigía hacia la Luna. Detentaba años de preparación en viajes espaciales y dominaba las maniobras para aterrizar.

Escribe un verbo preciso que reemplace el verbo subrayado y mantenga la coherencia en los tiempos con el otro verbo presente en la oración.

1. Los astronautas se asomaban y miran todo desde la ventanilla del transbordador.

   ____

2. La Luna se asomaba y subió en el cielo. ____________
3. Armstrong se preparó y baja del módulo lunar. ____________
4. Él salió del módulo y camina en la superficie de la Luna. ____________
5. Los científicos se reúnen y hablaban emocionados. ____________
6. Todos observaron y gustarán el viaje legendario. ____________
7. Armstrong traerá y dio muestras de suelo y roca de la superficie de la Luna.

   ____

8. Llevaron una bandera de Estados Unidos y la ponían en la Luna. ____________

Nombre ____________________ Fecha __________

Punto de enfoque: Voz

Crear voz en estilo formal

Oraciones	Oraciones formales con emoción
El museo del espacio tiene muchas cosas geniales para ver desde una misión espacial real a la Luna. También puedes mirar el carro lunar usado por los astronautas en su misión.	La exhibición en el museo lunar proporciona una variedad increíble de ítems auténticos de una misión espacial a la Luna. Los visitantes se asombran y sorprenden cuando ven el vehículo ambulante lunar que transportó a los astronautas a la Luna.

A. Lee el siguiente pasaje. Subraya las oraciones que expresan la personalidad y las emociones del autor.

La superficie lunar estaba a la vista ahora. Despacio, despacio...y ¡finalmente! El Águila llegó a su lugar de apoyo en el Mar de la Tranquilidad. ¿La tripulación aterrizó en un cuerpo de agua?

No, el Mar de la Tranquilidad no es un cuerpo de agua. Es la superficie donde la tripulación del Apolo 11 aterrizó el módulo lunar.

La superficie de la Luna está poblada de cráteres. ¡Con razón se la compara con un queso! La tripulación del Apolo 11 necesitaba encontrar una superficie lisa para aterrizar, y el Mar de la Tranquilidad ofrecía las condiciones óptimas de aterrizaje.

El Mar de la Tranquilidad, sin embargo, no estaba completamente libre de cráteres. La tripulación del Apolo 11 tuvo que maniobrar sobre el borde de un cráter antes de poder respirar con alivio.

En parejas/Para compartir Trabaja con un compañero para hacer una lluvia de ideas sobre cómo revisar cada oración para que exprese emoción manteniendo el estilo formal. Escribe las nuevas oraciones en una hoja aparte.

1. Los astronautas caminaron atravesando polvo lunar.
2. El carro lunar se disparó a través de la superficie.
3. La temperatura dentro de la cápsula era muy baja.
4. Los astronautas recogieron piedras de la Luna para llevar a casa.

Nombre ______________________ Fecha ____________

Los verdaderos vikingos

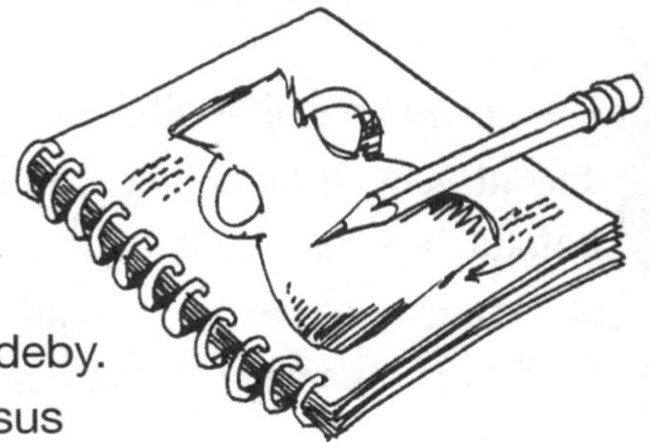

Arqueólogo por un día

Te han pedido que te unas a una excavación arqueológica en Hedeby. Los arqueólogos bosquejan lo que encuentran y rotulan todo en sus bosquejos. Los rótulos deben incluir una descripción de la pieza, dónde se encontró y para qué se podría utilizar.

Lee las páginas 470 a 473. Documenta una casa que se encontró en Hedeby. Utiliza lo que has leído para mostrar lo que se encontró en la excavación. Rotula tus hallazgos con información del texto. En la parte inferior del bosquejo, escribe una conclusión sobre el edificio que encontraste. Fundamenta esta conclusión en los artefactos del sitio.

Nombre ______________________ Fecha __________

Los verdaderos vikingos
Lectura independiente

¡Felicitaciones! ¡Has hallado algo por tu cuenta! Encontraste la tumba del joven vikingo sobre cuyo alarde leíste en la página 475. Escribe sobre tu hallazgo.

Lee las páginas 468, 469 y 474. Dibuja tu hallazgo. Rotula lo que encontraste de la misma forma que dibujaste el edificio en el que trabajaste antes. En la parte inferior, escribe una oración sobre qué tipo de vida tuvo el joven. ¿Estaba casado? ¿Era agricultor? ¿Pescador? Apoya tus ideas con lo que hallaste.

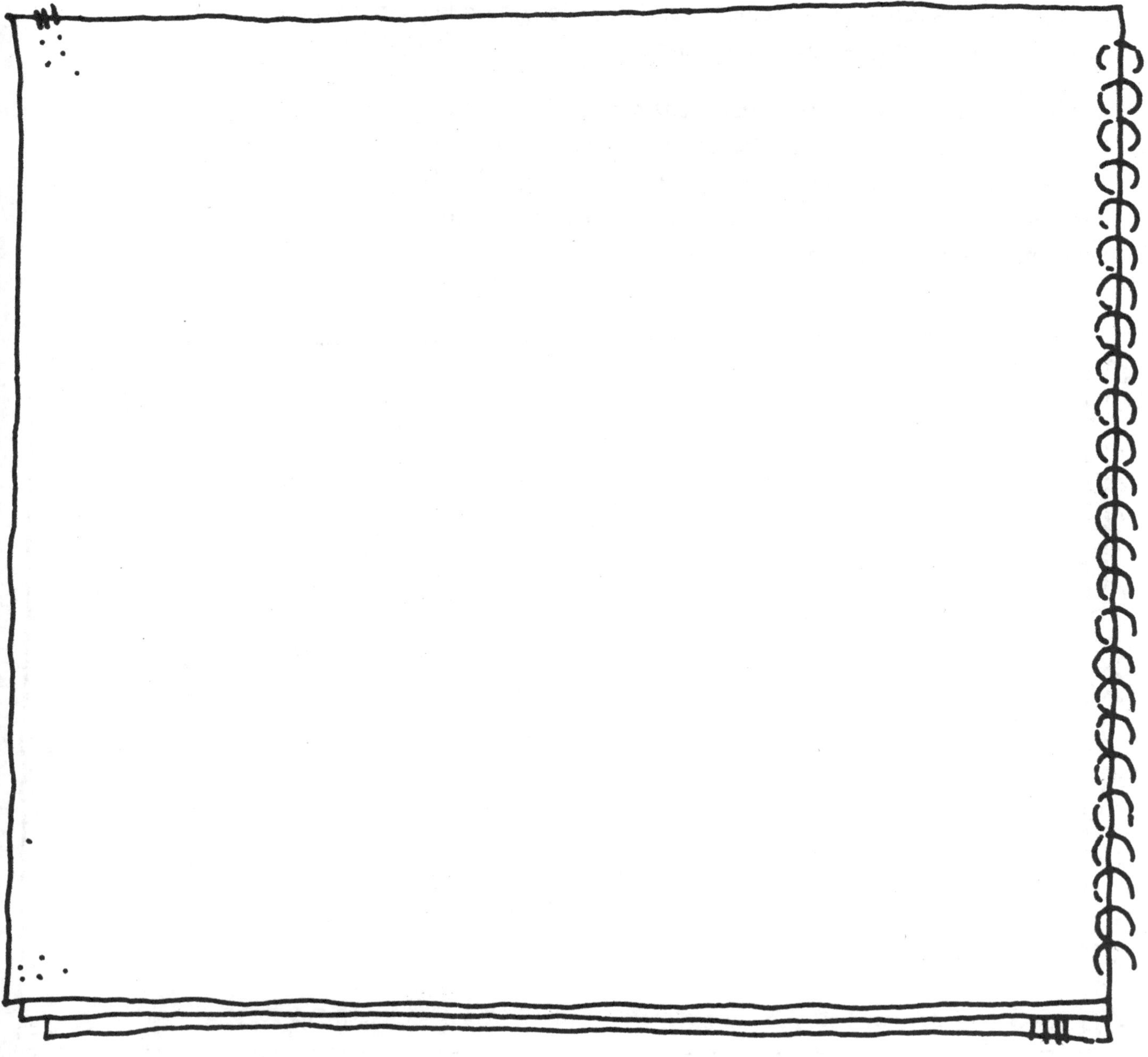

Nombre ______________________ Fecha ______________

Raíces griegas

Las siguientes palabras se forman usando una de las siguientes raíces: *geo*, que significa "tierra"; *graf*, que significa "escribir"; *term*, que significa "calor"; *hidr*, que significa "agua"; *tele*, que significa "distancia" u *opt*, que significa "ojo". Elige la palabra del recuadro que mejor complete cada oración. Luego define cada una con tus propias palabras.

telégrafo	geografía	termómetro
hidratado	óptico	telescopio

1. Usamos un ______________ para observar las constelaciones en el cielo nocturno.

   ____

2. Los estudiantes aprenden sobre los diferentes países en la clase de ______________

   ____

3. Antes del invento del teléfono, las personas usaban el ______________ para comunicarse a través de grandes distancias.

   ____

4. El accidente le dañó el nervio ______________, lo que afecta su visión.

   ____

5. Es importante mantener el cuerpo ______________ tomando mucha agua.

   ____

6. La mamá de Jaime le tomó la temperatura con un ______________.

   ____

Nombre ______________________ Fecha ______________

Palabras con hiatos

Básicas Escribe la palabra de ortografía que corresponda mejor en los espacios libres de cada par de oraciones.

1–2. Emilia y Vale preparaban las tortas de ____________ en la cocina. Mientras tanto mami estaba atenta a los pasteles de manzana que se ____________ en el horno.

3–4. Mi abuelita estaba preparando el __________, un pescado sabroso que nos gusta a todos. Era un día __________ ya que había gente por todos lados, cocinando, preparando las mesas y las decoraciones.

5–6. Hoy celebramos la __________ en educación que mi hermana Mónica logró en la universidad. Ella es el __________ del día.

7–8. Yo __________ que sería una fiesta íntima, pero veo que no. Hasta las amigas que __________ con ella en la universidad vienen a festejar.

9–10. Mi papá ____________ de que Mónica era el orgullo de la familia. Mi mamá completaba el __________ de alabanzas, y ambos mostraban su felicidad.

11–12. Finalmente todo estaba listo y abuelita llamó a comer para que el pescado no se tornara __________. Nosotros nos sentamos y esperamos con impaciencia hasta que las personas que __________ la comida nos llenaran los platos. ¡Felicidades hermana!

Avanzadas Escribe un párrafo sobre una visita al lago con tu familia. Usa cuatro de las Palabras avanzadas. Escribe en una hoja aparte.

Palabras de ortografía

1. alardeaba
2. arqueólogos
3. bacalao
4. caótico
5. construían
6. creía
7. dúo
8. frío
9. héroe
10. horneaban
11. poeta
12. maestría
13. maíz
14. mayoría
15. navío
16. período
17. saqueos
18. servían
19. vía
20. vivían

Avanzadas

acentúo
búho
creencia
vehículo
zoológico

Nombre ______________________ Fecha ______________

Los verdaderos vikingos
Ortografía: Palabras con hiatos

Clasificación de palabras

Básicas Escribe las palabras de ortografía en la hilera que corresponde.

Palabras con los hiatos *eo, ea, ao, oe, eí, ee, oo*	______ ______ ______ ______ ______
Palabras con los hiatos *uí, úo,*	______ ______
Palabras con los hiatos *ía, ío, aí*	______ ______

Avanzadas Agrega las Palabras avanzadas a tu tabla de Clasificación.

Palabras de ortografía

1. alardeaba
2. arqueólogos
3. bacalao
4. caótico
5. construían
6. creía
7. dúo
8. frío
9. héroe
10. horneaban
11. poeta
12. maestría
13. maíz
14. mayoría
15. navío
16. período
17. saqueos
18. servían
19. vía
20. vivían

Avanzadas

acentúo
búho
creencia
vehículo
zoológico

Nombre ______________________ Fecha ______________

Lección 16
CUADERNO DEL LECTOR

Los verdaderos vikingos
Ortografía: Palabras con hiatos

Corregir la ortografía

Lee y encierra en un círculo todas las palabras mal escritas. Escribe las palabras correctamente en el espacio de abajo.

Leyendo la selección y otros libros sobre los vikingos he aprendido que los vikingos originalmente bivían en varios países del norte de Europa. Los arqueólogos han desenterrado restos de construcciones, objetos y enseres en las excavaciones en un pueblo en Dinamarca. Lo que se está aprendiendo sobre esta cultura es que la malloria de los vikingos no participaban en sakeos, como comúnmente se cree. Muchos eran granjeros que cultivaban maís entre otras cosechas. Es interesante aprender que orneaban el pan en hornos de piedra o sobre planchas de metal. Los vikingos se distinguieron por la forma en que construian un nabío, usando tiras de madera que sacaban directamente del árbol sin usar serruchos. De esa forma el grano de la madera le daba más flexibilidad al barco. Los vikingos demostraron gran maeztria al fabricar sus barcos. Ellos descubrieron el vacalao. Este pez tiene su origen en el frio ambiente del Polo Norte. Los vikingos los secaban al aire hasta que quedaba duro y así los comían en sus largos viajes por el mar. Una de las cosas interesantes es que tenían muchas formas de recreación que conocemos hoy en día, como el ajedrez, natación, esgrima y entrenar halcones para la caza. Quiero seguir aprendiendo más sobre los vikingos.

1. ______________ 6. ______________
2. ______________ 7. ______________
3. ______________ 8. ______________
4. ______________ 9. ______________
5. ______________ 10. ______________

Palabras de ortografía

1. alardeaba
2. arqueólogos
3. bacalao
4. caótico
5. construían
6. creía
7. dúo
8. frío
9. héroe
10. horneaban
11. poeta
12. maestría
13. maíz
14. mayoría
15. navío
16. período
17. saqueos
18. servían
19. vía
20. vivían

Nombre ______________________ Fecha ____________

El infinitivo

Los verdaderos vikingos
Gramática: Formas no personales del verbo

El **infinitivo** es una de las **formas no personales del verbo**. Es una forma invariable, porque no indica persona, número, modo ni tiempo. Expresa una acción en abstracto y termina siempre en *-ar, -er* o *-ir*.

tiempo presente
Yo trabajo duro todos los días.

infinitivo
Trabajar en una tienda es bueno para mí.

Pregunta para reflexionar
¿Qué tres terminaciones tienen los verbos en infinitivo?

Actividad Escribe el infinitivo de cada verbo subrayado en el espacio en blanco.

1. El arqueólogo ha cavado durante todo el día. ____________
2. Hemos descubierto nuevos hechos sobre el tema. ____________
3. Me gustaría estudiar historia. ____________
4. Aprendemos algo nuevo todos los días. ____________
5. Jordan anotó toda la información en el cuaderno. ____________
6. La maestra nos dijo dónde cavar. ____________
7. Los arqueólogos memorizan muchos datos. ____________

Nombre ______________________ Fecha ______________

Los verdaderos vikingos
Gramática: Formas no personales del verbo

El participio

El **participio** es una de las **formas no personales del verbo**. Indica una acción finalizada y se forma añadiendo los sufijos *-ado* o *-ido* en los verbos regulares. Algunos verbos tienen participios irregulares, como *ver* o *escribir*, cuyos participios son *visto* y *escrito*.

participios regulares

He comprado la cena.

Juan no ha conseguido el libro.

participios irregulares

No he visto esa película todavía.

Martín ha escrito un informe sobre los vikingos.

Pregunta para reflexionar
¿Cómo se forma el participio de los verbos regulares?

Actividad Escribe el participio del verbo que está entre paréntesis.

1. Los vikingos habían ______________ a muchos países. (ir)
2. No hemos ______________ el informe sobre los vikingos. (hacer)
3. Ellos han ______________ los últimos en irse del museo. (ser)
4. Ayer hemos ______________ libros sobre Islandia en la biblioteca. (consultar)
5. Nosotros hemos ______________ la embajada de Islandia. (visitar)
6. Carlos se ha ______________ mucho por los vikingos. (interesar)
7. Yo me he ______________ en un experto en Escandinavia. (convertir)
8. Tú habías ______________ a Noruega hace dos años. (viajar)

Nombre _______________ Fecha _______________

Los verdaderos vikingos
Gramática: Formas no personales del verbo

El gerundio

El **gerundio** es una de las **formas no personales del verbo**. Es una forma invariable, porque no indica persona, número, modo ni tiempo. Expresa una acción continua y se forma añadiendo los sufijos *-ando* o *-iendo* a la raíz del verbo. Algunos verbos tienen gerundios irregulares, como *ir*, cuyo gerundio es *yendo*.

gerundios regulares
María está estudiando para la prueba.
Alex está comiendo un bocadillo.

gerundios irregulares
Me he pasado todo el día yendo de aquí para allá.

Pregunta para reflexionar
¿Cómo se forma el gerundio de los verbos regulares?

Actividad Escribe el gerundio del verbo que está entre paréntesis.

1. Los vikingos habían estado _______________ en varios lugares. (robar)
2. Tom ha estado _______________ sobre los vikingos y escribirá un resumen. (leer)
3. Ayer le estuve _______________ cosas sobre los piratas a mi hermana. (contar)
4. Hoy en día se sigue _______________ la vida de los piratas. (estudiar)
5. Los vikingos eran buenos _______________ por los mares. (navegar)
6. También eran muy buenos _______________. (luchar)
7. Estamos _______________ mucho sobre su historia y sus costumbres. (aprender)
8. Todos hemos estado _______________ con mucha atención los relatos del maestro sobre los vikingos. (oír)

Nombre ______________________ Fecha ____________

Los verdaderos vikingos
Gramática:
Repaso frecuente

Pronombres de sujeto y de complemento

Clases de pronombres	Ejemplos
De sujeto	**Él** era un guerrero famoso.
De objeto directo	Los relatos de tripulación **nos** asombraron.
De objeto indirecto	**Les** narró un cuento sobre un guerrero famoso.

1 a 6. Encierra en un círculo los pronombres correctos.

1. Ana escribió un largo poema sobre un guerrero y (nos, nuestros) lo leyó a todos. (Él, El) también era vikingo.
2. (Ella, Su) también hizo un cartel que (le, me) gustó mucho a la profesora.
3. (Tú, Tu) escribiste un informe bien documentado, pero (él, nos) pareció un poco aburrido.
4. Los aldeanos huyeron. (Ellos, Nosotros) lo habían perdido todo.
5. Aunque los guerreros tenían mala fama, (nos, nosotros) tranquilizó que no fueran tan crueles.
6. Egil Skallagrimmson fue un famoso mercader. (Él, Ella) también fue un poeta.

7 y 8. Lee cada par de oraciones. Vuelve a escribir la correcta en la línea.

7. El abuelo deleita a nosotros con sus historias. El abuelo nos deleita con sus historias. ______________________________
8. Estos libros agradan a ustedes. Estos libros les agradan.

____

Nombre ______________________ Fecha ______________

Conectar con la escritura

Los verdaderos vikingos
Gramática: Conectar con la escritura

Los **participios** se pueden usar para describir los sustantivos. Los buenos escritores a veces combinan oraciones con participios para describir algo.

Dos oraciones	Oraciones combinadas
El museo había estado abarrotado desde que se abrieron las puertas. El museo está lleno de grupos de niños escolares.	El abarrotado museo había estado lleno de grupos de niños escolares desde que se abrieron las puertas.

Combina las dos oraciones. Usa el participio subrayado para describir el sustantivo de la nueva oración.

1. El pueblo había sido abandonado. El pueblo estaba silencioso como una tumba.

____

____

2. Las noticias son actualizadas. Las noticias hacen sonreír a los vikingos mayores.

____

____

3. El agua estaba desbordada sobre las orillas. El agua inundó el pueblo.

____

____

4. Los niños se han entretenido en el campo. Los niños han atrapando los caballos.

____

____

5. Los fanáticos se habían entusiasmado con el partido. Habían estado alentando a sus jugadores favoritos.

____

____

Nombre ______________________ Fecha ____________

Lección 16
CUADERNO DEL LECTOR

Los verdaderos vikingos
Escritura: Escritura informativa

Punto de enfoque: Elección de palabras

Evitar las palabras demasiado informales

En lugar de esto...	el autor escribió esto:
Era **complicado** vivir en la época de los vikingos, pero **seguro** tenían tiempo para **hacer nada**.	La vida era dura en la época de los vikingos, pero obviamente había tiempo para relajarse y divertirse. (pág. 475)

Enumera las palabras y las frases que son demasiado informales en las oraciones de abajo.

	Palabras y frases demasiado informales
1. Mi hermano seguía jorobándome para que le prestara mis zapatos para la nieve, pero le dije que ya lo dejara. 2. Cocinar la carne al asador fue una pesadilla, pero mi viejo no perdió la cabeza.	______________________ ______________________ ______________________ ______________________ ______________________ ______________________ ______________________

En parejas/Para compartir **Trabaja con un compañero para identificar las palabras y frases del español que son demasiado informales. Vuelvan a escribir la oración con palabras y frases menos informales.**

	Oraciones con palabras y frases menos informales
3. Eva tenía que levantarse al romper el día porque el tapete que estaba tejiendo era un lío. 4. Estaba atascada con el croché, pero le di otra chance. 5. Nos fuimos de la feria después de gastar todas nuestras monedas en porquerías. 6. Estábamos muertos de hambre, así que nos tragamos el pan y el estofado.	______________________ ______________________ ______________________ ______________________ ______________________ ______________________ ______________________ ______________________ ______________________ ______________________

Nombre ______________________ Fecha ____________

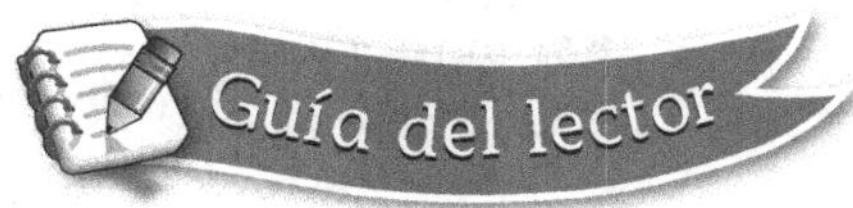

El ejército silencioso del emperador

Crear una placa para un museo

Eres curador de museos. Te han pedido que crees una serie de placas que expliquen la muestra del guerrero de terracota. Por cada afirmación que hagas, apoya tus ideas con evidencia objetiva del texto. Recuerda, no todas las afirmaciones hechas por el autor pueden estar basadas en hechos.

Lee el último párrafo de la página 499, toda la página 500 y el primer párrafo de la página 501. Escribe una explicación para ayudar a los visitantes del museo a entender el propósito de los guerreros de terracota.

Afirmación: ______________________ **Título:** ______________

______________________ ______________

______________________ ______________

______________________ ______________

Descripción: ______________________________

____

____

____

____

____

Nombre _______________ Fecha _______________

Lee los párrafos dos, tres y cuatro de la página 501 y toda la página 502. Escribe una explicación para ayudar a los visitantes del museo a entender cómo se construyeron los guerreros de terracota.

Afirmación: _______________

Título: _______________

Descripción: _______________

Nombre ______________________ Fecha ____________

El ejército silencioso del emperador

Estrategias de vocabulario:
Familias de palabras

Familias de palabras

Las palabras del recuadro pertenecen a tres familias de palabras, relacionadas por la raíz *hidr-* ("agua") y *magna* ("grandioso" o "grande") y la palabra base "poseer". Elige la palabra del recuadro que mejor complete cada oración.

magnífico	deshidratado	poseedor
magnificar	hidroeléctrico	posesivo

1. El emperador era el ______________ de muchos reinos y riquezas.
2. El trono de oro era realmente ______________
3. La represa es ______________, genera electricidad con agua.

Escribe oraciones con las palabras restantes.

4. ____

____

5. ____

____

6. ____

____

Nombre ______________________ Fecha ______________

El ejército silencioso del emperador

Ortografía: Palabras con los prefijos *en-*, *in-* y los sufijos *-able*, *-ada*

Palabras con los prefijos *en-*, *in-* y los sufijos *-able, -ada*

Básicas **Escribe la Palabra básica que tenga el significado similar a cada palabra o frase que sigue.**

1. de cuatro lados iguales: ______________
2. que tiene una curva: ______________
3. coloreada: ______________
4. tal vez ocurra: ______________
5. juicioso: ______________
6. con un lado que corta mucho: ______________
7. bajo tierra: ______________
8. metidas en la superficie: ______________
9. hacer más dulce: ______________
10. tapar: ______________
11. cortada de barba: ______________

Avanzadas **Piensa sobre los elementos de los cuentos fantasiosos. En una hoja aparte, escribe un párrafo acerca del tema. Usa tres de las Palabras avanzadas.**

Palabras de ortografía

1. afeitada
2. afilada
3. amable
4. coloreada
5. cortada
6. creada
7. cuadrada
8. cuidada
9. curvada
10. encubrir
11. endulzar
12. enterrado
13. entrada
14. incompleto
15. incrustadas
16. pegada
17. pintada
18. probable
19. razonable
20. realizada

Avanzadas

encarada
enternecer
inalterada
incapaz
sustentable

Clasificación de palabras

Básicas Escribe las palabras de ortografía en la hilera que corresponde.

en-	______ ______
in-	______ ______
-able	______ ______
-ada	______ ______ ______ ______

Avanzadas Agrega las Palabras avanzadas a tu tabla de Clasificación.

Conectar con la lectura Encuentra más palabras con prefijos *en-, in-,* y sufijos *-able, -ada* en *El ejército silencioso del emperador.* Agrégalas a tu tabla de Clasificación.

Palabras de ortografía

1. afeitada
2. afilada
3. amable
4. coloreada
5. cortada
6. creada
7. cuadrada
8. cuidada
9. curvada
10. encubrir
11. endulzar
12. enterrado
13. entrada
14. incompleto
15. incrustadas
16. pegada
17. pintada
18. probable
19. razonable
20. realizada

Avanzadas

encarada
enternecer
inalterada
incapaz
sustentable

Nombre ______________________ Fecha ____________

Lección 17
CUADERNO DEL LECTOR

El ejército silencioso del emperador
Ortografía: Palabras con los prefijos *en-*, *in-* y los sufijos *-able, -ada*

Corregir la ortografía

Lee el párrafo que sigue y encierra en un círculo todas las palabras mal escritas. Escribe las palabras correctamente en el espacio de abajo.

El cuento fantasioso que estoy leyendo es muy divertido. Los personajes son una joven hamable, un joven rasonavle y su tío con la cara mal afetada. Ellos van en busca de un tesoro eterado, pero no es muy povable que lo encuentren fácilmente. Habían encontrado un mapa imconpleto del tesoro en un rincón de la emtrada a una caverna en una isla tropical donde estaban veraneando. Trataron de encuvir el mapa para que nadie se enterara de sus planes. La información no daba el lugar exacto, pero indicaba que el tesoro estaba escondido en una caja cuadadra, muy pesada y que piedras preciosas estaban imcrustadas en la cubertura. Entre las herramientas que han juntado para emprender la búsqueda hay una brújula, linternas, sogas y un hacha bien efilada. Hasta este punto, la historia está bien realisada. No veo el momento de seguir leyendo para ver cómo prosiguen las aventuras de estos tres personajes en vacaciones y averiguar si encuentran el tesoro.

Palabras de ortografía

1. afeitada
2. afilada
3. amable
4. coloreada
5. cortada
6. creada
7. cuadrada
8. cuidada
9. curvada
10. encubrir
11. endulzar
12. enterrado
13. entrada
14. incompleto
15. incrustadas
16. pegada
17. pintada
18. probable
19. razonable
20. realizada

1. ______________________ 7. ______________________
2. ______________________ 8. ______________________
3. ______________________ 9. ______________________
4. ______________________ 10. ______________________
5. ______________________ 11. ______________________
6. ______________________ 12. ______________________

Nombre ______________________ Fecha ____________

El ejército silencioso del emperador
Gramática: Más clases de pronombres

Los pronombres indefinidos y demostrativos

Las palabras como *alguien* y *algo* son **pronombres indefinidos**. Se refieren a personas o cosas no identificadas. Las palabras como *este, ese* y *aquel* son **pronombres demostrativos** cuando se usan como sujeto u objeto en una oración.

pronombre demostrativo
Esta es mi clase favorita.

pronombre indefinido
Todos los días aprendemos algo nuevo.

Preguntas para reflexionar
¿Señala el pronombre una persona, un lugar o una cosa identificada? ¿Señala el pronombre algo no identificado?

Actividad **Completa cada oración con un pronombre demostrativo o indefinido.**

1. ______________ es el mejor libro sobre emperadores.
2. ¿Qué es ___________ que está debajo de la mesa?
3. No cualquiera puede ser emperador; tiene que ser ___________________ especial.
4. ____________ son los libros que deben ser devueltos a la biblioteca.
5. El profesor dijo que ____________ de los estudiantes interpretaría un papel.
6. ____________ seran los emperadores más rudos.
7. ____________ tomó mi libreto, pero no sé quién.
8. Conquistaron todo ____________ sobre lo que posaron su vista.

Nombre ____________________ Fecha ____________

Los pronombres interrogativos

Cuando las palabras como *quién*, *qué* y *cuál* se usan al comienzo de las preguntas, son **pronombres interrogativos**.

pronombre interrogativo
¿Cuál es la capital de la China moderna?

Pregunta para reflexionar
¿Hace una pregunta el pronombre?

Actividad Subraya el pronombre interrogativo en cada oración.

1. ¿Cuáles de estos jarrones te gustan más?
2. ¿Quién es el presidente de China?
3. ¿Para quiénes se construyeron esos palacios?
4. ¿De quién es este hermoso juego de ajedrez chino?
5. ¿Cuál es el significado de esa inscripción tallada?
6. ¿Qué museo quieres visitar?
7. ¿Qué puedo comprar con cincuenta yuanes?
8. ¿Quién vendrá al museo con nosotros?

Nombre ______________________ Fecha ______________

El ejército silencioso del emperador
Gramática: Más clases de pronombres

Los pronombres reflexivos

Las palabras *me, te, se* y *nos* son **pronombres reflexivos** cuando se refieren al sujeto de una oración, que es quien recibe la acción del verbo.

pronombre reflexivo
Ella se preparó el almuerzo.

Preguntas para reflexionar
¿Se refiere el pronombre a otra palabra de la misma oración? ¿Puede omitirse sin que cambie el significado de la oración?

Actividad Subraya el pronombre reflexivo en cada oración.

1. Nos dimos tiempo de visitar el sitio.
2. El rey se rodeó de sirvientes.
3. Los cocineros de Beijing se enorgullecen de su comida de mar.
4. Ellos se sirvieron más fideos.
5. El niño se puso un traje de seda.
6. Me pregunté por qué nunca había ido a China.
7. China se prepara para ser una gran potencia mundial.
8. ¿Por qué no te compras un jarrón?

Nombre ______________________ Fecha ____________

Lección 17
CUADERNO DEL LECTOR

Los pronombres posesivos

El ejército silencioso del emperador
Gramática: Repaso frecuente

Primera persona	Ese libro es **mío**. Esas lapiceras son **nuestras**.
Segunda persona	Ese libro es **tuyo**. Esas lapiceras son **suyas**.
Tercera persona	Ese libro es **suyo**. Esas lapiceras son **suyas**.

1 a 6. Escribe el pronombre posesivo que corresponda en la línea.

1. En el pasado, la gente expresaba sus creencias sobre la vida y la naturaleza con los mitos. Esas creencias son ________________.
2. Me interesa conocer otras culturas además de la ________________.
3. En la antigua China, había muchos cuentos emocionantes sobre dioses. Cada dios tenía el ________________.
4. Dime, Nina, ¿este libro de mitología china es ________________?
5. ¿Prefieren que vayamos a investigar a la biblioteca que está cerca de nuestra casa o de la ________________?
6. Podemos estudiar los mitos de otras culturas además de los ________________.

7 a 12. Esta entrada de un diario tiene seis errores en los pronombres posesivos. Corrígelos con marcas de corrección.

En quinto grado están leyendo mitología griega. En el nuestros, estamos leyendo leyendas chinas para el informe de lengua. Cada uno podía elegir un tema. El míos será Mono. Mis compañeros también eligieron los suyo. La maestra del otro curso asignó el informe el mes pasado. La nuestro, en cambio, lo hizo esta semana. Dijo que podríamos preparar un informe escrito u oral. Yo elegí un informe oral y mi amiga Anita también quiere que el tuyo sea oral. Hablar en clase es lo tuyo.

Nombre _______________ Fecha _______________

Conectar con la escritura

Sustantivos repetidos	Los artefactos atrajeron a visitantes de todo el mundo. La gente vino especialmente a ver los artefactos.
Sustantivos repetidos remplazados por pronombres	Los artefactos atrajeron a visitantes de todo el mundo. La gente vino especialmente a verlos.

1 a 3. Reemplaza el sustantivo subrayado por un pronombre.

1. El autobús turístico partió sin los estudiantes. _______________
2. Kim y yo queríamos seguir viajando. _______________
3. La Srta. Jenson, la arqueóloga, nos enseñó sobre las costumbres y la cultura antiguas. _______________

4 a 6. Añade pronombres para evitar la repetición. Escribe la nueva oración en la línea.

4. Estudiantes y profesores trabajaron duro. Estudiantes y profesores llegaron a conocerse bien y aprendieron a trabajar en equipo.

____

____

5. Qui Huang fue famoso por su valentía, y su valentía se celebra en "La saga de Qui Huang".

____

____

6. Había dragones y monstruos marinos por todas partes, pero Qui Huang no tenía miedo de los dragones y monstruos marinos.

____

____

Nombre ______________________ Fecha ____________

Punto de enfoque: Organización

Ofrecer soluciones

Los buenos escritores organizan un párrafo de problema y solución comentando primero los problemas y luego las soluciones y agrupando los detalles apropiados con el problema y con la solución.

Las personas que visitan Xian, en la China, pueden ver los soldados de terracota tal como habían aparecido originalmente. Muchas de las figuras están quebradas en pedazos. También cuando se desentierran las figuras, la mayor parte de la pintura se desprende. La solución es crear réplicas de los soldados. Los artesanos pueden copiar el tamaño y la forma de las esculturas originales. Además pueden usar cualquier resto de pintura que encuentren para crear imágenes en la computadora que les ayuden a pintar las réplicas. El resultado probablemente no resulte tan auténtico como el original, pero aún tiene valor.

Lee la lista siguiente de detalles. Luego agrúpalos con el problema o la solución en un orden que tenga sentido.

Detalles: Colocan una carreta con pescado maloliente delante del carruaje del emperador muerto para enmascarar el mal olor. Él y su corte están lejos de la capital. Continúan su rutina diaria como si el emperador estuviera vivo. Sus ministros temen una revuelta en la capital si se revela la noticia de la muerte.

Problema: El emperador Qin Shihuang muere durante un viaje.

Detalles:

____

____

____

____

____

Solución: Sus ministros mantuvieron la noticia en secreto hasta devolver el cadáver a la capital.

Detalles:

____

____

____

____

____

Nombre ______________________ Fecha ____________

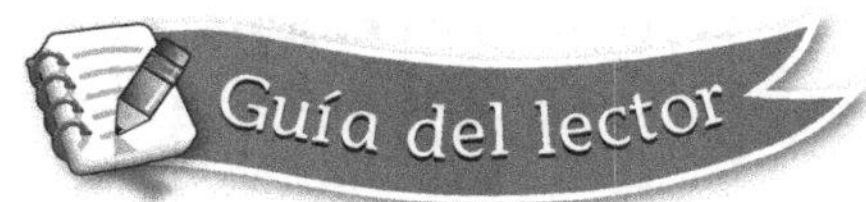

El héroe y el minotauro

Escribir un artículo periodístico

Imagina que viviste en Atenas. Te encargan escribir una serie de artículos periodísticos para contar sobre la aventura de Teseo. Usa ejemplos del texto para mostrar cómo responde Teseo a los desafíos que se le presentan.

Lee la página 525. Describe cómo se desarrolla la trama en este pasaje y cómo reacciona Teseo. Escribe un titular atractivo para llamar la atención sobre este artículo.

____

Atenas

____

____

____

____

____

____

____

____

____

____

Nombre ______________________________ Fecha ____________

Lee la página 528 y el primer párrafo de la página 529. Escribe un artículo sobre la experiencia e incluye un titular.

____

Creta

____

____

____

____

____

____

Lee el segundo y el tercer párrafo de la página 529 y las páginas 530 y 531. Escribe un artículo sobre la experiencia e incluye un titular.

____

Creta

____

____

____

____

____

____

Nombre ______________________ Fecha ______________

El héroe y el minotauro
Estrategias de vocabulario:
Sufijos *-oso, -osa, -dad, -ado, -iento*

Sufijos *-oso, -osa, -dad, -ado, -iento*

Las palabras del recuadro tiene los sufijos *-oso, -osa, -ado, -iento,* que convierten la raíz en un adjetivo, y el sufijo *–dad,* que convierte la raíz en un sustantivo. Completa cada oración con la palabra del recuadro que mejor se adapte. Luego cambia los sustantivos a adjetivos, y viceversa, sustituyendo los sufijos que tengan por otros.

medroso	bondad	avariento	burlado	maldad
sediento	ansiosa	voracidad	penoso	hambriento

1. Era un muchacho ______________ que se asustaba por todo.

   ____

2. Después de pasar dos días perdido y sin comer llegó a casa ______________.

   ____

3. Era un ser ______________ que lo quería todo para él. ______________
4. Los niños son traviesos pero no tienen ______________. ______________
5. Al darse cuenta de que todo era una broma se sintió ______________.

   ____

6. Tenía la boca seca de tanto caminar y estaba ______________.

   ____

7. La oruga devoró la hoja del árbol con ______________. ______________
8. Estaba ______________ por conocer el resultado del examen.

   ____

9. El gatito herido tenía un aspecto realmente ______________.

   ____

10. Mi abuelita es una personificación de la ______________. ______________

Nombre ______________________ Fecha ______________

El héroe y el minotauro

Ortografía: Palabras con las terminaciones *-ido, -ida*

Crucigrama

Básicas Completa el crucigrama usando las palabras de ortografía.

Horizontales

5. Una cosa que no cambia.
7. Lo que hemos hecho en la escuela.
9. Lo que quiero si tengo sed.
10. Si tomamos la decisión está ________.
11. Debajo del agua.

Verticales

1. El barco está ________.
2. Te damos la ________.
3. La entrada y la ________.
4. Guardada para que no sea descubierta.
6. Cuando se van amigos les damos la ________.
8. Si no sabemos en qué dirección ir estamos ________.

Palabras de ortografía

1. aprendido
2. atrevida
3. bebida
4. bienvenida
5. colorido
6. convertido
7. decidido
8. despedida
9. escondida
10. establecido
11. hundido
12. permanecido
13. ronquido
14. rugido
15. perdidos
16. recorrido
17. rendido
18. salida
19. sentido
20. sumergida

Avanzadas

despavorido
escabullido
exprimida
sido
transmitido

Avanzadas **Escribe oraciones con por lo menos cuatro de las Palabras avanzadas.**

Nombre ______________________ Fecha ______________

Clasificación de palabras

El héroe y el minotauro
Ortografía: Palabras con las terminaciones *-ido, -ida*

Básicas Escribe las palabras de ortografía en la hilera que corresponde.

Palabras con *-ida*	______ ______ ______
Palabras con *-ido(s)*	______ ______ ______ ______ ______ ______

Avanzadas Agrega las Palabras avanzadas a tu tabla de Clasificación.

Conectar con la lectura Encuentra tres palabras con las terminaciones *-ido, -ida* en *El héroe y el minotauro*. Agrégalas a tu tabla de Clasificación.

Palabras de ortografía

1. aprendido
2. atrevida
3. bebida
4. bienvenida
5. colorido
6. convertido
7. decidido
8. despedida
9. escondida
10. establecido
11. hundido
12. permanecido
13. ronquido
14. rugido
15. perdidos
16. recorrido
17. rendido
18. salida
19. sentido
20. sumergida

Avanzadas

despavorido
escabullido
exprimida
sido
transmitido

Nombre ______________________ Fecha ____________

El héroe y el minotauro
Ortografía: Palabras con las terminaciones *–ido, –ida*

Corregir la ortografía

Lee el párrafo que sigue y encierra en un círculo todas las palabras mal escritas. Escribe las palabras correctamente en las líneas de abajo.

Mi familia ha desidido que este verano lo puedo pasar en casa de mis abuelos en República Dominicana. Me encanta pasar los veranos allí. El día de mi partida mi hermanita había premanesido econdida hasta el último momento porque no quería que me fuera. La dispedida fue emotiva. En el rrecorrido hasta el aeropuerto mi mamá me repitió las recomendaciones porque ella dice que soy un poco atrebida, "ten cuidado, y respeta a tus mayores". La zalida del avión fue puntual y pronto me encontré sentada al lado de un señor que de vez en cuando daba un rronqido que me hacía recordar al rujido un cachorrito de león. Después de tomar una bevida gaseosa, quedé sumerjida en una novela de misterio. Ya cerca de llegar, miré por la ventanilla del avión y distinguí el colodrido del mar y de las palmeras de la isla, verde esmeralda y azul cristalino. ¡Hacía tiempo que no me había sentibo ten feliz y excitada! Al bajar del avión me encontré con la dicharachera bienbenida de mis abuelos y primos. Ya no veía el momento de comer las ricas comidas de mi abuelita y de bajar a la playa. ¡Hola familia, playa y sol, aquí estoy!

Palabras de ortografía

1. aprendido
2. atrevida
3. bebida
4. bienvenida
5. colorido
6. convertido
7. decidido
8. despedida
9. escondida
10. establecido
11. hundido
12. permanecido
13. ronquido
14. rugido
15. perdidos
16. recorrido
17. rendido
18. salida
19. sentido
20. sumergida

1. ______________________
2. ______________________
3. ______________________
4. ______________________
5. ______________________
6. ______________________
7. ______________________
8. ______________________
9. ______________________
10. ______________________
11. ______________________
12. ______________________
13. ______________________
14. ______________________

Nombre ______________________ Fecha ______________

Los adjetivos calificativos

Un **adjetivo** da información sobre un sustantivo. Algunos adjetivos son **adjetivos calificativos** que describen una cualidad del sustantivo.

Adjetivos calificativos

El rojo sol iluminaba las antiguas ruinas.

Pregunta para reflexionar

¿La palabra describe una cualidad de un sustantivo?

1 a 10. Subraya los adjetivos calificativos en las siguientes oraciones.

1. Este rey era extremadamente cruel.
2. El mar Egeo es vasto y muy profundo.
3. Los Minotauros suelen ser muy hostiles y agresivos.
4. Casi siempre, los días son soleados en Grecia.
5. Grecia tiene una costa bastante extensa.
6. Teseo fue muy valiente al enfrentarse con el Minotauro.
7. Creta es una gran isla de Grecia.
8. Ariadna era muy aguda e ingeniosa.
9. Con cabeza de hombre y cuerpo de toro, el Minotauro era realmente espantoso.
10. El laberinto que construyó Dédalo era muy intrincado.

Los adjetivos gentilicios y demostrativos

Los **adjetivos gentilicios** se forman a partir de un sustantivo propio para expresar procedencia geográfica. Se escriben con letra minúscula.

Los adjetivos como *este, ese* y *aquel* delimitan el alcance del sustantivo y se llaman **adjetivos demostrativos**.

adjetivos gentilicios
Teseo es un héroe griego. Vivió en la ciudad griega de Atenas.

adjetivos demostrativos
Siempre visito esta isla. ¿Quieres visitar esa isla?
Siempre uso estos mapas. ¿Puedes pasarme esos mapas?

Preguntas para reflexionar
¿El adjetivo indica procedencia geográfica? ¿El adjetivo modifica a algo cercano o lejano?

Actividad Encierra en un círculo los adjetivos gentilicios y subraya los adjetivos demostrativos.

1. ¿Te gustó la comida mexicana que comimos en la fiesta?
2. Visitamos el Partenón ateniense ayer.
3. Es emocionante ver esas ruinas de cerca.
4. Aquella guía turística está en un estante demasiado alto.
5. A fin de cuentas, ese fue un viaje muy interesante.
6. El artefacto griego que tengo en la mano es antiguo.
7. ¿Puedes traerme ese folleto que está ahí?
8. Quisiera conocer las antiguas ruinas romanas.

Las clases de adverbios

Los **adverbios** pueden modificar un verbo, un adjetivo u otro adverbio. Hay adverbios de **lugar**, como *aquí, delante, lejos*; de **tiempo**, como *hoy, mientras, nunca*; de **modo**, como *bien, despacio, fácilmente*; de **cantidad** o grado, como *bastante, mucho, muy*; de **orden**, como *primeramente*; de **afirmación**, como *sí*; de **negación**, como *no*; de **duda**, como *acaso*; de **adición**, como *además, incluso, también.* Algunos pertenecen a varias clases.

adverbio **adverbio**
Viajamos mucho y aprendimos mientras paseábamos.

Pregunta para reflexionar
¿Qué palabra modifica un verbo?

Actividad Escribe la clase de adverbio subrayado.

1. En el viaje vimos fácilmente los escenarios del Mundo Antiguo. ______________
2. Disfruté bastante el viaje a Grecia. ______________
3. Aquí dejo buenos amigos. ______________
4. La arquitectura antigua impresiona mucho a los estudiantes. ______________
5. Mary también quiso ir a un restaurante griego. ______________
6. Nos sentamos delante del Partenón para una foto. ______________
7. Grecia protegía bien sus ciudades y puertos. ______________

El héroe y el minotauro

Gramática: Repaso frecuente

Tiempos verbales simples y compuestos

Presente	Francisco corre todos los días en el parque.
Pretérito perfecto simple	Francisco corrió ayer en el parque.
Pretérito imperfecto	Francisco corría todos los días en el parque antes de lastimarse el pie.
Futuro	Francisco correrá mañana en el parque.
Pretérito perfecto compuesto	Francisco ha corrido en el parque desde que era joven.
Pretérito pluscuamperfecto	Francisco ya había corrido en el parque muchas veces.
Futuro perfecto	Francisco habrá corrido más de cuatro millas en el parque para el mediodía.

1 a 8. Subraya los verbos conjugados e indica el tiempo de cada uno en la línea.

1. Ayer compré un libro sobre Grecia. ______________________
2. El corazón le latía rápidamente cuando enfrentó a su enemigo.

   ____
3. ¿Este pasaporte es tuyo? ______________________
4. Al final de la semana, ya habremos visitado muchos monumentos.

   ____
5. ¿Pedirás una ensalada griega u otra cosa? ______________________
6. Nunca me había divertido ni había aprendido tanto como en estas vacaciones.

   ____
7. Hemos tomado muchas fotografías impactantes. ______________________
8. La idea de este viaje fue mía. ______________________

9 a 13. Esta entrada del diario de un escritor tiene cinco errores en los tiempos verbales. Corrige la entrada con marcas de corrección.

No entenderé por qué algunas personas creyeron que no les gustan los mitos. ¡Son geniales! Serán aventuras geniales sobre tierras extrañas y lejanas. Los héroes demuestran su fortaleza y salvan a sus pueblos. Creo que si leerás solo algunos mitos, ¡cambiaste de opinión!

Nombre _______________ Fecha _______________

Conectar con la escritura

Cuando escribes, es importante usar adjetivos y adverbios precisos para describir sustantivos y verbos. Los adjetivos y adverbios precisos describen con exactitud a diferencia de los imprecisos.
Adjetivo menos preciso El Minotauro era malo.
Adjetivo más preciso El Minotauro era malvado.

Escribe si los adjetivos o adverbios subrayados son o no precisos.

1. Los mitos griegos son historias lindas. _______________
2. Los cuentos son ficción. _______________
3. La mayoría de los griegos tienen profundo respeto a la tradición.
   ____
4. Las rocas salientes y las playas de las Islas Cicladas son bonitas.
   ____
5. El autobús iba realmente rápido. _______________
6. Ella luchó valientemente para salvar la isla. _______________
7. Las islas son escabrosas. _______________
8. Era un día muy caluroso. _______________

Nombre ______________________ Fecha ____________

Lección 18
CUADERNO DEL LECTOR

El héroe y el minotauro
Escritura:
Escritura informativa

Punto de enfoque: Fluidez de las oraciones

Transiciones

Los buenos escritores usan palabras y frases de transición en sus textos. Estas palabras hacen la escritura más coherente y fácil de entender. Las palabras y frases de transición pueden enlazar dos ideas diferentes, mostrar un contraste y resumir una conclusión. Estos son algunos ejemplos de palabras y frases de transición: *además, como resultado, porque, además de eso, en consecuencia, en primer lugar, finalmente, así que, en lugar de, por otra parte, en segundo lugar, por tanto* y *entonces.*

Vuelve a escribir el siguiente párrafo, usando palabras y frases de transición para que sea más fácil comprender el texto.

En la mitología griega, la palabra Minotauro significa "el toro de Mino". La palabra proviene del sustantivo propio Minos. Comienza con mayúscula. La criatura era conocida por su nombre individual, Asterión. Algunas fuentes dicen que el Minotauro tenía el cuerpo de un hombre y la cabeza de un toro. Otras dicen que tenía la cabeza de un hombre y el cuerpo de un toro. El Minotauro era extremadamente violento. Minos y Dédalo construyeron el laberinto para contenerlo. Muchas personas han buscado el sitio donde posiblemente estaba el laberinto. Algunos dicen que era el palacio de Minos en Knossos. El palacio es un conjunto de habitaciones que parecen un laberinto. El laberinto podría estar en algún lugar cerca del palacio.

Nombre ______________________ Fecha __________

La princesa que llegó a ser rey

Escribir una entrevista

Hatshepsut llevó una vida interesante. Imagina que tuvieras la posibilidad de entrevistarla. ¿Qué diría? Utiliza evidencia del texto de los pasajes para escribir respuestas a las preguntas de esa entrevista.

Lee la página 557 y el primer párrafo de la página 558 para responder las preguntas del entrevistador.

Entrevistador: Algunos dicen que tus días despreocupados en el palacio terminaron cuando te convertiste en adolescente. ¿Es cierto?

Hatshepsut:

____

____

____

____

____

____

____

Lee los primeros dos párrafos de la página 559. Apoya tu respuesta a la pregunta con evidencia del texto.

Entrevistador: Pronto te convertiste en Reina Regente. ¿Pareció como si los dioses hubieran intervenido en tu vida?

Hatshepsut:

____

____

____

____

Lee los primeros dos párrafos de la página 561. Apoya tu respuesta a la pregunta con evidencia del texto.

Entrevistador: Algunos dicen que eras segura de ti misma, inteligente y audaz. ¿Estás de acuerdo?

Hatshepsut:

____

____

____

____

Nombre ______________________ Fecha ______________

Raíces y afijos griegos

Las palabras del recuadro están formadas con raíces y afijos griegos. Elige la palabra que mejor se adapte a cada oración. Luego, determina su significado a partir del contexto y de lo que sepas de las partes que la componen.

síntesis	reciclar	biografía	ciclista
triciclo	sincronizar	empatía	biodiversidad

1. El ______________ recorrió 100 millas y batió el récord del mundo.
____

2. Costa Rica es un país con una gran ______________. Allí viven muchos tipos de animales. ______________________________

3. Tuvimos que ______________ nuestros relojes para que dieran la misma hora. ______________________________

4. El niño montó en ______________ que es mucho más seguro porque tiene tres ruedas. ______________________________

5. Sentí mucha ______________ por la niña que perdió su gatito.
____

6. ______________ papel es mejor para el medio ambiente que tirarlo a la basura. ______________________________

7. Acabo de leer una ______________ de Mario Benedetti.
____

8. Hicimos una ______________ de un párrafo con todas nuestras ideas.
____

Nombre ______________________ Fecha ____________

Palabras con el prefijo *sobre-* y con los sufijos *-oso, -osa*

Básicas Escribe la palabra de ortografía que sea un antónimo de la palabra o frase que sigue.

1. frío ______________
2. fracaso ______________
3. sin vida ______________
4. ruidoso ______________
5. que no se destaca ______________
6. desatinada ______________
7. débil ______________
8. avaro ______________
9. haragán ______________
10. inepto ______________

Avanzadas Imagina que eres un arqueólogo que ha descubierto un animal prehistórico desconocido. Escribe un artículo describiendo tu hallazgo. Usa tres de las Palabras avanzadas.

Palabras de ortografía

1. amorosa
2. asombroso
3. caluroso
4. estudioso
5. exitoso
6. fabuloso
7. generosa
8. habilidoso
9. juiciosa
10. majestuoso
11. numerosa
12. orgullosa
13. poderoso
14. silencioso
15. sobrenombre
16. sobresaliente
17. sobrevivido
18. sobreabundancia
19. sobremesa
20. valiosa

Avanzadas

desventajoso
inescrupuloso
sobreentender
sobrexposición
supersticioso

Nombre ________________________ Fecha ____________

La princesa que llegó a ser rey

Ortografía: Palabras con el prefijo *sobre-* y con los sufijos *-oso*, *-osa*

Clasificación de palabras

Básicas Escribe las palabras de ortografía en la hilera que corresponde.

Palabras con el prefijo *sobre-*	______ ______ ______ ______ ______
Palabras con el sufijo *-oso*	______ ______ ______ ______ ______
Palabras con el sufijo *-osa*	______ ______

Avanzadas Agrega las Palabras avanzadas a tu tabla de Clasificación.

Palabras de ortografía

1. amorosa
2. asombroso
3. caluroso
4. estudioso
5. exitoso
6. fabuloso
7. generosa
8. habilidoso
9. juiciosa
10. majestuoso
11. numerosa
12. orgullosa
13. poderoso
14. silencioso
15. sobrenombre
16. sobresaliente
17. sobrevivido
18. sobreabundancia
19. sobremesa
20. valiosa

Avanzadas

desventajoso
inescrupuloso
sobreentender
sobrexposición
supersticioso

Nombre ______________________ Fecha ____________

La princesa que llegó a ser rey
Ortografía: Palabras con el prefijo *sobre-* y con los sufijos *-oso, -osa*

Corregir la ortografía

Lee y encierra en un círculo las palabras mal escritas. Escribe las palabras correctamente en las líneas de abajo.

Éste es un cuento fantasioso que escribí para mi clase de literatura creativa. Isidoro el estudiozo se perdió en el bosque una tarde. El día era kalurozo y se cansó de buscar la salida. Una flor blanca le llamó la atención. Olió su fragancia y de inmediato se quedó dormido. Se despertó al lado de un podreoso tronco de árbol. A su entorno todo estaba silensioso. Lo más hasombrozo era que los animales parecían suspendidos en el aire. De pronto escuchó a la flor que con voz ahmorosa le preguntó qué hacía en el bosque mágico. Entre la sorpresa y el temor Isidoro no podía hablar. La flor le contó que una vez había sido muy orguyosa por su belleza y su aroma, y como castigo había quedado sola. Su vida era muy solitaria. Había aprendido una baliosa lección y era más juisiosa y humilde. La única forma de reunirse con el resto de las flores era que un joven estudioso la trasplantara al jardín mágico. Con sumo cuidado Isidoro transportó a la blanca y aromática flor al magestuoso jardín donde había una númerosa cantidad de flores. La flor se lo agradeció, pero le advirtió que nunca podría volver a encontrar ese jardín. Le iluminó el camino a la salida y así Isidoro pudo retornar a su hogar. Fin.

Palabras de ortografía

1. amorosa
2. asombroso
3. caluroso
4. estudioso
5. exitoso
6. fabuloso
7. generosa
8. habilidoso
9. juiciosa
10. majestuoso
11. numerosa
12. orgullosa
13. poderoso
14. silencioso
15. sobrenombre
16. sobresaliente
17. sobrevivido
18. sobreabundancia
19. sobremesa
20. valiosa

1. ____________ 5. ____________ 9. ____________
2. ____________ 6. ____________ 10. ____________
3. ____________ 7. ____________ 11. ____________
4. ____________ 8. ____________

Nombre ______________________ Fecha ______________

Los elementos no restrictivos

En una oración, un **elemento no restrictivo** es una frase o una cláusula que da información que no es esencial. Si la frase o cláusula se elimina, el significado básico de la oración no cambia.

elemento no restrictivo

Un arqueólogo, llamado Herbert E. Winlock, hizo un descubrimiento que cambiaría la historia.

Preguntas para reflexionar
¿Qué frase o cláusula da información que no es esencial? ¿Qué ocurre si se elimina?

Actividad Subraya el elemento no restrictivo en cada oración.

1. Hatshepsut, una mujer con coraje, reinó durante la decimoctava dinastía de Egipto.
2. Hatshepsut gobernó bien a sus súbditos, el pueblo de Egipto.
3. Su reino, que duró 22 años, fue exitoso.
4. Todos los gobernantes, llamados faraones, anteriores a ella eran hombres.
5. Produjo cambios, sobre todo riqueza y comercio, en su pueblo.
6. Su proyecto más grande, que fue su templo mortuorio, fue construido por su consejero Senenmut.
7. Hay mucho que aprender sobre Hatshepsut, una mujer valiente y compasiva.

Nombre ______________________________ Fecha ______________

Los elementos parentéticos

Un **elemento parentético** es una expresión que explica una palabra o una frase de la oración.

elementos parentéticos

Fue princesa antes de declararse faraón (rey de Egipto) a sí misma.

Vi un programa interesante: un documental sobre Tutankamón.

Tuntankamón —conocido como "el rey niño"— era muy joven cuando se convirtió en faraón.

Pregunta para reflexionar
¿Hay en la oración alguna expresión que explique una palabra o frase en la oración?

Actividad Determina si cada oración contiene un elemento parentético. Si no lo tiene, escribe "no". Si lo tiene, escríbelo en la línea.

1. Visitamos el museo con la clase para ver la exposición de Egipto.

 ____

2. La exposición –cinco salas llenas de artefactos– era muy grande.

 ____

3. Los tronos del faraón (tenía tres en total) eran hermosos.

 ____

4. Vimos las sandalias del faraón en una de las salas.

 ____

5. Aprendí mucha información nueva, relacionada al antiguo Egipto, con la visita.

 ____

6. Compré un libro sobre el tema de los faraones egipcios.

 ____

7. El autor escribe sobre los reinados exitosos en la página 2 (la introducción del libro).

 ____

8. Los estudiosos del tema –intelectuales y arqueólogos– diferen en algunos aspectos.

 ____

Nombre ______________________ Fecha ____________

La puntuación de los elementos no restrictivos y parentéticos

Los **elementos no restrictivos** se encuentran entre comas.

Hatshepsut, a diferencia de otras mujeres nobles que la precedieron, gobernó como faraón.

Los **elementos parentéticos** se encuentran entre paréntesis o guiones largos. También es posible usar dos puntos para introducir una serie o una frase explicativa.

Antes de declararse faraón (rey de Egipto) a sí misma, era princesa.

Preguntas para reflexionar
¿Qué información puede quitarse sin cambiar el significado de la oración? ¿Tiene sentido como parte de la oración principal?

Actividad Subraya el elemento no restrictivo o parentético de cada oración. Coloca comas antes y después de los elementos no restrictivos y paréntesis antes y después de los elementos parentéticos.

1. Las nobles mujeres como los nobles hombres desempeñaron un papel importante en la religión egipcia.
2. Hatshepsut después de su muerte fue momificada.
3. Era famosa en toda la tierra en el Reino de Egipto .
4. Leí un libro interesante el tema eran las momias .
5. Busqué las fuentes incluida la bibliografía para obtener información.
6. El autor escribe sobre su exitoso reinado en la página 2 la introducción del libro.
7. Estos libros que devolví no tienen precisión histórica.
8. Los profesionales estudiosos y arqueólogos debaten la fecha de su muerte.

Nombre ______________________ Fecha ____________

La princesa que llegó a ser rey
Gramática: Repaso frecuente

Concordancia del sujeto y el verbo

Mattie **tiene** un libro sobre los faraones.
Nosotros **estábamos buscando** en la sección de no ficción de la biblioteca.
Lucy y Eric **escogieron** libros sobre momias.
Ni mi hermana ni Eric **van a tomar** las fotografías.
Las fotografías de las pirámides en el libro de Eric **están** hermosas.
Ni mis amigos ni yo **hemos encontrado** libros sobre el rey Tut.

1 a 5. Subraya el verbo correcto entre paréntesis para completar la oración.

1. Mis compañeros de clase y yo (estoy, estamos) estudiando el Antiguo Egipto.
2. Uno de los obeliscos del Antiguo Egipto (sigue, siguen) en pie hoy en día.
3. Su diseño y construcción (permanece, permanecen) como muestra de las maravillas antiguas.
4. Ni Karen ni Pedro se (ha, han) matriculado para el curso.
5. Ni los estudiantes ni la profesora (sabe, saben) la respuesta.

6 a 10. La siguiente nota tiene cinco errores de concordancia del sujeto y el verbo. Utiliza las marcas de corrección para corregir la nota.

Para: el asesor de mi fiesta

Estoy celebrando mi cumpleaños número treinta. Mi esposo, el príncipe, y yo tengo expectativas muy altas. Gente de todos los rincones del reino vendrán a la fiesta. Todos nosotros debe prepararnos. Primero, sus asistentes y usted tiene la tarea de decorar el palacio. El príncipe y yo quiero que el palacio luzca excepcionalmente hermoso.

Nombre ______________________ Fecha ____________

Lección 19
CUADERNO DEL LECTOR

La princesa que llegó a ser rey
Gramática: Conectar con la escritura

Conectar con la escritura

Los buenos lectores hacen que su escritura sea interesante escribiendo oraciones más largas que incluyan elementos no restrictivos y parentéticos.
Los elementos no restrictivos brindan información no esencial Los libros, que tratan sobre la decimoctava dinastía, brindan una gran cantidad de información.
Los elementos parentéticos sirven para explicar Los libros: el tomo I, el tomo II y el tomo III, hablan sobre los reinados más exitosos. Las fotografías de los arqueólogos (de la década de 1920) son fascinantes. Las pirámides —cámaras mortuorias de los faraones— son misteriosas.

1 a 3. Añade elementos no restrictivos para brindar información no esencial sobre los sustantivos.

1. Nos acercamos al sarcófago.

____

____

2. El conferenciante habló sobre el Antiguo Egipto.

____

____

3. Usaron pequeñas palas y cepillos.

____

____

4 y 5. Añade elementos parentéticos para explicar la información de cada oración.

4. La momia estaba sobre la mesa de examen.

____

____

5. Vimos las pirámides la mañana del sábado.

____

____

Nombre ______________________ Fecha ______________

La princesa que llegó a ser rey
Escritura: Escritura informativa

Punto de enfoque: Organización

Introducciones

La introducción permite al lector saber sobre qué trata el texto y por qué es importante. Ofrece a los lectores un adelanto de lo que van a leer en la composición. Una introducción bien escrita deja al lector con deseos de seguir leyendo.

Las siguientes oraciones de un párrafo introductorio están desordenadas. Escribe el párrafo en las líneas en blanco de modo que las oraciones sigan un orden lógico.

Una de las áreas en que tuvo éxito fue en la guerra.

Además de establecer la paz, ganó muchas riquezas para Egipto.

Hatshepsut fue muy diferente a otras mujeres que gobernaron Egipto.

Con esa prosperidad, pudo emprender la construcción de muchas edificaciones que están entre los mejores ejemplos de arquitectura egipcia en toda su larga historia.

Aunque triunfó en la guerra, Hatshepsut propició el inicio de una época de paz.

A diferencia de sus predecesores, reinó mucho tiempo y tuvo mucho éxito.

Nombre ______________________ Fecha ____________

Cuerpos en las cenizas: Vida y muerte en la antigua Pompeya

Hacer un dibujo con rótulos y llamadas.

El autor de este texto crea imágenes vívidas de Pompeya durante la erupción volcánica y su excavación.

Utiliza estas descripciones para hacer un dibujo de Pompeya en diferentes momentos. Rotula tu dibujo con oraciones con llamadas para dar más detalles. Debajo del dibujo, escribe un resumen del texto. Recuerda basar tu resumen en hechos, no en tus opiniones.

Lee las páginas 584 y 585. Luego haz la ilustración y escribe un resumen.

24 de agosto, 79 d. C.

Resumen::

____

____

____

Nombre ______________________ Fecha __________

Lección 20
CUADERNO DEL LECTOR

Cuerpos en las cenizas
Lectura independiente

Lee los párrafos cuatro, cinco y seis de la página 588. Luego haz una ilustración y escribe un resumen.

25 DE AGOSTO, 79 D. C.

RESUMEN:

____

____

Lee los párrafos tres y cuatro de la página 591 y toda la página 592. Luego realiza una ilustración y escribe un resumen.

SIGLO XVIII

RESUMEN:

____

____

Nombre ______________________ Fecha ____________

Prefijos *re-, in-, im-, ir-, i-*

Las palabras del recuadro empiezan con un prefijo. Elige la palabra del recuadro que mejor se adapte a cada oración. Luego da la definición de la palabra elegida.

ilógicas	insuficiente	irresistible
reconectar	irreverente	redescubrir
inesperado	incapaz	impaciente

1. Las ideas del orador eran ______________ y no tenían sentido.

   ____

2. Escuchar la radio en un templo me parece ______________.

   ____

3. El detective será ______________ de resolver el misterio si no conoce los hechos. ______________

4. El electricista tuvo que ______________ el cable al enchufe.

   ____

5. El esfuerzo por terminar la carrera fue ______________.

   ____

6. Ese regalo ______________ hizo sonreír a mis abuelos.

   ____

7. Me encanta ______________ viejas cartas y fotografías.

   ____

8. Después de media hora de espera el conductor se puso ______________.

   ____

9. Ese pastel de chocolate, fresa y nata era ______________.

   ____

Nombre ______________________ Fecha ______________

Palabras con los prefijos *re-*, *ex-* y con el sufijo *-dor, -dora*

Cuerpos en las cenizas

Ortografía: Palabras con los prefijos *re-*, *ex-* y con el sufijo *-dor, -dora*

Básicas Escribe la palabra de ortografía que mejor corresponde al grupo.

1. cambiar, reconstruir, ______________
2. cambiar, editar, ______________
3. horrible, espeluznante, ______________
4. echar, arrojar, ______________
5. ahondar, escarbar, ______________
6. encantador, atractivo, ______________
7. mudado, movido, ______________
8. volver, regresar, ______________
9. alargarmiento, continuación, ______________
10. peligrosa, destructora, ______________
11. destrucción, rompimiento, ______________

Avanzadas Imagina que eres un arqueólogo que ha descubierto un animal prehistórico desconocido. Escribe un artículo describiendo tu hallazgo. Usa tres de las Palabras avanzadas. Escríbelo en una hoja aparte.

Palabras de ortografía

1. aterrador
2. aturdidor
3. devastadora
4. encantador
5. excavar
6. explicar
7. explosión
8. expulsar
9. extender
10. extensión
11. reacción
12. reconocer
13. reconstruir
14. recreaciones
15. redescubriendo
16. reformar
17. retornar
18. reubicado
19. revisar
20. tentador

Avanzadas

desalentador
estremecedor
exhibir
reedificación
revolucionar

Nombre ______________________ Fecha ____________

Clasificación de palabras

Cuerpos en las cenizas

Ortografía: Palabras con los prefijos *re-*, *ex-* y con el sufijo *–dor, -dora*

Básicas Escribe las palabras de ortografía en la hilera que corresponde.

Palabras con el prefijo *re-*	____ ____ ____ ____ ____
Palabras con el prefijo *ex-*	____ ____ ____
Palabras con el sufijo *–dor*	____ ____ ____ ____
Palabras con el sufijo *–dora*	____

Avanzadas Agrega las Palabras avanzadas a tu tabla de Clasificación.

Palabras de ortografía

1. aterrador
2. aturdidor
3. devastadora
4. encantador
5. excavar
6. explicar
7. explosión
8. expulsar
9. extender
10. extensión
11. reacción
12. reconocer
13. reconstruir
14. recreaciones
15. redescubriendo
16. reformar
17. retornar
18. reubicado
19. revisar
20. tentador

Avanzadas

desalentador
estremecedor
exhibir
reedificación
revolucionar

Nombre ______________________ Fecha ____________

Lección 20
CUADERNO DEL LECTOR

Cuerpos en las cenizas

Ortografía: Palabras con los prefijos *re-*, *ex-* y con el sufijo *–dor, –dora*

Corregir la ortografía

Lee y encierra en un círculo todas las palabras mal escritas. Escribe las palabras correctamente en las líneas de abajo.

Neri quería rebisar la información que había conseguido sobre la dibastadora eccplosión del monte Vesubio durante la época de la Antigua Pompeya. El ruido de la explosión tuvo que haber sido haturdidor. Su reaxion al leer sobre este hecho histórico fue de incredulidad y de gran interés. Pensar que una ciudad y sus habitantes quedaron enterrados bajo una capa de 60 pies de rocas volcánicas y ceniza es aterador. Pero lo que más le fascinaba era que después de casi 1700 años los arqueólogos habían comenzado a escavar y a ir rredescubrendo esta ciudad. Esto les ha permitido esplicar detalles de la vida en esta ciudad del imperio romano. Neri se pregunta cómo se sentiría si ella fuera una arqueóloga y pudiera excavar una ciudad y recontruir su pasado. ¿Qué tendría que estudiar para poder reconocer artefactos y enseres encontrados en la excavación? Era tintador imaginarse en esa situación. Neri tenía que reconoser que en su mente se estaba formando la idea de una carrera para su futuro. Y así se decidió a estudiar arqueología.

Palabras de ortografía

1. aterrador
2. aturdidor
3. devastadora
4. encantador
5. excavar
6. expulsar
7. extender
8. explicar
9. explosión
10. extensión
11. excavar
12. reacción
13. reconocer
14. reconstruir
15. recreaciones
16. redescubriendo
17. reformar
18. retornar
19. reubicado
20. revisar
21. tentador

1. ____________________ 7. ____________________

2. ____________________ 8. ____________________

3. ____________________ 9. ____________________

4. ____________________ 10. ____________________

5. ____________________ 11. ____________________

6. ____________________ 12. ____________________

Nombre ______________________ Fecha ____________

Lección 20
CUADERNO DEL LECTOR

Cuerpos en las cenizas
Gramática: Preposiciones y frases preposicionales

Las preposiciones y las frases preposicionales

Una **preposición** es una palabra que indica una relación entre un sustantivo o un pronombre (el **objeto de la preposición**) y otra palabra. Una **frase preposicional** incluye a la preposición, al objeto de la preposición y a los modificadores del objeto.

preposición

Descubrimos muchos artefactos durante la excavación.

frase preposicional

Las monedas antiguas están en el museo.

Preguntas para reflexionar
¿La palabra conecta a un sustantivo o pronombre con otras palabras de la oración? ¿La sigue un objeto y modifica palabras?

Actividad Subraya la frase preposicional de cada oración. Encierra en un círculo las preposiciones.

1. La ciudad de Pompeya estaba enterrada.
2. El arqueólogo cavó un agujero con herramientas especiales.
3. Un grupo de personas se reunió con los arqueólogos.
4. Encontraron pedazos de huesos de animales.
5. Se desenterraron objetos de la vida cotidiana.
6. Encontraron magma debajo de la ciudad.
7. Pompeya no está lejos del Vesubio.
8. Hubo muchos terremotos en la zona.

Las frases adjetivas

Una **frase adjetiva** es una frase preposicional que modifica a un sustantivo o un pronombre.

sustantivo **frase preposicional adjetiva**

El lunes de la semana que viene iremos al museo.

Pregunta para reflexionar
¿La frase dice más sobre un sustantivo o pronombre?

Actividad Subraya la frase preposicional de cada oración. Encierra en un círculo la palabra que modifica. Escribe la categoría de la palabra modificada en el espacio en blanco.

1. Esta es la entrada del museo. ______________
2. El niño de cabello colorado hizo una pregunta.
   ____
3. Ninguno de los presentes oyó bien la pregunta.
   ____
4. Los barcos de muchos países usaban el puerto de Pompeya.
   ____
5. Pompeya era un lugar para vacacionar. ______________
6. Hicimos una visita de dos horas. ______________

Nombre ______________________ Fecha ______________

Las frases adverbiales

Una **frase adverbial** es una frase preposicional que modifica a un verbo, un adjetivo u otro adverbio.

verbo **frase proposicional adverbial**
Aprenderemos mucho sobre Pompeya y el Vesubio.

Pregunta para reflexionar
¿La frase dice más sobre un verbo, un adjetivo o un adverbio?

Actividad Subraya la frase preposicional de cada oración. Encierra en un círculo la palabra que modifica. Escribe la categoría de la palabra modificada en la línea.

1. Muchos pueblos se localizaban sobre la base del Vesubio. ______________
2. Las cenizas y los gases súper calientes iban rápidamente hacia ellos. ______________
3. En toda la atareada ciudad, la gente estaba perpleja. ______________
4. Las personas corrieron por sus vidas cuando vieron el peligro. ______________
5. Las personas se escondían debajo de los muebles. ______________
6. Se encontraron cuerpos bajo gruesas capas de cenizas y rocas. ______________
7. En todo el valle, las granjas estaban quemadas. ______________
8. Los pueblos afectados de la región más tarde fueron olvidados. ______________

Nombre ______________________ Fecha ____________

Verbos irregulares

Cuerpos en las cenizas
Gramática: Repaso frecuente

Verbo irregular en presente	**Estoy** escribiendo un informe para ciencias en grupo.
Verbo irregular en pretérito imperfecto	**Éramos** cuatro en el grupo para repartirnos las tareas.
Verbo irregular en pretérito perfecto simple	Juan **quiso** ir a la biblioteca a buscar más información.

1 a 4. Escribe la forma del verbo que está entre paréntesis en el tiempo que se indica.

1. Las personas ______________ preocupadas por los desastres naturales mucho tiempo. (estar, pretérito perfecto simple
2. Los científicos ______________ descubrir nuevas formas para predecir los desastres naturales. (conseguir, pretérito perfecto simple)
3. No se ______________ mucho sobre los volcanes hasta hace poco. (saber, pretérito imperfecto)
4. ¿Quién ______________ predecir cuánto habrán aprendido los científicos sobre los volcanes en cien años? (poder, presente)

5 a 8. Corrige los verbos subrayados.

5. Los científicos <u>predicieron</u> la erupción del volcán. ______________
6. Yo <u>oyo</u> con mucho interés al maestro cuando habla sobre los volcanes. ______________
7. Jason <u>concluió</u> su proyecto de ciencias. ______________
8. Melinda <u>elegió</u> estudiar los volcanes para el proyecto. ______________

Conectar con la escritura

Dos oraciones pueden combinarse con una **frase preposicional.**
oraciones separadas Consulté tres libros hoy. Trataban sobre desastres naturales.
oración combinada Consulté tres libros sobre desastres naturales hoy.

Combina cada par de oraciones para formar una oración con una frase preposicional. Escribe la nueva oración en la línea.

1. Nos acercamos al volcán activo. Nos acercamos con cuidado.

   ____

2. La conferenciante habló sobre Pompeya. Habló con una voz muy alta.

   ____

3. Alcubierre buscó Pompeya. Buscó cerca de un canal subterráneo sin terminar.

   ____

4. Encontraron el primer esqueleto y algunas monedas. Esto sucedió después de veinte días.

   ____

5. La reserva de monedas era un gran tesoro. Estaba junto al hombre rico.

   ____

6. Me gustaría ver los tesoros de Pompeya. Lo haría después de terminar la escuela secundaria.

   ____

7. Sería más divertido ir con alguien. Elegiría a mi hermana mayor.

   ____

8. A mi hermana le gusta estudiar mapas. Los busca en los libros de viajes.

   ____

Punto de enfoque: Ideas

Parafrasear

Los buenos escritores parafrasean, es decir, dicen con sus propias palabras cosas que han dicho otros autores.

Palabras del autor	Paráfrasis
Durante dos días, el monte Vesubio estuvo en erupción, causando la destrucción de la ciudad de Pompeya.	La ciudad de Pompeya sufrió por dos terribles días la erupción del monte Vesubio.

Parafrasea cada una de las siguientes oraciones con tus propias palabras.

1. El monte Vesubio era considerado una montaña sagrada del dios Hércules, según los griegos y los romanos.

   ____

   ____

2. Hércules, uno de los hijos de Zeus, era conocido en la mitología griega por su extraordinaria fuerza.

   ____

   ____

3. La ciudad estado de Esparta, con su poderío militar, llegó a controlar la mayor parte de la Antigua Grecia.

   ____

   ____

4. Atenas tiene muchos monumentos importantes y el Partenón entre otras obras de arte que hacen famosa esta ciudad.

   ____

   ____

Nombre ______________________ Fecha ____________

Como un salto de campana

Don Pachi

En las páginas 9 y 10 el autor nos presenta a don Pachi. Usa evidencia del texto para responder estas preguntas sobre don Pachi.

¿Qué edad tiene?

____

____

¿Cómo se siente?

____

____

____

¿Qué está haciendo don Pachi al comenzar el libro?

____

____

¿Cómo vuelve a su casa? ¿Dónde se encuentra su casa?

____

____

____

Nombre ______________________ Fecha ____________

Unidad 4
CUADERNO DEL LECTOR

Como un salto de campana
Sección 1
Lectura independiente

En las siguientes páginas conocemos a Pancho, el nieto de don Pachi, que se encuentra de vacaciones con sus padres. Pancho desea escribirle a su abuelo, que vive lejos, pero debe mandar un mensaje breve porque no tiene dinero. Lee las páginas 11 a 14 y escribe la carta que le escribiría Pancho a su abuelo si pudiera enviar un mensaje más largo, en el que se describa el lugar donde está y cómo se siente.

____

____

____

____

____

____

____

____

____

____

Nombre ______________________ Fecha ____________

Escribir entradas de un diario

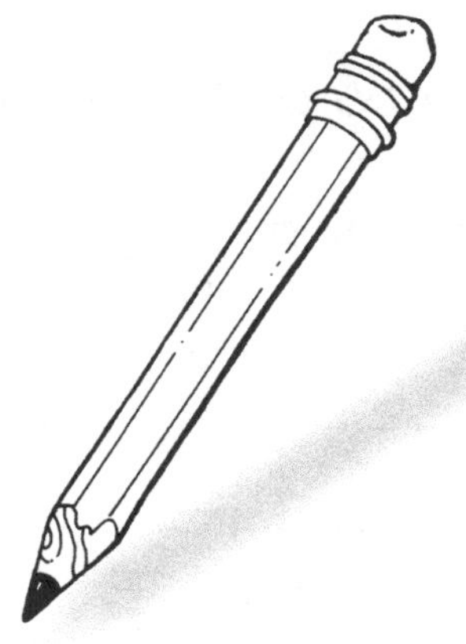

En las páginas 16 a 32, el autor nos da más información sobre los personajes del abuelo Pachi y de Pancho, y conocemos dos nuevos personajes: Kurt y don Amador. ¿Cómo son sus días y qué cosas les ocurren? Describe lo que vive cada uno de estos personajes en estas páginas como si fueras cada uno de ellos. Concéntrate en los sucesos que viven y cómo se sienten los personajes.

Querido diario:

____

____

____

____

____

____

____

____

____

____

Pancho

Nombre ______________________ Fecha __________

Como un salto de campana
Sección 1
Lectura independiente

Querido diario:

____
____
____
____
____
____
____

Don Pachi

Querido diario:

____
____
____
____
____

Kurt

Querido diario:

____
____
____

Don Amador

Nombre ______________________ Fecha __________

Como un salto de campana
Sección 2
Lectura independiente

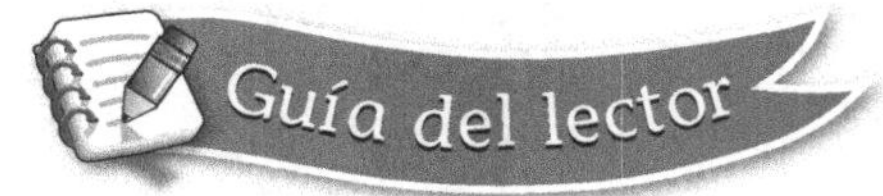

Como un salto de campana

Recuerdos

El día que Pancho recibe el paquete de su abuelo, comienzan a suceder cosas maravillosas. Usa evidencia del texto de las páginas 38 a 46 para responder las siguientes preguntas.

¿Qué contiene el paquete que recibe Pancho?

____

____

¿Por qué no quiere Pancho que sus padres vean el gorro?

____

¿Por qué los ojos de su mamá brillaron de risa en llanto al verlo?

____

____

¿Qué cosas recordó con nostalgia la mamá de Pancho?

____

____

Además de los recuerdos de la vida cotidiana, la mamá de Pancho recuerda fenómenos extraños. ¿Cuáles son esos fenómenos?

____

____

Nombre ______________________ Fecha __________

Se acerca la Navidad y tanto en Chiloé como en Alemania se realizan celebraciones. Elige una de las dos formas de celebración y escribe un artículo periodístico donde se informe a los lectores sobre las características del evento.

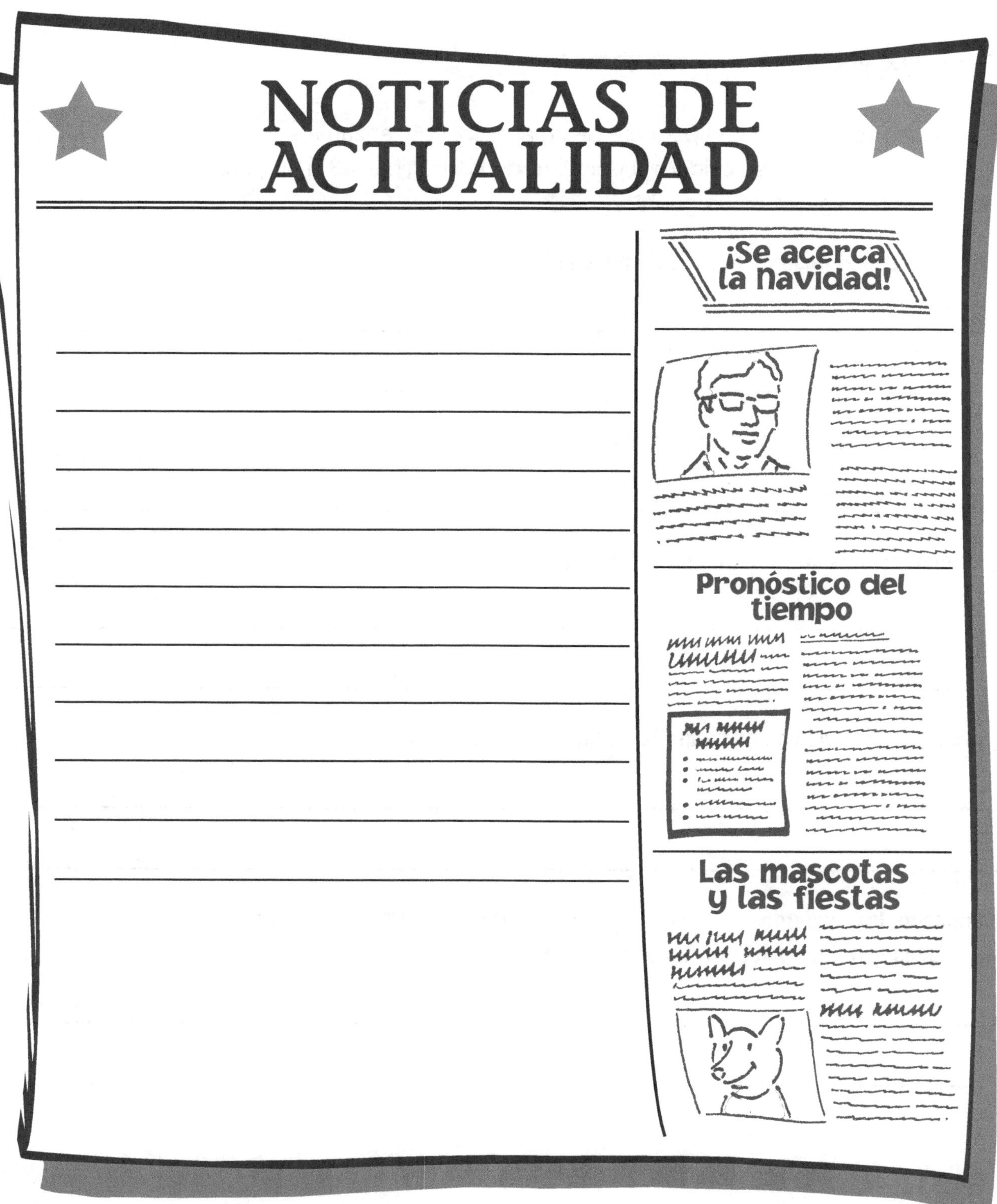

Nombre ______________________ Fecha ____________

Escribir postales

A medida que el abuelo Patricio se interna en su excursión al bosque con don Florencio y su asistente, ¿qué cosas suceden? ¿Qué cosas piensa el abuelo? Imagina que el abuelo le escribe una postal a Pancho. Escribe sobre su experiencia en el bosque como si fueras el abuelo.

Querido Pancho:

____

____

____

____

____

____

____

____

____

____

____

Con cariño,
tu abuelo Pachi

32¢

Pancho
Alemania

Nombre ______________________ Fecha ____________

Lee las páginas 60 a 62 para describir la visita de Pancho a Legolandia. Escribe la experiencia en otra postal que le escriba Pancho a su abuelo.

Querido abuelo:

____

____

____

____

____

____

____

____

____

____

____

Con cariño,
Pancho

32¢

Don Patricio
Chiloé

Nombre ______________________________ Fecha ____________

Preparar una presentación de diapositivas

Imagina que te piden que prepares una presentación de diapositivas interesante sobre el viaje por mar de la casa del abuelo. Usa palabras e ilustraciones para responder la pregunta de cada título. Consulta el texto de las páginas 70 a 77 como ayuda.

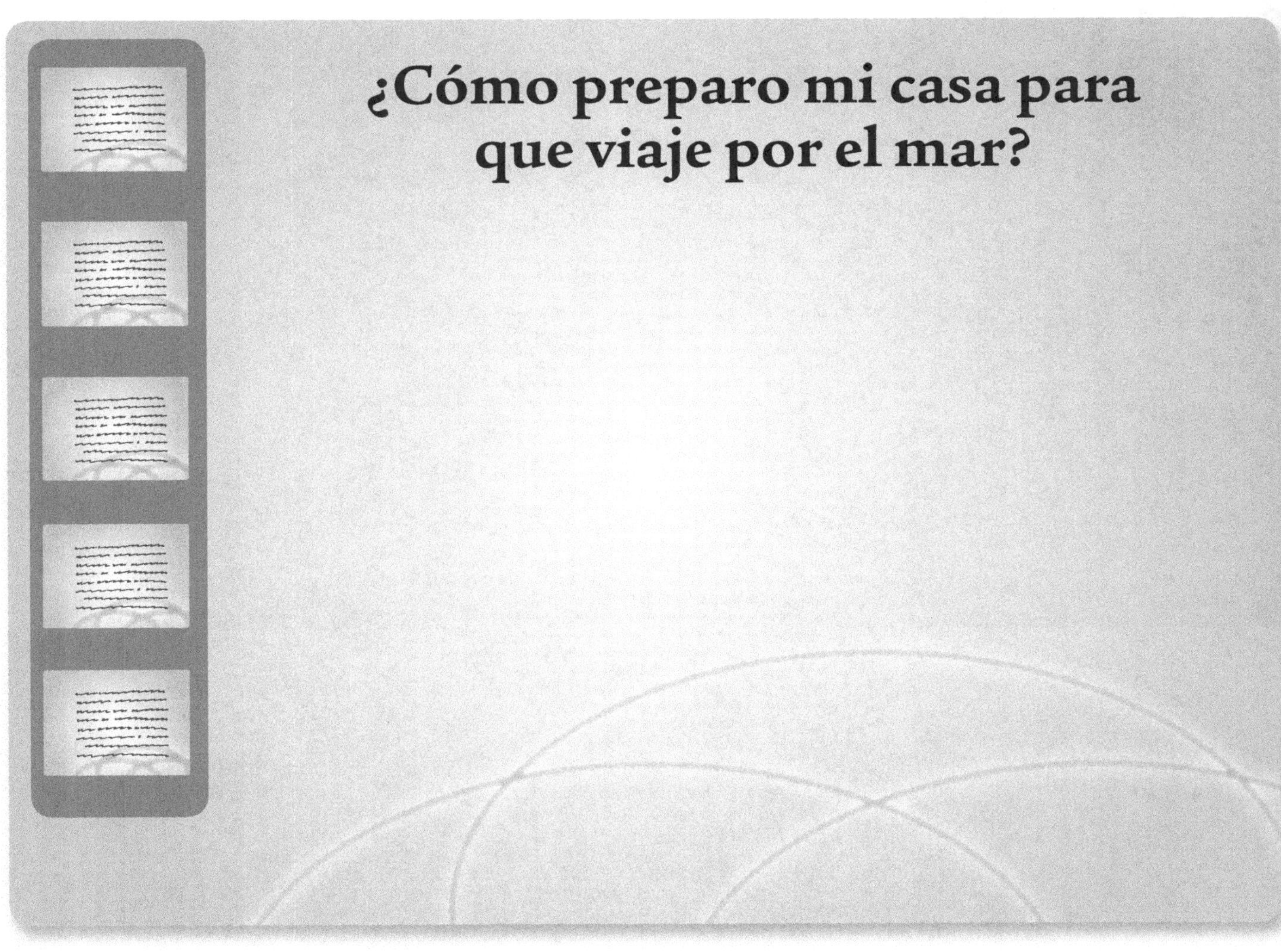

¿Cómo preparo mi casa para que viaje por el mar?

Nombre _______________ Fecha _______

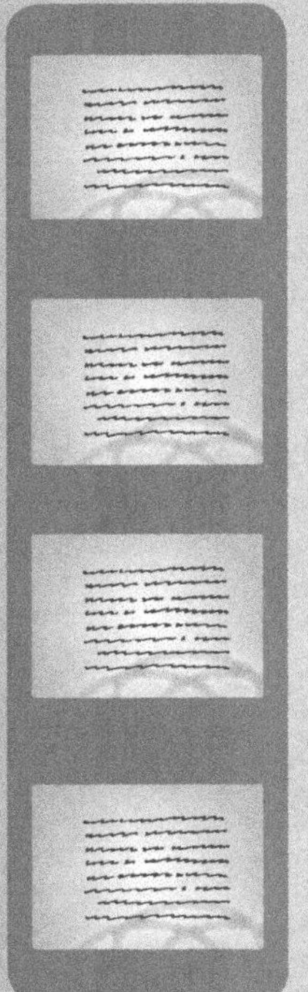

¿Cómo hago para que mi casa viaje por el mar?

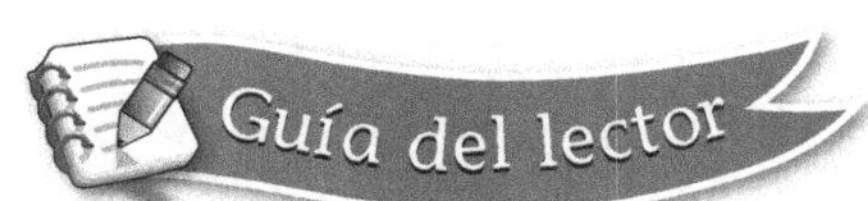

Como un salto de campana

Haz un dibujo

Kurt, el descendiente de alemanes que habla castellano, viaja a Alemania para conocer la tierra de sus orígenes y llevar a Pancho, el descendiente de chilenos que habla alemán, a conocer la tierra de los suyos. Usa detalles del texto de las páginas 79 a 85 para hacer un dibujo de lo que espera ver y conocer Kurt en Alemania, y otro dibujo de las tierras lejanas y extrañas donde vive el abuelo que se imagina Pancho. Luego, escribe una breve descripción de cada uno.

____

____

Nombre ______________________ Fecha ____________

Entrevista con alemanes y chilenos

Imagina que un entrevistador quiere saber más sobre cómo se sienten Kurt y Pancho con respecto a sus nacionalidades de origen. Usa el texto de las páginas 79 a 85 para ayudarlos a contestar las preguntas de la entrevista.

¿De dónde vienen sus padres? ¿Dónde nacieron? ¿Qué idioma hablan?

Kurt: ______________________________

____

Pancho: ______________________________

____

¿Ustedes son emigrantes?

Kurt: ______________________________

____

Pancho: ______________________________

____

¿Se sienten bien en el lugar que les tocó vivir?

Kurt: ______________________________

____

Pancho: ______________________________

____

Nombre ______________________________ Fecha ____________

Comparar y contrastar

En las páginas 86 a 104, Pancho llega a Chile y comienza a conocer el país y su gente. Haz una tabla en la que marques si las características que nota Pancho de su vida en Alemania y en Chiloé son iguales o diferentes. Luego respalda tus respuestas con evidencia del texto.

Mi vida en Alemania	Igual en Chile	Diferente en Chile	Evidencia del texto
la cama			
la rutina diaria			
la moda			
la estación del año			

Nombre ____________________ Fecha ____________

¡Qué recepción!

Lee las páginas 86 a 96. Describe la recepción que los pueblos de Achao y de Curaco de Vélez le hacen a Pancho. En el recuadro vacío, haz un dibujo de cómo te imaginas la recepción que vio Pancho desde la avioneta al llegar.

¡Llegada a Chiloé!

¿Dónde desciende el avión?

____
____
____
____
____
____
____

¿Cómo organizan la bienvenida los dos pueblos?

____
____
____
____
____
____
____
____

¿Por qué se peleaban los dos pueblos? ¿Qué hicieron los dos pueblos al enterarse de la visita de Pancho?

____
____
____
____
____
____

Nombre ______________________ Fecha ____________

Como un salto de campana

Haz una lista

En las páginas 105 a 109, los padres de Pancho reciben su carta desde Chiloé. Usa evidencia del texto para hacer una lista de las características y vivencias nuevas que descubre Pancho viviendo en Chiloé. Escribe desde el punto de vista de Pancho.

Experiencias nuevas al vivir en Chiloé

- ____
  ____
- ____
  ____
- ____
  ____
- ____
  ____
- ____
  ____

Nombre ______________________ Fecha ____________

Escribe una carta

Los padres de Pancho han tomado la decisión de volver a vivir a Chile. Vuelve a leer las páginas 110 a 112 e imagina cómo le cuentan a Pancho sus padres la decisión que han tomado. Escribe un correo electrónico a Pancho como si sus padres hubieran decidido contarle la noticia antes y le escriben desde Alemania.

Nuevo mensaje

De: **Vati y Mutti**

Para: **Pancho**

Asunto: **Novedades increíbles**

____

____

____

____

____

____

____

____

Nombre ______________________ Fecha ____________

¡La fiesta del Caguache!

En las páginas 114 a 120, Pancho tiene la posibilidad de vivir la festividad del Caguache. Completa una línea cronológica con los hechos que se van sucediendo en esta festividad.

Nombre ______________________ Fecha ____________

Una festividad especial

Para Pancho, la fiesta del Caguache es una celebración especial, ya que en Alemania no se celebra. Usa la línea cronológica para recordar los diferentes momentos de la fiesta y el relato del abuelo en cada uno de ellos. Resume de qué trata cada uno de los relatos que le cuenta.

Momento de la festividad	Relato	Resumen del relato
Preparación de la procesión	Relato del Nazareno del templo	
Al sacar al Nazareno de la iglesia	Relato del origen del Nazareno	
En la competencia de chalupas	Relato de los patronos de las islas	
Durante la procesión	Relato de las luchas y la hermandad de las islas	

Ahora imagina qué regalo podrían hacerle los habitantes de Caguache a Pancho antes de regresar a su casa con el abuelo. Escríbelo en el recuadro.

Nombre ______________________ Fecha __________

Notas de la experiencia de Pancho

Pancho comparte su experiencia y sus sentimientos durante la fiesta del Nazareno en Caguache. Usa evidencia del texto para imaginar cómo respondería Pancho las preguntas.

Lee las páginas 114 y 115. ¿Cómo se siente Pancho al saber que viajará en chalupa por primera vez? ¿Qué le ocurre después?

____

____

____

Lee la página 115. ¿Cambia de opinión Pancho con respecto a viajar con otras personas?

____

____

Lee la página 116. ¿Por qué Pancho se queda callado cuando el abuelo le cuenta la historia del Nazareno?

____

____

Lee las páginas 117 y 118. ¿Por qué las palabras del abuelo sobre la competencia de chalupas resultaron sabias?

____

____

____

Lee las páginas 119 y 120. ¿Por qué el sueño de Pancho se transforma en pesadilla? ¿Por qué se sintió mejor?

____

____

____

Nombre ______________________________ Fecha ____________

Crea la portada de un libro y el índice

Imagina que Pancho escribe un libro sobre su experiencia en Caguache. Piensa en los distintos momentos de la fiesta y los relatos. Diseña una portada interesante y piensa en un buen título. Luego escribe un índice que incluya al menos cinco capítulos.

Como un salto de campana

Haz un dibujo y rotúlalo

Imagina que eres Pancho y estás viviendo en Santiago. Consulta las páginas 121 a 128 para repasar las diferencias que hay entre las diferentes ciudades donde vivió Pancho. Haz un dibujo de las ciudades y rotúlalas para describirlas.

Nombre ______________________ Fecha __________

Un premio para Pancho

En el Capítulo 3 de la segunda parte del libro, Pancho cuenta cómo comienza a vivir en Chile y cómo se adapta a su nueva escuela y los desafíos que se le presentan. Imagina que deciden darle un premio a Pancho por sus esfuerzos y sus aportes a la escuela y sus compañeros. Escribe el discurso que daría el director de la escuela al otorgarle el premio a Pancho.

Nombre _______________________ Fecha ____________

Entrevistas con los personajes

Imagina que tienes la oportunidad de entrevistar a algunos de los personajes del libro. Consulta las páginas 121 a 142 para responder las preguntas. Responde las preguntas desde el punto de vista de Pancho, del papá de Pancho y del abuelo.

ENTREVISTA A PANCHO

Hace poco que vives aquí. ¿Te gusta Chile? ¿Es muy diferente de donde vivías en Alemania?

____

____

____

¿Qué cosas buenas te han pasado en Chile? ¿Qué cosas no te han gustado tanto?

____

____

____

____

Hiciste una promesa. ¿De qué se trata?

____

____

____

ENTREVISTA AL PAPÁ DE PANCHO

Cuando viajó a Valparaíso se sintió alegre y triste a la vez. ¿Por qué?

____

____

¿Cómo fueron los primeros tiempos en Santiago?

____

____

____

¿Cómo se resolvió todo finalmente?

____

____

____

ENTREVISTA AL ABUELO DON PATRICIO

Usted quiere mucho a su nieto y a su hija. ¿Por qué no los visita más seguido?

____

____

Su nieto le contó los problemas que tenía su papá para establecerse
en Chile. ¿Qué hizo usted para ayudarlo?

____

____

La última vez que se vieron, usted prometió algo. ¿Qué es lo que prometió?

____

____

Nombre ______________________ Fecha __________

Guía del lector

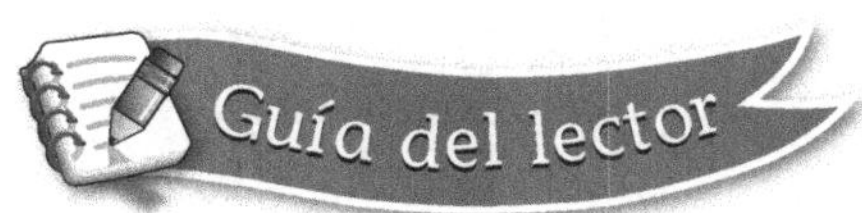

Sola en el universo

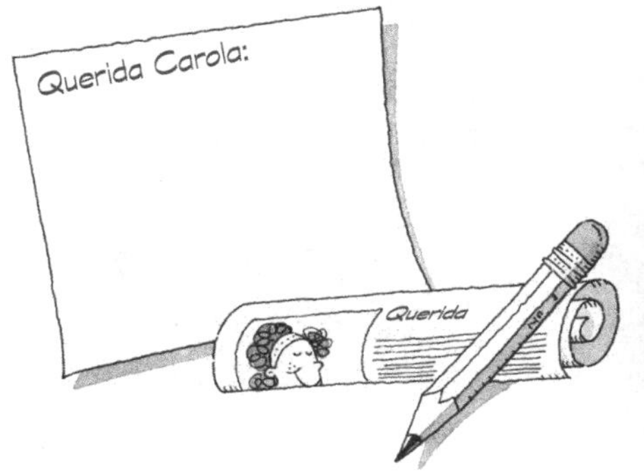

Escribir una columna de consejos

En este cuento, Carola se siente triste cuando su mejor amiga Maureen se hace amiga de otra niña. Imagínate que Carola está escribiendo una columna de consejos sobre la amistad para el periódico de la escuela. Usa ejemplos del texto para ayudar a Carola a responder a las preguntas de los lectores.

Lee las páginas 616 y 617. Luego escribe una respuesta desde el punto de vista de Carola.

Querida Carola:

Mi mejor amiga y yo vamos siempre al parque de diversiones juntas. Este año quiero invitar a una amiga nueva que hice en el campamento para que venga con nosotras. ¿Crees que es una buena idea?

Excursionista Curiosa

Querida Excursionista Curiosa:

____

____

____

____

Saludos,
Carola

Nombre ______________________________ Fecha ____________

Sola en el universo
Lectura independiente

Lee la página 619. Luego escribe una respuesta desde el punto de vista de Carola.

Querida Carola:

Tengo una nueva amiga de mi equipo de fútbol. Siempre invito a mi mejor amiga, pero está muy callada cuando está con nosotras. No estoy segura de lo que está pasando. ¿Alguna idea?

Estrella del Fútbol

Querida Estrella del Fútbol:

____

____

____

____

____

____

____

Saludos,

Carola

Nombre ______________________ Fecha ____________

Sola en el universo
Estrategias de vocabulario:
Relaciones entre las palabras

Relaciones entre las palabras

Determina la relación entre palabras para cada par de palabras. Luego escribe el par de palabras en la columna correcta de la tabla.

zanahoria/vegetal pájaro/bandada cumpleaños/celebración apagón/oscuridad cuento/narración harina/pan galgo/perro gimnasta/atleta martillo/herramienta huracán/daño pierna/cuerpo/miembro/grupo meseta/accidente geográfico leer/aprender camisa/ropa éxito/felicidad cantante/coro volante/carro sed/beber hilo/tela

Causa/Efecto	Parte/Todo	Ítem/Categoría

Nombre ______________________ Fecha ____________

Sola en el universo
Ortografía: Palabras con prefijos *a-, ante-, anti-*

Palabras con prefijos *a-, ante-, anti-*

Básicas Escribe la Palabra básica que mejor completa el grupo.

1. afuera, distante, ____________
2. dormitorio, sala, ____________
3. cubertura, disfraz, ____________
4. tirar, lanzar, ____________
5. cruzamos, traspasamos, ____________
6. distinto, raro, ____________
7. solitario, callado, ____________
8. adivinar, prever, ____________
9. abuelo, bisabuelo, ____________
10. primero, antes, ____________
11. disgusto, desagrado, ____________

Avanzadas Escribe un editorial para el periódico de la escuela comparando los candidatos para presidente de la clase. Incluye algunas de tus opiniones. Usa tres de las Palabras avanzadas. Escribe en una hoja aparte.

Palabras de ortografía

1. abrazar
2. alejada
3. antecámara
4. antecedente
5. antecesor
6. antemano
7. anteriores
8. antepasado
9. anterioridad
10. anticipar
11. anticipación
12. antifaz
13. antipatía
14. anormal
15. antisocial
16. aplastando
17. apolítico
18. apoyada
19. arrojar
20. atravesamos

Avanzadas

anaerobio
antepenúltima
antiaéreo
antirreglamentario
antiséptico

Clasificación de palabras

Sola en el universo
Ortografía: Palabras con prefijos *a-, ante-, anti-*

Básicas Escribe las Palabras básicas en la hilera que corresponde.

Prefijo *a-*	______ ______ ______ ______
Prefijo *ante-*	______ ______ ______ ______
Prefijo *anti-*	______ ______ ______ ______

Avanzadas Agrega las Palabras avanzadas a tu tabla de Clasificación.

Palabras de ortografía

1. abrazar
2. alejada
3. antecámara
4. antecedente
5. antecesor
6. antemano
7. anteriores
8. antepasado
9. anterioridad
10. anticipar
11. anticipación
12. antifaz
13. antipatía
14. anormal
15. antisocial
16. aplastando
17. apolítico
18. apoyada
19. arrojar
20. atravesamos

Avanzadas
anaerobio
antepenúltima
antiaéreo
antirreglamentario
antiséptico

Nombre ______________________ Fecha ____________

Sola en el universo
Ortografía: Palabras con prefijos *a-, ante-, anti-*

Corregir la ortografía

Lee el párrafo y encierra en un círculo todas las palabras mal escritas. Escribe las palabras correctamente en las líneas de abajo.

La antesipación de Alana de participar en el concierto de la escuela era hanormal. Tal vez era porque era la primera vez que cantaría en público este año. Ya le había ocurrido esto con antiriorida. Alana tenía antipatia y miedo de presentarse ante una audiencia. La gente creía que ella era entisosial, pero no era cierto. Su amiga hasta le había sugerido que usara un antifas. Alana descartó esa solución. En conciertos de años hanteriores se había escondido detrás de una muchacha más alta para que nadie la viera. Ya le había advertido de antimamo de su problema a la directora del coro. "¡Qué dilema!", dijo ella. "Creo que hay un antesedente a esta situación. Déjame pensar". La solución sugerida fue que en lugar de antesipar una experiencia desagradable al subir al escenario, Alana tenía que respirar profundamente e imaginarse que estaba en su lugar preferido, sonreír y cantar con todo gusto. Esa fue una sugerencia perfecta. Alana perdió el miedo y gozó del concierto, que fue ¡fabuloso!

1. ______________ 6. ______________

2. ______________ 7. ______________

3. ______________ 8. ______________

4. ______________ 9. ______________

5. ______________ 10. ______________

Palabras de ortografía

1. abrazar
2. alejada
3. antecámara
4. antecedente
5. antecesor
6. antemano
7. anteriores
8. antepasado
9. anterioridad
10. anticipar
11. anticipación
12. antifaz
13. antipatía
14. anormal
15. antisocial
16. aplastando
17. apolítico
18. apoyada
19. arrojar
20. atravesamos

El gerundio

El **gerundio** es una forma del verbo que no indica persona, número, modo ni tiempo. Para formar el gerundio se debe agregar *-ando, -iendo* o *-yendo* a la raíz del verbo. El gerundio expresa simultaneidad con respecto a la acción del verbo principal de la oración.

gerundio terminado en *-ando*
Miguel se distrae mirando películas.

gerundio terminado en *-iendo*
Marta salió corriendo.

gerundio terminado en *-yendo*
Juan pasó la tarde leyendo.

Pregunta para reflexionar
¿El gerundio varía según el tiempo verbal, la persona o el número?

Actividad Vuelve a escribir las oraciones con el gerundio del verbo que está entre paréntesis.

1. Festejamos el cumpleaños de mi mamá (comer) en familia.

____

2. Resolvimos nuestras diferencias (conversar).

____

3. Lucía se divierte (bailar) en la sala.

____

4. (Creer) que era muy tarde, Federico se apuró todo lo que pudo.

____

5. (Tener) en cuenta el frío que hace, me parece mejor que nos quedemos en casa.

____

6. Logré entender el tema de matemáticas (practicar) mucho.

____

Nombre ______________________ Fecha ____________

Sola en el universo
Gramática: El gerundio

Estar + gerundio

Junto con el verbo auxiliar *estar*, el gerundio describe acciones continuas que ocurren en el presente, en el pasado, en el futuro o acciones continuas que son hipotéticas.

Para indicar una acción continua en el presente
Mi papá está preparando la cena

Para indicar una acción continua en el pasado
Estuve estudiando mucho la semana pasada.

Para indicar una acción continua en el futuro
El sábado a esta hora estaré viajando a Nueva York.

Para indicar una acción continua que es hipotética
Si no lloviera, ahora estaría yendo al parque.

Preguntas para reflexionar
¿El verbo describe una acción continua? ¿En qué tiempo ocurre esta acción?

Actividad Vuelve a escribir las oraciones cambiando el verbo subrayado a la forma de *estar* + gerundio que se indica entre paréntesis.

1. Maureen dijo que ella leyó la reseña de una película muy interesante. (pasado)

   ____

2. Se preguntaba si yo la quería ver con ella. (pasado)

   ____

3. Le dije que yo también planeaba ver una película esta noche. (pasado)

   ____

4. En el noticiero dicen que lloverá esta noche. (presente)

   ____

5. Esperamos unos minutos antes de salir al cine. (pasado)

   ____

6. Pensamos que llovería al salir del cine. (hipotética)

   ____

Usar tiempos verbales correctos

Sola en el universo

Gramática: El gerundio

Cuando conjugas verbos con *estar* + gerundio, debes tener en cuenta las marcas de temporalidad que haya en la oración para elegir el **tiempo correcto.** Para saber cuál es el tiempo verbal correcto, debes fijarte si la acción ocurre en el presente, el pasado o el futuro.

Los Martínez estuvieron organizando sus vacaciones el mes pasado.

Ahora están armando las maletas.

El próximo sábado, los Martínez estarán volando a París.

Pregunta para reflexionar
¿La oración se refiere a una acción que ocurre en el presente, el pasado o el futuro?

Actividad **Vuelve a escribir las oraciones cambiando el verbo subrayado al tiempo correcto de *estar* + gerundio.**

1. María ahora piensa en viajar con ellos.

   ____

2. La semana pasada, María habló con sus amigos sobre el viaje.

   ____

3. Les contó cuáles eran sus planes.

   ____

4. En este momento, María toma una decisión.

   ____

5. Mañana, los Martínez harán preparativos todo el día.

   ____

6. Pronto, disfrutarán de sus vacaciones.

   ____

Nombre ______________________ Fecha ______________

Pronombres correctos

Sola en el universso

Gramática: Repaso frecuente

Pronombres de sujeto	**Nosotros** disfrutaremos los viajes de carnaval.
Pronombres de complemento	Maureen **me** pidió que fuera con ellos y la llevara a mi mamá.
Pronombres demostrativos	**Este** es el primer año que viajará sola.
Pronombres indefinidos	**Todos** queremos ver a **alguien** vestido de payaso.
Pronombres reflexivos	Él no **se** asustó con el payaso.

1 a 6. Observa los pronombres subrayados de las oraciones. Escribe el tipo de pronombre en la línea.

1. Todos irán al carnaval. ______________
2. Ese es el lugar donde iremos a cabalgar y a jugar. ______________
3. Mi hermano se quiere ganar el premio. ______________
4. Había una gorra en juego. Me dijeron que ya se la habían ganado. ______________
5. Él todavía no sabe lo que estoy haciendo. ______________
6. Me encanta sorprender a alguien con un regalo. ______________

7 y 8. Reemplaza todos los pronombres poco claros. Escribe la nueva oración en la línea.

7. El viaje del barco pirata es apasionante por la manera en que estos se balancean hacia atrás y hacia adelante.

____

____

8. Él ganó un osito de peluche y un anillo de plástico, pero no sabe qué hacer con esos.

____

____

Conectar con la escritura

Tiempos verbales incorrectos	Mientras estamos caminando cerca del río, ella está sonriendo. Le pregunté de qué se rió.
Tiempos verbales correctos	Mientras estábamos caminando cerca del río, ella estaba sonriendo. Le pregunté de qué se reía.

Corrige la frase verbal subrayada. Vuelve a escribir la oración en la línea.

1. Yo me estaba riendo y subiendo a todas las atracciones, pero no estoy disfrutando.

___

___

2. Ellos estarán yendo de vacaciones juntos, y yo me estaba quedando en casa.

___

___

3. Conozco a Maureen hace ocho años, pero solo he estado conociendo a Glenna hace seis semanas.

___

___

4. Estaba yendo al río. ¿Vienes conmigo?

___

___

5. He estado intentando ahorrar dinero, pero en su lugar lo he gastado.

___

___

6. Me alegra ver que Maureen se estaba bajando del auto.

___

___

Nombre ______________________ Fecha ____________

Lección 21
CUADERNO DEL LECTOR

Sola en el universso
Escritura: Escritura argumentativa

Punto de enfoque: Voz

Mostrar en lugar de decir

Dice la emoción	Muestra la emoción
Me siento mal.	Mi cabeza era como un clavo que acaban de martillar en la pared.

Vuelve a escribir las oraciones para mostrar las emociones.

Dice la emoción	Muestra la emoción
Se sentía emocionado.	
Estábamos muy tristes.	
Me sentía nerviosa.	
Estaban muy felices.	
Estaba muy ansiosa.	

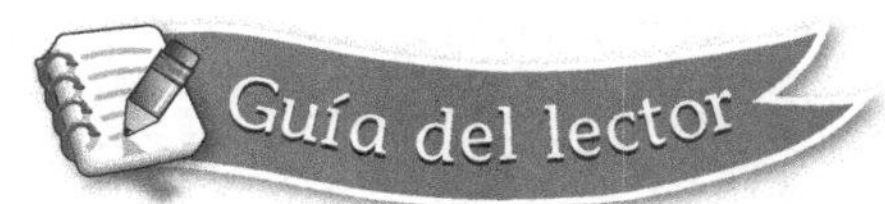

Los primeros en volar: Cómo Wilbur y Orville Wright inventaron el avión

Hacer una línea cronológica

El texto de *Los primeros en volar* se encuentra estructurado según el orden de secuencia. Lee los pasajes del texto indicados en cada parte de la línea cronológica. Completa la línea cronológica con los acontecimientos clave que llevaron al primer vuelo tripulado y a motor.

Primavera-otoño de 1900	**Resume los sucesos de las páginas 644 y 645.**
Julio 1901	**Resume los sucesos del quinto párrafo de la página 646.**
9 de agosto de 1901	**Resume los sucesos del tercer párrafo de la página 647.**

1902	**Resume los sucesos de la página 648.** ______________________________ ______________________________ ______________________________
1902	**Resume los sucesos de la página 649.** ______________________________ ______________________________ ______________________________
14 de diciembre de 1903	**Resume los sucesos del tercer párrafo de la página 651.** ______________________________ ______________________________ ______________________________
17 de diciembre de 1903	**Resume el pie de foto de la página 652.** ______________________________ ______________________________ ______________________________

Según la información que encontraste, ¿qué conclusiones puedes sacar sobre el proceso que llevó al primer vuelo tripulado y a motor?

____

____

____

Denotación y connotación

Elige una palabra del recuadro para completar cada oración. Luego, encierra en un círculo + o – para indicar si la palabra tiene una connotación positiva o negativa.

barato	casucha	antigua	anticuada
económico	casa	sonrisa	mueca

1. Estás invitado a venir a mi _______________ cuando quieras.

   \+ –

2. El juguete era _______________ y no duró mucho.

   \+ –

3. Esa cortina _______________ queda muy mal junto con los muebles nuevos.

   \+ –

4. Pedro hizo una _______________ después de hacerle una broma a su hermano.

   \+ –

5. A Jenny se le dibujó una gran _______________ en el rostro cuando supo que su mejor amigo había ganado el concurso.

   \+ –

6. Conseguí un regalo _______________ para mi hermana.

   \+ –

7. Esa _______________ que está cerca del bosque no parece segura.

   \+ –

8. Mi abuela cuida mucho su vajilla _______________

   \+ –

Nombre ______________________ Fecha ______________

Los primeros en volar
Ortografía: Palabras agudas y graves con y sin tilde

Palabras agudas y graves con y sin tilde

Básicas Escribe la Palabra básica que mejor responde a la clave.

1. se inhala al respirar ______________
2. un vehículo que vuela ______________
3. el peso liviano de algo ______________
4. sirve para guiar un barco ______________
5. el que conduce un avión ______________
6. tenían ideas ______________
7. un envase ______________
8. con tres patas de apoyo ______________
9. lo rápido o lento que se mueve algo ______________
10. un órgano del cuerpo que se usa para oler ______________

Avanzadas Estás recolectando dinero para un fondo de ayuda a las víctimas de un desastre. Escribe una carta al editor del periódico local o la red de internet explicando la causa por la que estás trabajando. Usa por lo menos tres de las Palabras avanzadas. Escribe en una hoja aparte.

Palabras de ortografía

1. aire
2. allí
3. avión
4. carácter
5. difícil
6. frasco
7. ingravidez
8. nariz
9. oficial
10. pensaban
11. piloto
12. preguntó
13. probar
14. récord
15. señal
16. timón
17. tripié
18. trizas
19. velocidad
20. vertical

Avanzadas

ahuyentarlos
oyó
recubrimiento
totalidad
diagrama

Nombre ______________________ Fecha ____________

Los primeros en volar
Ortografía: Palabras agudas y graves con y sin tilde

Clasificación de palabras

Básicas Escribe las Palabras básicas en la hilera que corresponde.

Palabras agudas con tilde	______ ______
Palabras agudas sin tilde	______ ______ ______
Palabras graves con tilde	______
Palabras graves sin tilde	______ ______ ______

Avanzadas Agrega las Palabras avanzadas a tu tabla de Clasificación.

Palabras de ortografía

1. aire
2. allí
3. avión
4. carácter
5. difícil
6. frasco
7. ingravidez
8. nariz
9. oficial
10. pensaban
11. piloto
12. preguntó
13. probar
14. récord
15. señal
16. timón
17. tripié
18. trizas
19. velocidad
20. vertical

Avanzadas
ahuyentarlos
oyó
recubrimiento
totalidad
diagrama

Nombre ______________________ Fecha ____________

Lección 22
CUADERNO DEL LECTOR

Corregir la ortografía

Los primeros en volar
Ortografía: Palabras agudas y graves con y sin tilde

Lee el párrafo y encierra en un círculo todas las palabras mal escritas. Escribe las palabras correctamente en las líneas de abajo.

Pedro se despertó en un lugar que no reconocía. Sintió el arie cálido del mediodía y notó que tenía arena en la naris. Se preguto dónde estaba. Miró a su alrededor y se dio cuenta de que estaba en una isla. Las rocas formaban una línea bertical a unos pies de la orilla del mar. De pronto recordó que él y su tío Ramón volvían de un paseo en un avion pequeño. El priloto había perdido el control de la nave porque un motor había dejado de funcionar. Hizo una comunicación ofizial a la torre de control del aeropuerto más cercano y de pronto sintió que iban perdiendo belosidad. Era difizil recordar lo ocurrido pero se dio cuenta de que habían aterrizado allí, en esa isla. Vio las alas del avión hechas trisas. Quiso porbar si podía pararse y lo logró. A lo lejos escuchó la voz de su tío y del piloto llamando su nombre. Afortunadamente, se habían salvado los tres. El piloto encontró una senial de bengala y la lanzó. Unas horas más tarde, cuando pensavan que nadie la había visto, llegó el rescate y volvieron cansados pero a salvo.

Palabras de ortografía

1. aire
2. allí
3. avión
4. carácter
5. difícil
6. frasco
7. ingravidez
8. nariz
9. oficial
10. pensaban
11. piloto
12. preguntó
13. probar
14. récord
15. señal
16. timón
17. tripié
18. trizas
19. velocidad
20. vertical

1. ______________________
2. ______________________
3. ______________________
4. ______________________
5. ______________________
6. ______________________
7. ______________________
8. ______________________
9. ______________________
10. ______________________
11. ______________________
12. ______________________
13. ______________________

Las citas textuales

Las **citas textuales** indican las palabras exactas que dice una persona. Debes colocar las citas textuales entre **comillas**.

"Quiero ir al parque", dije.
Lance dijo: "Eres mi mejor amigo".

Pregunta para reflexionar
¿Qué palabras expresan exactamente lo que dice la persona que habla?

Actividad Agrega comillas a las siguientes oraciones.

1. Tenemos mucho que estudiar , dijo Liz.
2. Volemos en marzo , dijo Milo.
3. Entonces sugerí: Podemos ir al parque acuático .
4. Creo que es una buena idea , contestó Kate.
5. Ella dijo: Hay un tobogán de agua de diez pisos de alto.
6. Yo grité: ¡Eso suena aterrador, pero divertido!.
7. Puedes ir si sacas una A en ciencias , dijo mi mamá.
8. Estoy tan emocionado de volar en avión , dije.

Nombre ______________________ Fecha ____________

El uso de las comillas

Los primeros en volar
Gramática: Puntuación y citas

Recuerda que las citas textuales se encierran entre **comillas.** Si antes de una cita hay un verbo, debes colocar dos puntos después del verbo. Si el verbo de habla está después de la cita, debes colocar una coma después de la cita. La primera palabra de la cita se escribe con letra mayúscula; los signos de puntuación final quedan fuera de las comillas.

verbo antes de la cita

Entonces vio el perro y dijo: "Tengo ganas de tener una mascota".

verbo después de la cita

"Tener un perro implica mucho trabajo", le contestó.

Preguntas para reflexionar
¿El verbo está antes o después de la cita? ¿Dónde se colocan las comillas con respecto a la puntuación final?

Actividad Vuelve a escribir las oraciones y agrega los signos de puntuación que faltan.

1. Adónde vamos preguntó Leighann.

   ____

2. Brooks se dirigió a Audree y le dijo Escuchemos la nueva canción.

   ____

3. Charlie preguntó visitaste la exposición de aviación en el museo

   ____

4. Cuánto hace que está preguntó Charlie.

   ____

5. No olvides comprar unos plátanos en el supermercado sugirió Richard.

   ____

6. Vas al parque preguntó Andrea esperanzada.

   ____

La puntuación en los elementos no restrictivos/parentéticos

Debes escribir entre comas los **elementos no restrictivos**, que presentan información que no es esencial. Los **elementos parentéticos** van entre paréntesis o guiones largos.

elemento no restrictivo

Esperar un día más, un martes de lluvia, hizo toda la diferencia.

elemento parentético

El último vuelo de Wilbur del año 1903 alcanzó los 852 pies (260 metros).

Los hermanos tenían alrededor de treinta años —Wilbur, 36 y Orville, 32— cuando hicieron su vuelo histórico.

Preguntas para reflexionar

¿La palabra o frase es esencial para el significado de la oración? ¿Brinda más información sobre una parte de la oración?

Actividad **Vuelve a escribir las oraciones y usa comas, guiones largos o paréntesis para organizar la información adicional.**

1. El motor un motor hecho a medida fue lo que hizo que los vuelos de los hermanos Wright fueran históricos.

   ____

   ____

2. Continuaron mejorando su avión y establecieron récords de vuelo 2 horas y 19 minutos en 1908.

   ____

   ____

3. Los hermanos hicieron muchas pruebas en Francia el récord de 1908 se alcanzó allí.

   ____

   ____

Nombre ______________________ Fecha ______________

Lección 22
CUADERNO DEL LECTOR

Más pronombres correctos

Los primeros en volar
Gramática: Repaso frecuente

Demostrativos	**Éste** es el primer carnaval del verano.
Indefinidos	**Alguien** está disfrazado de payaso.
Interrogativos	¿**Quién** viaja a Alaska con nosotros?
Reflexivos	El piloto **se** preguntó si el avión estaba listo para despegar.

1 a 5. Escribe *demostrativo* o *indefinido* para describir el pronombre subrayado.

1. Todos en el pueblo van a ir al carnaval. ______________________
2. Eso es lo que haremos cuando lleguemos al parque. ______________________
3. Mi hermano quiere ganarse algo. ______________________
4. Espero que se gane éstos. ______________________
5. ¡Nada es tan divertido como la montaña rusa! ______________________

6 a 10. Escribe *interrogativo* o *reflexivo* para describir el pronombre subrayado.

6. ¿Quién escribió ese libro sobre la historia de los aviones? ______________________
7. ¿Quién me puede enseñar a volar? ______________________
8. ¿Ya te cepillaste los dientes? ______________________
9. ¿Qué habré hecho con las llaves? ______________________
10. ¡Nos comimos toda la pizza! ______________________

Nombre ______________________ Fecha ___________

Conectar con la escritura

Citas escritas incorrectamente	"Nunca antes había volado dijo Cindy".
Citas escritas correctamente	"Nunca antes había volado", dijo Cindy.
Elementos no restrictivos y parentéticos escritos incorrectamente	En mi primer viaje en avión fui a Iowa dormí durante todo el trayecto. Me desperté y pregunté qué era esa cosa blanca, nieve que estaba en el suelo.
Elementos no restrictivos y parentéticos escritos correctamente	En mi primer viaje en avión —fui a Iowa— dormí durante todo el trayecto. Me desperté y pregunté qué era esa cosa blanca (nieve) que estaba en el suelo.

El siguiente párrafo contiene errores de puntuación de citas textuales y elementos no restrictivos o parentéticos. Vuelve a escribirlo con la puntuación correcta.

Caleb y Amanda se subieron al avión y buscaron sus asientos. No puedo creer que vaya a volar, exclamó Amanda. Sentía una mezcla de emociones entusiasmo y nervios (todo al mismo tiempo). Caleb preguntó qué película mostrarán. Era esa nueva comedia Zany Zoo muy divertida.

____

____

____

____

____

____

____

____

Nombre ______________________________ Fecha ______________

Lección 22
CUADERNO DEL LECTOR

Los primeros en volar
Escritura: Escritura argumentativa

Punto de enfoque: Elección de palabras

Usar connotaciones positivas y negativas

Palabras neutras	Palabras con connotaciones negativas
El piloto **sostuvo** el timón e hizo **doblar** al avión. La gente **cayó** hacia el lado cuando el avión **se movió**.	El piloto **se aferró** al timón e hizo **voltear** al avión. La gente **se estrelló** hacia el lado cuando el avión **se sacudió**.

Lee las oraciones. Completa las líneas con palabras de la lista que signifiquen casi lo mismo pero que tengan connotaciones positivas o negativas.

breve	**categórica**	**terco**	**precipitado**	**pidió**	**asombrosas**	**empeñado**
flaca	**se burló**	**franca**	**horrorosas**	**demandó**	**delgada**	**sonrió**

Connotaciones positivas	Connotaciones negativas
El viaje fue ______________.	El viaje fue ______________.
El ______________ entrenador ______________ ver la cinta del juego.	El ______________ entrenador ______________ ver la cinta del juego.
Mi ______________ opinión es que esa modelo es muy ______________.	Mi ______________ opinión es que esa modelo es muy ______________.
Bob ______________ cuando vio el disfraz del payaso.	Bob ______________ cuando vio el disfraz del payaso.
Hoy me enteré de unas noticias ______________.	Hoy me enteré de unas noticias ______________.

Nombre _______________ Fecha _______________

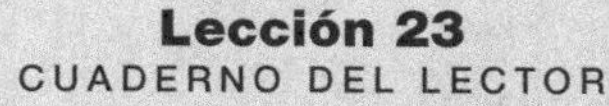

Quién cuenta las estrellas

Diseña y escribe una postal

En este pasaje, Annemarie viaja a Dinamarca para quedarse con su tío, quien está ayudando a personas judías a escapar a un lugar seguro. Explica cómo reacciona Annemarie ante sucesos clave con evidencia del texto.

Vuelve a leer la página 674. ¿Cómo reacciona Annemarie cuando los soldados alemanes husmean en la cesta del almuerzo?

____

____

____

Vuelve a leer la página 675. ¿Cómo reacciona Annemarie cuando los soldados alemanes descubren el paquete?

____

____

____

Vuelve a leer la página 677. ¿Cómo reacciona Annemarie cuando alcanza a su tío y no ve a sus amigos?

____

____

____

Nombre ______________________ Fecha ____________

Quién cuenta las estrellas
Lectura independiente

Piensa en las experiencias de Annemarie y sus respuestas. Imagina que le escribió una postal a su amiga Ellen. ¿Qué le diría a su amiga? Recuerda que debe ser cuidadosa en caso de que alguien vea el mensaje.

Querida Ellen:

____

____

____

____

____

____

____

____

____

____

____

____

____

____

Amigas por siempre,
Annemarie

Ellen Rosen
Suecia

Nombre ______________________ Fecha ____________

Usar el contexto

Las claves del contexto pueden dar una definición o un ejemplo de una palabra desconocida o ayudar a determinar el significado correcto de una palabra con varios significados. Lee las siguientes oraciones. Encierra en un círculo las palabras de cada oración que te den claves sobre el significado de la palabra subrayada. Luego, escribe el significado en la línea. Usa un diccionario para verificar el significado de las palabras.

1. María suplicó a los bomberos que salvaran a su perro. “Por favor, hagan algo”, imploró.

   ____

2. Internet está muy extendido. Su uso ya está globalizado.

   ____

3. Afrontó el peligro con valor. Demostró una bravura asombrosa.

   ____

4. La visibilidad era muy escasa. Había una niebla muy cerrada.

   ____

5. Llevaba un anillo de plata antiquísimo. Era una reliquia familiar.

   ____

6. El ladrido del perro intimidaba en la distancia. De cerca daba auténtico pavor.

   ____

7. La luz de la luna resplandecía sobre el césped.

   ____

Nombre ______________________ Fecha ______________

Palabras esdrújulas y sobreesdrújulas

Básicas Escribe la Palabra básica que sea el mejor sinónimo de la clave.

1. cantidad ______________
2. mojado ______________
3. centro ______________
4. miedo ______________
5. velozmente ______________
6. amigo ______________
7. tiempo ______________
8. moviéndose ______________
9. muy mal ______________
10. contándole ______________

Avanzadas El presidente de Estados Unidos toma muchas decisiones acerca de cómo dirigir el país. Escribe un párrafo sobre lo que harías si fueras presidente por un día. Usa por lo menos tres de las Palabras avanzadas. Escribe en una hoja aparte.

Palabras de ortografía

1. cómplice
2. desplazándose
3. diciéndole
4. ejército
5. época
6. espíritu
7. históricos
8. húmedo
9. imagínate
10. músculos
11. núcleo
12. número
13. olvidándose
14. pánico
15. pésimamente
16. público
17. rápidamente
18. riéndose
19. sábado
20. únicamente

Avanzadas
instantáneamente
miércoles
próximamente
sistemático
unísono

Nombre ______________________ Fecha ______________

Quién cuenta las estrellas

Ortografía: Palabras esdrújulas y sobreesdrújulas

Clasificación de palabras

Básicas Escribe las Palabras básicas al lado del título correcto.

Palabras esdrújulas	____________ ____________ ____________ ____________ ____________ ____________ ____________
Palabras sobreesdrújulas	____________ ____________ ____________

Avanzadas Agrega las Palabras avanzadas a tu tabla de Clasificación.

Conectar con la lectura Encuentra tres palabras esdrújulas y sobreesdrújulas en *Quién cuenta las estrellas*. Agrégalas a tu tabla de Clasificación.

Palabras de ortografía

1. cómplice
2. desplazándose
3. diciéndole
4. ejército
5. época
6. espíritu
7. históricos
8. húmedo
9. imagínate
10. músculos
11. núcleo
12. número
13. olvidándose
14. pánico
15. pésimamente
16. público
17. rápidamente
18. riéndose
19. sábado
20. únicamente

Avanzadas

instantáneamente
miércoles
próximamente
sistemático
unísono

Quién cuenta las estrellas
Ortografía: Palabras esdrújulas y sobreesdrújulas

Corregir la ortografía

Lee la carta y encierra en un círculo todas las palabras mal escritas. Escribe las palabras correctamente en las líneas de abajo.

Querida Rebeca:

Me estoy acostumbrando rapídamente a la colonia de vacaciones. El ambiente es un poco úmedo porque llovió bastante en los últimos días. El primer día me fue pesimaménte porque no conocía a nadie, pero ahora tengo una compañera de cuarto que me gusta y mi spiritú está más animado. Todos los días corremos de dos a tres millas y los musculos me duelen. Ayer, zabado, mi compañera la pasó riéndose al recordar todo el barro que se nos acumuló en las zapatillas durante nuestra carrera diaria. Nos hicimos de un nucleo de chicas con quienes nos llevamos muy bien y compartimos muchas actividades. Hemos visitado varios lugares istoricos de la epoca en que George Washington cruzó el río Delaware con su egército. Únicamende lamento que no hayas podido venir este año. Imajinate que estás aquí y así podrías compartir este lindo verano conmigo.

Hasta pronto,

Sonia.

Palabras de ortografía

1. cómplice
2. desplazándose
3. diciéndole
4. ejército
5. época
6. espíritu
7. históricos
8. húmedo
9. imagínate
10. músculos
11. núcleo
12. número
13. olvidándose
14. pánico
15. pésimamente
16. público
17. rápidamente
18. riéndose
19. sábado
20. únicamente

1. _______________ 7. _______________
2. _______________ 8. _______________
3. _______________ 9. _______________
4. _______________ 10. _______________
5. _______________ 11. _______________
6. _______________ 12. _______________

Nombre ______________________ Fecha ____________

Las frases preposicionales

Una **preposición** es una palabra que indica una relación entre un sustantivo o un pronombre (el objeto de la preposición) y otra palabra. Una **frase preposicional** incluye a la preposición, al objeto de la preposición y a los modificadores del objeto.

frase preposicional
El piloto vuela **en** un avión ultrarrápido.

Pregunta para reflexionar
¿Qué incluye una frase preposicional?

Actividad **Escribe la frase preposicional que contiene cada oración en el espacio en blanco.**

1. Saldremos hacia el aeródromo nuevo. ______________________
2. Está intentando aterrizar el avión en la pista del aeródromo. ______________________
3. Llegamos hasta el portaaviones. ______________________
4. Ella trabaja como secretaria en la fábrica. ______________________
5. Afortunadamente, llegaron en el horario correcto. ______________________
6. Llevamos el equipo para el nuevo piloto. ______________________

Nombre ______________________ Fecha ____________

Quién cuenta las estrellas

Gramática: Frases preposicionales y contracciones

Las contracciones

Cuando a las preposiciones *a* y *de* les sigue el artículo *el*, se forman las contracciones *al* y *del*. Una **contracción** es la palabra que se forma cuando se combinan dos palabras: *al* es la contracción de *a* y *el*, y del es la contracción de *de* y *el*.

del (*de* + *el*)
Es gratificante ser parte del grupo.

al (*a* + *el*)
Llamemos al capitán.

Pregunta para reflexionar
¿Cómo se forman las contracciones?

Actividad **Lee las oraciones. Encierra en un círculo la contracción que completa cada oración.**

1. Kade y Domenic fueron __________ dormitorio a buscar los borceguíes.

   al del

2. Es hora de comunicar __________ grupo el plan para el ataque.

   al del

3. Por favor, no olviden traer sus placas de identificación __________ edificio.

   al del

4. Si Casey y Andy no hacen un plan, no podrán liberar __________ prisionero.

   al del

5. Perdió el cordón __________ borceguí.

   al del

6. ¡Sé que serás el héroe __________ día!

   al del

Quién cuenta las estrellas
Gramática: Frases preposicionales y contracciones

Los errores comunes

Cuando las preposiciones *a* y *el* están antes del artículo *el* en un nombre propio, como el de una ciudad, un país o el título de una obra o una publicación, no hay contracción.

incorrecto
Compré un ejemplar del *Soldadito de plomo*.
La familia de José viajó al *Salvador*.

correcto
Compré un ejemplar de *El soldadito de plomo*.
La familia de José viajó a El Salvador.

Pregunta para reflexionar
¿Cuándo es incorrecto combinar dos palabras para formar una contracción?

Actividad **Escribe oraciones con las palabras que se indican. Usa *a* o *de* más el o las contracciones *al* y *del* según corresponda.**

1. *El gato con botas*
____
2. el club local
____
3. El Cairo
____
4. *El rey león*
____
5. El Paso
____
6. *El lago de los cisnes*
____

Nombre ______________________ Fecha ____________

Quién cuenta las estrellas
Gramática: Repaso frecuente

Adjetivos y adverbios

Adjetivos	Calificativos	El soldado debió cortarse su cabello **desprolijo**.
	Demostrativos	**Ese** soldado también tuvo que recortarse la barba.
Adverbios	Cómo	El capitán se acercó **apresuradamente**.
	Dónde	El soldado se quedó parado **allí**.
	Cuándo	**Luego**, el soldado saludó al capitán.

1 a 3. Escribe el adjetivo y la palabra a la que modifica.

1. Scott es un soldado valiente. ______________________
2. En el barco iban aquellos soldados. ______________________
3. Esos soldados demostraron un coraje extraordinario.

____

4 a 6. Escribe el adverbio y la palabra a la que modifica.

4. Scott devolvió la medalla rápidamente. ______________________
5. Para ser tan joven, lucha sorprendentemente bien.

____

6. Este general es totalmente audaz. ______________________

7 y 8. Combina cada par de oraciones moviendo un adjetivo o adverbio de una oración a otra. Escribe la nueva oración en la línea.

7. Los soldados usan el sentido del oído. Su sentido del oído es agudo.

____

8. Si un soldado se siente amenazado, es posible que ataque. Es posible que ataque ferozmente.

____

Nombre ______________________ Fecha ____________

Conectar con la escritura

Incorrecto	Correcto
de el general	del general
a el capitán	al capitán
al Cairo	a El Cairo

Lee las oraciones. Escribe en la línea la opción correcta entre paréntesis para completar cada oración.

1. John le dijo (a el, al) otro soldado que se sentía orgulloso de él.

   ____

2. El soldado agradeció la ayuda que recibió (de el, del) equipo.

   ____

3. El capitán se dirigió (a el, al) grupo que estaba a su cargo.

   ____

4. Esta victoria hubiese sido imposible sin el capitán. Todos están hablando (de el, de él) __________.
5. Los soldados subieron (a el, al) barco rápidamente. __________
6. Una vez que termine su misión, el capitán se irá (al, a El) Paso, Texas.

   ____

Nombre ______________________ Fecha ______________

Quién cuenta las estrellas
Escritura:
Escritura argumentativa

Punto de enfoque: Ideas

Diferentes maneras de persuadir

Enfoque lógico	Enfoque emocional
El libro recibió muchos premios. Contiene una amplia variedad de datos históricos. Los personajes son realistas y creíbles.	La trama es emocionante y te mantiene en tensión. De veras me identifiqué con los personajes. Apuesto que lo leerás sin parar.

Lee las afirmaciones de la izquierda. En la columna de la derecha, indica si se usa un enfoque lógico o emocional.

Afirmación	Enfoque
Esta novela de ciencia ficción trata de una sociedad futura, un tema que interesa a muchas personas.	
El libro me pareció fascinante, te hace temblar.	
El protagonista, Jonas, aprende muchas cosas que el lector puede usar en su propia vida.	
Creo que todos los lectores se quedarán maravillados con la narración y notarán muchas similitudes con nuestro modo de vida actual.	

Escribe cuatro afirmaciones que podría usar el personal de una biblioteca para explicar por qué Lois Lowry debería recibir un premio. Usa el enfoque lógico en dos de ellas y el enfoque emocional en las otras dos.

Enfoque lógico	Enfoque emocional

En parejas/Para compartir Trabaja con un compañero para hacer una lluvia de ideas y pensar en las razones y evidencias para las oraciones.

Nombre _______________ Fecha _______________

Harriet Tubman: Conductora del tren subterráneo

Diseña una manta

En esta historia, Harriet regala su manta especial a la amable mujer que la ayudó al comienzo de su viaje. Las mantas muchas veces cuentan historias. Algunas hasta fueron hechas para mostrar a los esclavos cómo escapar. Diseña una manta a continuación. En cada cuadro, dibuja una parte del viaje de Harriet.

Nombre ______________________ Fecha ____________

Harriet Tubman: Conductora del tren subterráneo
Lectura independiente

Vuelve a leer las páginas 702 y 703. ¿Qué dice la autora sobre la vida de Harriet antes de que escapara?

____

____

____

____

¿Cuál crees que era su propósito al mostrar la vida de Harriet antes de su viaje?

____

____

____

____

Vuelve a leer las páginas 704 a 706. ¿Cuál crees que era su propósito al describir los pensamientos de los hermanos de Harriet acerca de escapar?

____

____

____

____

Vuelve a leer las páginas 710 a 715. La autora narra las diferentes paradas que Harriet hacía a lo largo del tren subterráneo. ¿Cuál crees que era su propósito al describir cada uno de estos lugares?

____

____

____

____

Nombre ______________________ Fecha ______________

Prefijos *con-, com-, pre-, pro-*

Elige la palabra que mejor se adapte a cada oración. Luego, escribe el significado de la palabra elegida. Puedes usar un diccionario.

congeniar	comunitario	comprimir	prever
prejuicios	preservar	proclamar	promover

1. Seguro que vas a ______________ con Pablo. Los dos tienen personalidades muy parecidas. ______________________
2. Mi mamá ha llamado al dentista para ______________ la cita de mañana. ______________________
3. Esta es una piscina ______________ para todos los vecinos. ______________________
4. El candidato se acercó al estrado para ______________ que se presentaba a las elecciones municipales. ______________________
5. Es una persona con ______________ que opina de las personas antes de conocerlas. ______________________
6. Hay que ______________ más la ropa o no cabrá en la valija. ______________________
7. Debemos ______________ dónde nos reuniremos si llueve. ______________________
8. Es necesario ______________ estos bosques para las generaciones futuras. ______________________

Nombre ____________________ Fecha ____________

Harriet Tubman: Conductora del tren subterráneo

Ortografía: Palabras con prefijos *de-*, *trans-*

Palabras con prefijos *de-*, *trans-*

Básicas **Escribe la Palabra básica que sea el mejor antónimo de la clave.**

1. revivir ____________
2. construir ____________
3. opacar ____________
4. seguir andando ____________
5. mantener igual ____________
6. ensuciar ____________
7. retener ____________
8. regenerar ____________
9. no pasar sonidos o programas ____________
10. poner en un puesto ____________
11. permanecer ____________

Avanzadas **Escribe un artículo sobre tu visita al jardín botánico o a un parque estatal. Usa por lo menos tres de las Palabras avanzadas. Escribe en una hoja aparte.**

Palabras de ortografía

1. demostrar
2. detener
3. transmitir
4. decaer
5. declamar
6. declinar
7. deducir
8. degenerar
9. demoler
10. deponer
11. depurar
12. transacción
13. transbordar
14. transcribir
15. transferir
16. transformar
17. transfusión
18. transitar
19. translucir
20. transmutar

Avanzadas

delinear
derivar
transatlántico
transversal
translocación

Nombre ______________________ Fecha ____________

Harriet Tubman: Conductora del tren subterráneo
Ortografía:
Palabras con prefijos *de-*, *trans-*

Clasificación de palabras

Básicas Escribe las Palabras básicas al lado del título correcto.

de-	______ ______ ______ ______
trans-	______ ______ ______ ______ ______

Avanzadas Agrega las Palabras avanzadas a tu tabla de Clasificación.

Conectar con la lectura Busca palabras con los prefijos *de-* y *trans-* en *Harriet Tubman*. Escríbelas en la tabla.

Palabras de ortografía

1. demostrar
2. detener
3. transmitir
4. decaer
5. declamar
6. declinar
7. deducir
8. degenerar
9. demoler
10. deponer
11. depurar
12. transacción
13. transbordar
14. transcribir
15. transferir
16. transformar
17. transfusión
18. transitar
19. translucir
20. transmutar

Avanzadas
delinear
derivar
transatlántico
transversal
translocación

Nombre ______________________ Fecha ____________

Harriet Tubman: Conductora del tren subterráneo
Ortografía:
Palabras con prefijos *de-, trans-*

Corregir la ortografía

Lee el párrafo y encierra en un círculo todas las palabras mal escritas. Escribe las palabras correctamente en las líneas de abajo.

Oscar venía en carrera a su casa y se tuvo que ditener para descansar, pero no podía dejar deqaer su entusiasmo. Les quería contar a sus padres la buena noticia. Finalmente había podido denostrar que tenía talento. La clase estaba montando una obra de teatro y él quería actuar. Para probarse tuvo que diclamer un pasaje de memoria frente a la maestra y la clase. Cuando estaba en el escenario se podía trasformar de un simple muchacho a un actor. La maestra dejó tranluzir su aprobación en su sonrisa y lo aceptó de inmediato. Para la obra, tenía que tanscribir su parte de una grabación a un papel. Tranferir esas palabras de un medio al otro le serviría para aprender mejor su parte. El año pasado había tenido que deklinar su papel en otra obra porque se había enfermado, pero este año no habría ningún obstáculo. Ahora le tocaba practicar para dpurar su enunciación así la audiencia lo escucharía claramente. La maestra le había dicho que tenía un gran talento. Sus padres se iban a sentir muy orgullosos de él.

1. ______________ 6. ______________
2. ______________ 7. ______________
3. ______________ 8. ______________
4. ______________ 9. ______________
5. ______________ 10. ______________

Palabras de ortografía

1. demostrar
2. detener
3. transmitir
4. decaer
5. declamar
6. declinar
7. deducir
8. degenerar
9. demoler
10. deponer
11. depurar
12. transacción
13. transbordar
14. transcribir
15. transferir
16. transformar
17. transfusión
18. transitar
19. translucir
20. transmutar

La forma comparativa

Para comparar dos personas, lugares, cosas o ideas, usa la **forma comparativa del adjetivo**: *más/menos + adjetivo + que*. Para formar la **forma comparativa del adverbio**, usa *más/menos + adverbio + que*.

forma comparativa del adjetivo
Los aplausos de la reunión del martes a la noche fueron más fuertes que los del lunes.

forma comparativa del adverbio
Los asistentes aplaudieron menos fuerte en la reunión del lunes que en la del martes.

Preguntas para reflexionar
¿Se comparan dos o más de dos personas, lugares, cosas o ideas? ¿Con qué palabras está formada la comparación?

Actividad Escribe la forma comparativa del adjetivo o el adverbio que está entre paréntesis para completar cada oración.

1. Este concierto fue (importante) el anterior para su carrera.
   ____
2. Esta manifestación de protesta es (grande) otras a las que he asistido.
   ____
3. Ahora estoy (feliz) antes porque la igualdad parece posible.
   ____
4. Tomé el tren que pasó (lleno) el anterior para ir al Lincoln Memorial a escuchar el discurso del Dr. M. L. King. _______________
5. La noticia de la muerte del Dr. M. L. King me puso (triste) que a ella.
   ____
6. Creo que el Dr. Martin Luther King vivió (sabiamente) que gran parte de los hombres de su época. _______________

Nombre ______________________ Fecha ____________

Lección 24
CUADERNO DEL LECTOR

Harriet Tubman: Conductora del tren subterráneo

Gramática: Hacer comparaciones

La forma superlativa

Para comparar más de dos personas, lugares o cosas, usa la **forma superlativa del adjetivo**: *el/la + más/menos + adjetivo*, la palabra muy delante del adjetivo o el sufijo *-ísimo* al final. Para formar la **forma superlativa del adverbio**, usa la palabra *muy* delante o el sufijo *-ísimo* al final.

forma superlativa del adjetivo

Fue el concierto más entretenido que he presenciado en mi vida.
Esa canción es la menos cautivante de las que hemos escuchado.
Es un músico virtuosísimo.

forma superlativa del adverbio

El director le indicó al violinista que tocara más enérgicamente.
Aquel músico no tocaba muy efusivamente.
Ese día estaba cansado y llegó tardísimo.

Preguntas para reflexionar

¿Se comparan más de dos personas, lugares, cosas o ideas? ¿Con qué palabras está formada la comparación?

Actividad Escribe la forma superlativa del adjetivo o el adverbio que se indica entre paréntesis para completar la oración.

1. La admiro porque es la cantante (modesta) que conozco.
   ____
2. Nunca había oído una voz así. Es (emocionante).
   ____
3. Fue el discurso (interesante) desde que comenzaron las manifestaciones. ____________________
4. La manifestación fue (concurrida). ____________________
5. El orador habló (acertadamente) frente a la multitud. ____________________
6. Fue la tormenta (fuerte) desde que comenzó la marcha a Washington. ____________________

Las formas comparativas y superlativas especiales

Los adjetivos *bueno, malo, grande* y *pequeño*, así como los adverbios *bien* y *mal*, tienen **formas comparativas** y **superlativas especiales**.

Adjetivos y adverbios	Formas especiales
bueno/bien	mejor
malo/mal	peor
grande	mayor
pequeño	menor

Pregunta para reflexionar
¿Qué adjetivos y adverbios tienen formas especiales en la forma comparativa o superlativa?

Actividad Encierra en un círculo la forma comparativa o superlativa especial e indica en la línea a qué adjetivo o adverbio corresponde.

1. Fui a la manifestación con mi hermano menor.

   ____

2. Era la mayor manifestación a la que habíamos concurrido.

   ____

3. Nos acercamos al podio para oír mejor el discurso.

   ____

4. Quienes estaban más atrás oían peor que nosotros.

   ____

5. Mi hermano opina que fue el mejor discurso que ha oído en su vida.

   ____

6. Yo estoy de acuerdo; el discurso anterior había sido peor.

   ____

Nombre ______________________ Fecha ____________

Lección 24
CUADERNO DEL LECTOR

Harriet Tubman: Conductora del tren subterráneo

Gramática: Repaso frecuente

Preposiciones y frases preposicionales

Preposiciones	
frase preposicional	Ha llegado la era **de la protesta inteligente**.
preposición	Ha llegado la era **de** la protesta inteligente.
objeto de la preposición	Ha llegado la era de la **protesta** inteligente.
modificadores del objeto	Ha llegado la era de **la** protesta **inteligente**

frase adjetiva	El Dr. King fue un líder **de Estados Unidos**.
frase adverbial	El Dr. King viajó **a India**.

1 a 3. Lee las oraciones. Subraya la preposición una vez y el objeto de la preposición dos veces.

1. Los voluntarios del norte trabajaban en el sur.
2. Ellos iban en autobuses y carros.
3. Varias generaciones de personas han luchado por los derechos civiles.

4 y 5. Combina los pares de oraciones.

4. Los organizadores de la protesta querían ayuda con las sentadas. Querían ayuda de los estudiantes universitarios.

____

____

5. Los organizadores trabajaban en planes en secreto. Trabajaban en planes para protestas pacíficas.

____

____

Nombre ______________________ Fecha ____________

Conectar con la escritura

Adjetivo	Comparativo	Superlativo
pequeño	más/menos pequeño que	El más/menos pequeño
fuerte	más/menos fuerte que	El más/menos fuerte
bueno	mejor que	El mejor

Adverbio	Comparativo	Superlativo
frecuentemente	más/menos frecuentemente que	muy frecuentemente
claramente	más/menos claramente que	muy claramente
mal	peor que	muy mal

Lee las oraciones. Escribe la forma comparativa o superlativa correcta.

1. La iglesia realiza manifestaciones por los derechos humanos (frecuentemente) ______________________ nuestro gobierno.
2. El público escuchó el discurso (atentamente) ______________________
3. Las lágrimas corrían (lentamente) ______________________ por sus mejillas.
4. Desde todos lados, los gritos sonaron (estrepitosamente) ______________________ cuando el Dr. King subió al escenario.
5. Wendell pensó que el concierto fue (buena) ________________ parte de toda la manifestación.
6. El grupo de Cantantes para la libertad tiene los cantantes (talentosos) ______________________ del país.

Nombre ______________________ Fecha ____________

Punto de enfoque: Ideas

Apoyar una afirmación con razones y evidencia

Los escritores de argumentos convincentes saben cómo apoyar una afirmación con razones claras y evidencia relevante. La evidencia puede estar conformada por datos, detalles, ejemplos y citas de fuentes confiables.

Afirmación
La máquina expendedora de la escuela debería vender solamente refrigerios saludables.

Razón
La obesidad infantil está en aumento.

Evidencia
(Dato) En los últimos treinta años, la obesidad entre los niños en edad escolar aumentó del 7 al 20 por ciento.

Lee las afirmaciones y las razones. Luego, escribe un ejemplo de evidencia que apoye la razón de manera convincente.

1. **Afirmación:** Los sábados, la biblioteca debería permanecer abierta después de las 2:00 p.m.
   Razón: Los estudiantes necesitan usar recursos de la biblioteca los sábados por la tarde.
   Evidencia: ______________________________

2. **Afirmación:** Los estudiantes de nuestra escuela deberían usar uniformes.
   Razón: Los estudiantes gastan demasiado dinero en ropa.
   Evidencia: ______________________________

3. **Afirmación:** Debería permitirse a los estudiantes traer sus teléfonos celulares a la escuela.
   Razón: Los padres a menudo necesitan contactar a sus hijos en situaciones de emergencia.
   Evidencia: ______________________________

Nombre ______________________ Fecha ____________

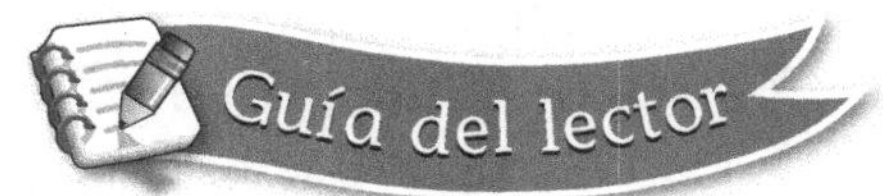

Robótica

Piensa como un ingeniero

Busca evidencia que muestre qué desafíos de la ingeniería ha superado cada robot y qué contribuciones ha hecho al campo de la ingeniería.

Vuelve a leer el tercer párrafo de la página 734 y toda la página 735.

Robot:	
¿Qué desafíos enfrentó el robot? ¿Cómo los superó?	**¿En qué contribuyó al campo de la robótica?**

Vuelve a leer la página 736.

Robots:	
¿Qué desafíos enfrentaron los robots? ¿Cómo los superaron?	**¿En qué contribuyeron al campo de la robótica?**

Nombre ______________________ Fecha ____________

Robótica
Lectura independiente

Vuelve a leer el segundo y tercer párrafo de la página 737.

Robots:	
¿Qué desafíos enfrentaron los robots? ¿Cómo los superaron?	¿En qué contribuyeron al campo de la robótica?

Vuelve a leer la página 743.

Robot:	
¿Qué desafíos enfrentó el robot? ¿Cómo los superó?	¿En qué contribuyó al campo de la robótica?

Piensa en los avances hechos por cada uno de estos robots. ¿Qué crees que nos dicen acerca del futuro de la robótica?

____

____

____

Nombre ______________________ Fecha ______________

Sufijos *-able, -ible*

Las palabras del recuadro terminan con un sufijo que significa "que puede" o "que es capaz de". Elige la palabra que mejor se adapte a cada oración.

ilegible	predecible	discutible	aconsejable	audible
compatibles	plegable	memorable	comestible	permeable

1. Esa letra desprolija era ______________.
2. ¿Crees que es ______________ llevar gorro de baño a la piscina pública?
3. Aunque tenía mucha hambre, no estaba seguro si esa fruta era ______________.
4. No estaba claro si era culpable o no, era un asunto muy ______________.
5. La cantante tenía una voz tan baja que apenas era ______________.

Ahora usa las cinco palabras restantes para escribir cinco oraciones que reflejen su significado.

6. ______________________________________
7. ______________________________________
8. ______________________________________
9. ______________________________________
10. ______________________________________

Nombre ______________________ Fecha ______________

Robótica
Ortografía: Palabras con el prefijo *des-* y los sufijos *-ico, -ica, -ción, -sión*

Palabras con el prefijo *des-* y los sufijos *-ico*, *-ica*, *-ción*, *-sión*

Básicas **Escribe la Palabra básica que mejor complete el grupo.**

1. deshacer, demoler, ______________________
2. mover, reemplazar, ______________________
3. a batería, eléctrico, ______________________
4. trabajo, objetivo, ______________________
5. televisiva, fotográfica, ______________________
6. lavador de carros, inspector de automóviles, ______________________
7. determinación, resolución, ______________________
8. selección, compra de enseres del hogar, ______________
9. bajada, caída, ______________________
10. médico, investigador, ______________________

Avanzadas **Escribe un párrafo sobre la selección de una profesión para tu futuro: por ejemplo, abogado, carpintero, arquitecto. Da las razones para apoyar tu selección. Usa por lo menos cuatro de las Palabras avanzadas. Escribe en una hoja aparte.**

Palabras de ortografía

1. científico
2. cinematográfica
3. decisión
4. desafortunadamente
5. descanso
6. descenso
7. desmantelar
8. desplazar
9. electrónico
10. erupción
11. instalación
12. mecánico
13. microscópico
14. misión
15. posición
16. presión
17. programación
18. robótico
19. sensación
20. tecnológico

Avanzadas

biológico
desilusión
informática
regeneración
superación

Nombre ______________________ Fecha ____________

Robótica
Ortografía: Palabras con el prefijo *des-* y los sufijos *-ico, -ica, -ción, -sión*

Clasificación de palabras

Básicas Escribe las Palabras básicas al lado del título correcto.

Prefijo *des-*	____________ ____________
Sufijo *-ico*	____________ ____________ ____________
Sufijo *-ica*	____________ ____________
Sufijo *-ción*	____________ ____________ ____________ ____________
Sufijo *-sión*	____________ ____________

Palabras de ortografía

1. científico
2. cinematográfica
3. decisión
4. desafortunadamente
5. descanso
6. descenso
7. desmantelar
8. desplazar
9. electrónico
10. erupción
11. instalación
12. mecánico
13. microscópico
14. misión
15. posición
16. presión
17. programación
18. robótico
19. sensación
20. tecnológico

Avanzadas
biológico
desilusión
informática
regeneración
superación

Avanzadas Agrega las Palabras avanzadas a tu tabla de Clasificación.

Conectar con la lectura Busca tres palabras más con el prefijo *des-* y los sufijos *ico, -ica, -ción, -sión* en *Robótica.* Escríbelas en la tabla.

Nombre ______________________ Fecha ____________

Lección 25
CUADERNO DEL LECTOR

Robótica
Ortografía: Palabras con el prefijo *des-* y los sufijos *-ico, -ica, -ción, -sión*

Corregir la ortografía

Lee el párrafo y encierra en un círculo todas las palabras mal escritas. Escribe las palabras correctamente en las líneas de abajo.

Seleccionar una carrera es una desisión importante. No estoy segura de si quiero trabajar en el campo electronicó aunque es el medio más popular del presente. Me interesa mucho el trabajo zientífico, hacer experimentos y estudiar algún virus micoscopico. Quisiera descubrir la cura para una enfermedad rara. Pero también me fascina una carrera cinematogrifika, directora de cine o estrella de la pantalla. Al haber estudiado cómo programar robots, se ha despertado en mí el interés en el campo robotico. Los robots hasta se usan para asistir a los cirujanos. Podría trabajar con un equipo de construcción para dismantelar viejos edificios. ¡Tal vez encuentre alguna antigüedad valiosa! Ahora recapacito, y me acuerdo de la micion lunar de la nave espacial Apolo y creo que me gustaría ser astronauta. Podría también ocupar una posizión en el Control de Misión y ayudar a los astronautas a resolver problemas en el espacio. ¡Hay tantas oportunidades que es difícil elegir! Por suerte no tengo precion para resolverlo ahora. Seguiré pensando y planeando mi futuro.

1. ____________ 6. ____________
2. ____________ 7. ____________
3. ____________ 8. ____________
4. ____________ 9. ____________
5. ____________ 10. ____________

Palabras de ortografía

1. científico
2. cinematográfica
3. decisión
4. desafortunadamente
5. descanso
6. descenso
7. desmantelar
8. desplazar
9. electrónico
10. erupción
11. instalación
12. mecánico
13. microscópico
14. misión
15. posición
16. presión
17. programación
18. robótico
19. sensación
20. tecnológico

El uso correcto de las mayúsculas

Robótica
Gramática: Normas de escritura

Los sustantivos propios nombran una persona, lugar o cosa específica y empiezan con **mayúscula**.

sustantivo propio
Hice un viaje a China.

Pregunta para reflexionar
¿El sustantivo nombra una persona, lugar o cosa específica?

Actividad Subraya el sustantivo propio en cada oración.

1. Las primeras descripciones de máquinas fueron hechas por Herón de Alejandría.
2. George Devol recibió una patente por el primer robot comercial.
3. En Japón hicieron juguetes mecánicos en el siglo XIX.
4. Hasta Leonardo da Vinci hizo diseños para un robot.
5. El término “robot” lo creó un escritor de la República Checa.
6. Su nombre era Josef Capek.
7. Pero la gente pensó que había sido su hermano Karel.
8. Él usó la palabra en una obra de teatro llamada *Robots Universales Rossum.*

Nombre ______________________ Fecha ____________

Robótica
Gramática: Normas de escritura

El uso correcto de los signos de puntuación

Hay tres clases de **puntuación** para oraciones. El punto en oraciones enunciativas e imperativas, los signos de interrogación para oraciones interrogativas y los signos de exclamación para oraciones exclamativas.

oraciones enunciativa
Hoy fui a la tienda.

oración imperativa
Ve a la tienda hoy.

oración interrogativa
¿Quién fue a la tienda hoy?

oración exclamativa
¡Vamos a la tienda hoy!

Pregunta para reflexionar
¿La oración expresa un enunciado, una pregunta, una orden o una exclamación?

Actividad Escribe los signos de puntuación correctos en cada oración.

1. Un robot es mecánico ______
2. ______ No puedo creer que el robot se vea tan real ______
3. ______ Quién diseñó el primer robot ______
4. ______ Qué emoción la de Bobby, al empezar a leer el cuento ______
5. ______ Terminaste de leer el informe ______
6. Muchos robots usan motores eléctricos ______
7. Hoy usamos robots que hacen algunos trabajos para los humanos ______
8. ______ Qué invento tan sorprendente ______

Las interjecciones

Una **interjección** es una palabra o un grupo de palabras que expresan un sentimiento. Si está sola, puede escribirse entre signos de exclamación. Si se encuentra al comienzo de una oración, va seguida de una coma.

signos de exclamación

¡Ah! Estoy muy emocionada por este viaje.

coma

Oh, no sabía que no saldríamos hasta mañana.

Pregunta para reflexionar
¿La palabra o el grupo de palabras expresa un sentimiento?

Actividad Agrega signos de exclamación o una coma en las interjecciones subrayadas.

1. Guau Aprobé el examen.
2. Oh ya es muy tarde para estudiar.
3. Guau Acabo de ver un robot de verdad.
4. Ah Parece un extraterrestre.
5. Ey espérame que voy contigo a ver el otro robot.
6. Ay Me golpeé la mano.
7. Ah por suerte tenemos vendas en el botiquín.
8. Oh tenemos tiempo para almorzar antes de salir.

Elementos no restrictivos y parentéticos

Robótica
Gramática: Repaso frecuente

Elemento no restrictivo	Los robots, que están basados en los insectos, son muy pequeños.
Elementos parentéticos	El robot más grande (conocido como Atlas) tiene siete pies de altura. Los robots pequeños algún día pueden llegar a mejorar la vida de las personas (por ejemplo, eliminando placas de las arterias).

1 a 6. Busca los elementos no restrictivos o parentéticos en las siguientes oraciones. Vuelve a escribir cada oración sobre la línea con la puntuación correcta.

1. Este es mi robot más fuerte SAM.

____

2. Lo fabriqué cuando tenía 12 años hace dos años.

____

3. Me ayuda me alegra poder decirlo a levantar cosas pesadas.

____

4. Hay robots que son más inteligentes no se lo digan.

____

5. Pero SAM que fue mi primer robot siempre será algo especial para mí.

____

6. Vive conmigo en mi habitación en el armario, más específicamente.

____

7 y 8. Usa un elemento no restrictivo o parentético para añadir información a cada oración. Escribe la oración nueva sobre las líneas.

7. La cabeza del robot me miraba desde la mesa.

____

____

8. Sus ojos parecían extrañamente humanos.

____

____

Nombre ______________________ Fecha ______________

Conectar con la escritura

Cuando corrijas tus escritos, acostúmbrate a revisar el uso de mayúsculas y la puntuación.	
puntuación incorrecta Hurra es la mejor película que he visto	**mayúsculas incorrectas** brian trajo recuerdos de rusia.
puntuación correcta ¡Hurra! Es la mejor película que he visto.	**mayúsculas correctas** Brian trajo recuerdos de Rusia.

Escribe qué cambiarías en cada oración para corregirla.

1. Estás leyendo ese libro?

____

2. Viajaré por suramérica.

____

3. jane dice que estuvo aquí antes.

____

4. Genial suena interesante ese viaje.

____

5. Quiero ir a perú especialmente.

____

6. De ahí, iremos a las galápagos.

____

7. Quiénes irán a ver las tortugas marinas

____

8. Yo quiero ir. Son mis favoritas

____

Nombre ______________________ Fecha ____________

Robótica
Escritura: Escritura argumentativa

Punto de enfoque: Elección de palabras

Usar lenguaje persuasivo

Enunciado	Enunciado más persuasivo
La gente tiene miedo de que los robots sean demasiado inteligentes y se conviertan en un peligro para la humanidad.	Hay personas que han imaginado la posibilidad de que se lleguen a crear robots tan inteligentes que puedan dominar a los seres humanos. Este miedo se ha expresado en muchos libros y películas, desde novelas de ficción hasta películas de aventuras.

Llena los espacios en blanco con palabras más persuasivas que las del ejemplo de la izquierda. Usa palabras positivas y convincentes, que expresen confianza.

En lugar de esto...	...puedes escribir esto
1. Con la tecnología moderna se pueden hacer cosas para ayudar a algunas personas.	Con la tecnología moderna se pueden ______________ para ayudar a ________ personas.
2. Probar los robots ha dado probablemente muchos grandes resultados.	______________ los robots ha ________ muchos ______________ resultados.

Vuelve a escribir cada oración con palabras más persuasivas.

3. Los robots podrían ayudar a los médicos a cuidar a las personas.

____

____

4. Generalmente a la gente le gusta más un robot que parezca tener expresión.

____

____

5. Hay gente que está haciendo robots que son muy pequeños.

____

____

Nombre ______________________ Fecha ____________

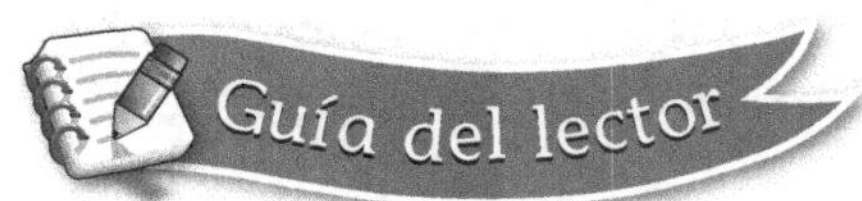

¿Quién dijo pomodoro?

Diseña un cartel

El artículo te ayuda a conocer la historia del tomate. Usa la información del texto para respaldar tus respuestas.

Lee el último párrafo de la página 5. ¿De dónde es originario el tomate? ¿Dónde comenzó a cultivarse de forma sistemática?

____

____

____

Lee la página 7. ¿Por qué se creía que el tomate era venenoso?

____

____

____

Lee la información de las páginas 8 a 10. ¿Qué hizo Robert Gibbon Johnson para limpiar la reputación del tomate?

____

____

____

Nombre ______________________ Fecha __________

Imagina que viajas a un lugar donde no conocen el tomate, pero sí la planta de belladona. Diseña un cartel para mostrar a las personas los beneficios del tomate. Asegúrate de decirles que es un alimento distinto a la belladona.

¡Prueba un delicioso tomate!

¿De dónde viene el tomate?

____

____

____

¿Es venenoso el tomate?

____

____

____

¿Qué se puede hacer con el tomate?

____

____

____

Nombre ______________________ Fecha ____________

Palabras con prefijos *im-*, *in-*, *dis-;* aumentativos y diminutivos

Básicas Completa las siguientes frases con las Palabras básicas que correspondan.

1. Lleve un recuerdo ______________ del país: compre una artesanía en la nueva tienda de la Calle 55.
2. El públicó quedó ______________ con la explicación sobre las bondades del tomate.
3. Se usó un ______________ para cultivar las mejores variedades de tomate.
4. Mató de un ______________ las hormigas que amenazaban la tomatera.
5. El público estaba ______________ por probar esos apetitosos tomates maduros.
6. Un ______________ francés demostró las diferencias entre la belladona y la tomatera.
7. Algunos trabajadores sufrieron una ______________ por las largas horas al sol en días de cosecha.
8. Al cliente le sirvieron en una ______________ una exquisita sopa roja que nunca había probado.
9. La tomatera tiene toda la apariencia de un ______________.

Avanzadas Busca otras palabras con los prefijos *im-,-in-* o *dis-* y con los aumentativos *-azo/-aza* y escribe una oración con tres de esas palabras.

Palabras de ortografía

1. investigador
2. insolación
3. incontrolable
4. inspector
5. disculpar
6. inolvidable
7. impaciente
8. improbable
9. disconforme
10. discordia
11. arbolito
12. calorcito
13. chiquillo
14. trencillo
15. zapatazo
16. grandote
17. terrenote
18. troncazos
19. tazona
20. cabezón

Avanzadas

impresionante
bocaza
manaza
incompatible
discordante

Clasificación de palabras

Básicas Escribe las Palabras básicas en la siguiente tabla.

Prefijo *im-*	
Prefijo *in-*	
Prefijo *dis-*	
Sufijo aumentativo *-azo/-aza*	
Sufijo aumentativo *-ote/-ota*	
Sufijo aumentativo *-ón/-ona*	
Sufijo diminutivo *-ito/-ita*	
Sufijo diminutivo *-illo/-illa*	

Avanzadas Agrega las Palabras avanzadas a tu tabla de Clasificación.

Conectar con la lectura Vuelve a leer *¿Quién dijo pomodoro?* y busca palabras con los prefijos y sufijos estudiados. Añádelas a tu tabla de Clasificación.

Palabras de ortografía

1. investigador
2. insolación
3. incontrolable
4. inspector
5. disculpar
6. inolvidable
7. impaciente
8. improbable
9. disconforme
10. discordia
11. arbolito
12. calorcito
13. chiquillo
14. trencillo
15. zapatazo
16. grandote
17. terrenote
18. troncazos
19. tazona
20. cabezón

Avanzadas

impresionante
bocaza
manaza
incompatible
discordante

Nombre ______________________ Fecha ______________

Corregir la ortografía

Lee el párrafo y encierra en un círculo todas las palabras mal escritas. Escribe las palabras correctamente en las líneas de abajo.

El famoso imbestigador Peters tuvo una reunión imprevista con el inpector de la policía.

—Es improvable que podamos resolver este asunto solos. —dijo este—. La situación es imcontrolable y yo me estoy poniendo muy inpaciente. Esta mañana hubo mucha discórdia en el centro de la ciudad. Solamente detuvieron a un grandoto cuando amenazaba a un chiqillo con un arma corta. El niño trató de escapar y tropezó con unos troncasos tirados en una esquina.

—Un momento —lo interrumpió Peters—. Usted me podrá discupar, pero yo no me ocupo de ese tipo de casos.

1. ______________________
2. ______________________
3. ______________________
4. ______________________
5. ______________________
6. ______________________
7. ______________________
8. ______________________
9. ______________________
10. ______________________

Palabras de ortografía

1. investigador
2. insolación
3. incontrolable
4. inspector
5. disculpar
6. inolvidable
7. impaciente
8. improbable
9. disconforme
10. discordia
11. arbolito
12. calorcito
13. chiquillo
14. trencillo
15. zapatazo
16. grandote
17. terrenote
18. troncazos
19. tazona
20. cabezón

Avanzadas

impresionante
bocaza
manaza
incompatible
discordante

Nombre ______________________ Fecha ______________

Los títulos

¿Quién dijo pomodoro?
Gramática: Títulos y abreviaturas

- Usa mayúscula para la primera letra de un **título.**
- Subraya los títulos de obras más grandes, tales como **libros, revistas, periódicos** y **películas.** (Cuando escribas en computadora, pon los títulos de las obras grandes en letra cursiva).

  Leímos un artículo de la revista Fenómenos de la naturaleza.
- Usa comillas antes y después del título de obras más pequeñas, como **cuentos, artículos, canciones, capítulos de libros** y para la mayoría de los **poemas.**

  El artículo que leímos era "Los huracanes".

Preguntas para reflexionar
¿Para qué sirve un título? ¿Qué palabras son importantes en un título?

1 a 4. Encierra en un círculo el título de cada oración. Escribe el título de forma correcta. Usa correctamente mayúsculas y signos de puntuación.

1. ¿Has leído el artículo: Cómo se forma un tornado?

   ____

2. La bon Jardinier es la enciclopedia francesa más antigua de jardinería.

   ____

3. Hipólito Cavalcanti publicó en lengua napolitana el libro Cocina Teórico-Práctica.

   ____

4. El libro de recetas incluía el capítulo salsas de tomate.

   ____

5 y 6. Encierra en un círculo el título escrito correctamente.

5. Me ha gustado mucho el poema "Batería de cocina".
6. Ayer leí el capítulo Cómo cultivar tomates en tu propia huerta.

Las abreviaturas

Una **abreviatura** es una forma corta de una palabra. Muchas abreviaturas comienzan con letra mayúscula y terminan con un punto.

La carta fue enviada al **Dr.** Ricardo Pérez, **Av.** Independencia 317, **Dpto.** 5

Pregunta para reflexionar
¿Qué palabras pueden representar estas letras?

1 a 5. Encierra en un círculo la abreviatura en cada oración. Escribe la palabra o palabras que representa cada una en la línea.

La carta fue enviada al (Dr.) Ricardo Pérez, (Av.) Independencia 317, (Dpto.) 5. Doctor, Avenida, Departamento

1. El tomate se cultiva cerca del mes de ago. ______________
2. Para que una salsa de tomate no sea ácida, agregue 1 cdta. de azúcar. ______________
3. El tomate fue distribuido por el mundo a partir del s. XVI. ______________
4. El Sr. Robert Gibbon Johnson luchó contra la mala fama del tomate el 26 de sep. de 1820. ______________
5. Los tomates necesitan que los cuides de lun. a dom. ______________

6 a 11. Escribe la abreviatura correcta para cada palabra en la línea.

Avenida La Plata — Av. La Plata

6. sargento Gómez ______________
7. 1 cucharada ______________
8. página 331 ______________
9. señorita ______________
10. Código Postal ______________
11. teléfono ______________

Los títulos y las abreviaturas

Los **títulos** de obras grandes, como libros, revistas, periódicos y películas, deben subrayarse. Pero si las obras son más pequeñas, como cuentos, artículos, canciones, capítulos de libros y poemas, deben encerrarse entre comillas.

Las **abreviaturas** son formas cortas de una o varias palabras. En algunos casos comienzan con mayúscula y terminan con un punto.

Preguntas para reflexionar
¿Los títulos son de obras grandes o de obras pequeñas? ¿En la oración hay alguna forma corta de una o más palabras?

1 a 5. Identifica los títulos en las siguientes oraciones y luego escríbelos en el estilo correcto.

1. El libro El principito es el libro que más me impactó en mi vida. ______________
2. En la revista Agricultura hoy, publicaron una nota sobre el cultivo de tomates. ______________
3. La película preferida de todos mis amigos es Viaje a las estrellas. ______________
4. Cuando el joven escribió su obra de teatro Naturaleza viva, nunca imaginó que iba a tener tanta repercusión. ______________
5. El capítulo del cuento que más me llamó la atención es La mala fama del tomate. ______________

6 a 10. Encierra en un círculo las abreviaturas en las siguientes oraciones y luego escribe la palabra que representa.

6. El Sr. Fernández me vendió una rica mermelada de tomate. ______________
7. La historia de Robert Gibbon Johnson se cuenta en la pág. 8 del cuento. ______________
8. Siempre agrego varias cdas. de ketchup a mi hamburguesa. ______________
9. Los mejores tomates se compran en la tienda de la Avda. Pine. ______________
10. El Dr. le recomendó a su paciente que no coma mucho tomate. ______________

Nombre ______________________ Fecha ____________

Lección 26
CUADERNO DEL LECTOR

¿Quién dijo pomodoro?
Gramática: Repaso frecuente

Gerundio

1 a 6. Vuelve a escribir la oración en la línea para expresar la acción que indica el verbo subrayado con un gerundio.

1. Ayer sembré una planta de tomate en el jardín.

   ____

2. Regaba la planta cuando apareció mi mamá.

   ____

3. La regaremos todos los días para que crezca.

   ____

4. Si tuviera un jardín más grande sembraría otras plantas.

   ____

5. Planeo sembrar una planta de lechuga después que crezca la planta de tomate

   ____

   ____

6. Cuando crezcan los tomates, los usaré para preparar mermelada.

   ____

7 a 10. Subraya el verbo correcto que está entre paréntesis para completar cada oración.

7. ¿Qué (estarías, estabas) haciendo ayer en el jardín?
8. Si pudiera, ahora (estaba, estaría) sembrando una planta de tomate.
9. ¿Cuándo crees que (estarás, estabas) cosechando los tomates?
10. Ayer mi tío jardinero me (está, estuvo) diciendo que alrededor de un mes.

Nombre ______________________ Fecha ____________

¿Quién dijo pomodoro?
Gramática: Conectar con la escritura

Conectar con la escritura

En lugar de escribir de manera desordenada, es importante que prestes especial atención al uso de mayúsculas y signos de puntuación correctos en títulos y abreviaturas.

Títulos	Abreviaturas
Usa mayúscula para la primera letra de un título. Usa comillas para referirte a títulos de cuentos, artículos, canciones, etc. *Es muy interesante el capítulo titulado "El tomate y sus vitaminas".*	En tus oraciones, usa abreviaturas –forma corta de las palabras– cada vez que lo consideres necesario. *La Sra. Pereyra consume muchos kg. de tomates por semana.*

1 a 3. Escribe cada palabra o grupo de palabras subrayadas como una abreviatura en la línea.

La señorita Isabel contó una historia muy entretenida.

La Srta. Isabel contó una historia muy entretenida.

1. El general Sucre fue un gran luchador.

____

2 y 3. ¿Conseguiste el número de página?

____

4 a 7. Aplica las normas.

Escribe en las líneas una carta corta a una empresa para pedir información sobre un producto determinado. Usa abreviaturas y normas para escribir títulos cada vez que lo consideres necesario.

____

____

____

____

____

Nombre ______________________ Fecha __________

¿Quién dijo pomodoro?

Escritura: Escritura narrativa

Punto de enfoque: Elección de palabras

Los escritores de poemas eligen las palabras cuidadosamente para crear un efecto específico o imágenes en la mente del lector. Por ejemplo, usan palabras sensoriales y detalles vívidos. También juegan con los sonidos: trabajan con la aliteración, es decir, repiten sonidos en las palabras, y con las onomatopeyas. A veces, también eligen palabras que rimen o se repitan.

Detalles vívidos	El pan calentito se zambulle delicioso en la salsa de tomate.
Aliteración y onomatopeyas	¡Mmm! El aroma de la menta me marea.
Repetición de palabras y rima	A revolver, a revolver, que ya es hora de comer.

Vuelve a escribir las oraciones usando detalles vívidos.

1. El olor de la cebolla me irrita los ojos.	
2. El chocolate es dulce y sabroso.	

Vuelve a escribir las oraciones usando aliteraciones u onomatopeyas.

3. La sopa quema.	
4. El agua hierve.	

Vuelve a escribir las oraciones usando rima o repitiendo palabras.

5. Mamá, ¿¡otra vez puré!? ______ Si no te gusta, no comas.	
6. ¡Me gusta el arroz! ______ ¡Quiero más!	

Nombre ______________________ Fecha __________

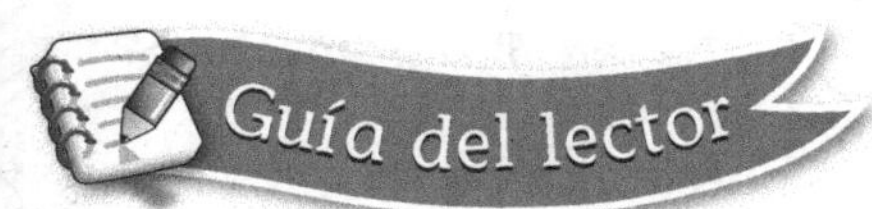

Borombombón, el destrozón

Escribir un informe

En el jardín, es necesario hacer mantenimiento. Escribe cómo cada animal puede ayudar a Borombombón a cuidar su jardín. Lee la página 24 como ayuda para escribir el informe.

Informe sobre la ayuda de los animales
Animal: pájaros **Actividades**: ______________________ ______________________
Animal: sapos **Actividades**: ______________________ ______________________
Animal: catarinas y moscardones **Actividades**: ______________________ ______________________
Animal: abejas **Actividades**: ______________________ ______________________
Animal: lombrices **Actividades**: ______________________ ______________________

Nombre ______________________________ Fecha ____________

Usa las actividades del informe como ayuda para escribir una descripción de trabajo para un jardinero para el jardín de Borombombón. Agrega características que consideres necesarias en un jardinero.

Jardinero
Calificaciones para el trabajo

Los aspirantes calificados deben tener las siguientes habilidades:

____

____

____

Los aspirantes calificados deben tener conocimiento en los siguientes temas:

____

____

____

Nombre ______________________ Fecha ____________

Palabras con los prefijos *con-, pre-, pro-, super-, extra-*

Básicas **Escribe la Palabra básica que pertenece a cada grupo.**

1. escudó, defendió ______________________
2. afijo, sufijo ______________________
3. plan, cálculo ______________________
4. cercanía, vecino ______________________
5. breve, sintético ______________________
6. excepcional, inusual ______________________
7. prefacio, introducción ______________________
8. asamblea, parlamento ______________________
9. perseverante, tenaz ______________________
10. conservar, mantener ______________________
11. mandatario, gobernante ______________________
12. hondo, intenso ______________________

Avanzadas **Lee el título que sigue. En una hoja aparte escribe sobre ello, usando tres de las Palabras avanzadas.**

____

"Los OVNIS nos visitan", anunció el científico Marshall.

Palabras de ortografía

1. prejuicio
2. precisión
3. proyecto
4. proximidades
5. profundo
6. protectora
7. constante
8. prólogo
9. preservar
10. contiene
11. conciso
12. procedimiento
13. protegió
14. presidente
15. congreso
16. prefijo
17. supersecreto
18. superponer
19. extravagante
20. superútil

Avanzadas

prepotente
contrincante
extraterritorial
extrarradio
preservó

Nombre ______________________________ Fecha ______________

Borombombón, el destrozón

Ortografía: Palabras con los prefijos *con-*, *pre-*, *pro-*, *super-*, *extra-*

Clasificación de palabras

Básicas Escribe las Palabras básicas en la siguiente tabla.

Prefijo *con-*	
Prefijo *pre-*	
Prefijo *pro-*	
Prefijo *super-*	
Prefijo *extra-*	

Avanzadas Agrega las Palabras avanzadas a tu tabla de Clasificación.

Conectar con la lectura Vuelve a leer *Borombombón, el destrozón*. Encuentra palabras que tengan los prefijos *con-*, *pre-*, *pro-*, *super-*, *extra-*. Añádelas a tu tabla de Clasificación.

Palabras de ortografía

1. prejuicio
2. precisión
3. proyecto
4. proximidades
5. profundo
6. protectora
7. constante
8. prólogo
9. preservar
10. contiene
11. conciso
12. procedimiento
13. protegió
14. presidente
15. congreso
16. prefijo
17. supersecreto
18. superponer
19. extravagante
20. superútil

Avanzadas

prepotente
contrincante
extraterritorial
extrarradio
preservó

Borombombón, el destrozón
Ortografía: Palabras con los prefijos *con-, pre-, pro-, super-, extra-*

Nombre ____________________ Fecha ____________

Corregir la ortografía

Lee el párrafo y encierra en un círculo todas las palabras mal escritas. Escribe las palabras correctamente en las líneas de abajo.

Todos saben que es superutil conocer que el dinosaurio es un animal que habitó nuestro planeta hace unos 200 millones de años. Sobre esta criatura estravagante, que no se pudo preserbar, se dicen muchas cosas erróneas, por ejemplo, que el hombre fue su contricante, cuando la realidad es que no convivieron nunca. Lo cierto es que mediante un prosedimiento científico de alta presisión sobre huesos hallados, se realizó un estudio prefundo sobre sus características y adaptación al medio. Sabemos así que unos fueron carnívoros y otros herbívoros. Estos últimos eran en general muy grandes, ya que alcanzaban las prosimidades de las elevadas copas de los árboles con cuyas hojas se alimentaban. Las razones de su extinción constituyen un super secreto ya que por alguna razón el medio no los protegio aunque vivieron mucho más tiempo en la Tierra que el que llevamos las personas hasta el presente.

1. ____________________ 6. ____________________
2. ____________________ 7. ____________________
3. ____________________ 8. ____________________
4. ____________________ 9. ____________________
5. ____________________ 10. ____________________

Palabras de ortografía

1. prejuicio
2. precisión
3. proyecto
4. proximidades
5. profundo
6. protectora
7. constante
8. prólogo
9. preservar
10. contiene
11. conciso
12. procedimiento
13. protegió
14. presidente
15. congreso
16. prefijo
17. supersecreto
18. superponer
19. extravagante
20. superútil

Avanzadas
prepotente
contrincante
extraterritorial
extrarradio
preservó

Nombre ____________________ Fecha ____________

Las citas directas y las citas interrumpidas

Una **cita directa** es una reproducción textual, es decir, palabra por palabra, de lo dicho o escrito por una persona. Para enmarcar una cita directa se usan comillas pegadas a la primera y última letras o a los signos de interrogación o exclamación que lleve la cita. Una cita directa se puede interrumpir con un comentario del narrador o del escritor entre comas.

cita directa

"¡Ganamos!", gritó Manuel al abrir la puerta.

comentario

"Los niños de esta clase", anunció el director, "podrán empezar las prácticas mañana".

Pregunta para reflexionar
¿Cuáles palabras pertenecen a la cita y cuáles son un comentario del que narra o escribe?

Actividad Vuelve a escribir cada oración. Escribe los signos de puntuación y las comillas que correspondan.

1. Me gritó desde el otro lado de la calle Vas tarde pero no le hice caso.

 ____

2. De ahora en adelante sentenció mamá te irás a la cama a las 8.

 ____

3. Me dijo "No lo haré" pero al final lo hizo.

 ____

4. Como dice el refrán: Al mal tiempo, buena cara.

 ____

5. Es verdad que dijo: Iremos al campeonato

 ____

6. El poema empieza así: Tarde en la tarde vuelve despacio...

 ____

Nombre ______________________ Fecha ____________

Las rayas de diálogo

El **diálogo** en una narración es una conversación entre dos o más personajes. La **raya de diálogo** introduce cada uno de los comentarios de los personajes en un diálogo y los comentarios del narrador a las palabras de los personajes.

—¿Por qué tienes una abeja en ese frasco?

—Es mi mascota —dijo su pequeña hermana Luz—, ¿ves? Le di flores para que coma.

Preguntas para reflexionar
¿Qué dice el personaje?
¿Qué dice el narrador?

1 a 3. Vuelve a escribir correctamente cada diálogo.

1. ¿Vendrás en la tarde? preguntó Marisa.
   Sí, estaré aquí a las cuatro respondió Clara.

   ____

   ____

2. Me gusta esta añadió Julio señalando una bicicleta roja Me la llevo.
   ¿Deseas algo más? preguntó el encargado de la tienda. No, gracias respondió Julio.

   ____

   ____

   ____

3. ¿Sabes el nombre de esa banda? preguntó Luis a Marta.
   No contestó ella encogiendo los hombros Pregúntale a Lili.

   ____

   ____

4 a 7. Lee el siguiente diálogo. Vuelve a escribirlo con la puntuación correcta.

Tengo mucho frío dijo Inés. Deberías haber traído un abrigo le contestó Will.
¿Me prestarías uno? replicó Inés, me harías un gran favor.

____

____

Nombre ______________________ Fecha ______________

Las citas directas y las rayas de diálogo

Una **cita directa** es una reproducción textual que se encierra entre comillas. La cita directa puede interrumpirse con un comentario del escritor entre comas.

La raya, también puede usarse para indicar un **diálogo**, es decir, una narración de la conversación entre personajes.

Pregunta para reflexionar
¿La oración es una reproducción textual o una narración entre personajes?

Actividad Vuelve a escribir cada oración. Escribe los signos de puntuación que correspondan.

1. ¡No puedo creer cómo quedó el jardín! gritó enfurecido después de la granizada.

____

____

2. Mariana preguntó ¿Por qué son importantes los insectos?

____

3. Mi jardín anuncié con orgullo es el primero que floreció esta primavera.

____

4. Después de comer tanta verdura, voy a quedar como dice el dicho Más fuerte que un roble.

____

____

5. Casi en llanto me dijo Tus queridas hormigas comieron mi rosal.

____

6 y 7. Lee el siguiente diálogo. Vuelve a escribirlo correctamente.

6. Fundaremos un grupo ecológico dijo Belén.
¡Qué buena idea! exclamó Pedro. ______________________________

____

7. Esta es mi planta favorita. ¿Sabes cómo se llama?
No me acuerdo contestó dubitativa. Mejor preguntemos en el vivero.

____

____

Nombre ______________________________ Fecha ____________

Borombombón, el destrozón
Gramática: Repaso frecuente

Adjetivos

Adjetivos	Cómo usarlos	Ejemplos
Calificativos	Para indicar una cualidad	Borombombón es un **destrozón.**
Gentilicios	Para indicar el origen o nacionalidad	Creo que es **americano.**
Demostrativos	Para indicar una distancia	**Ese** jardín corría peligro.

1 a 5. Actividad Subraya el adjetivo correcto entre paréntesis para completar la oración.

El tomate era muy (rojo/rojas) y brillante.

1. Todos los habitantes estaban muy (asustados/asustado).
2. La canasta de tomates quedó (vacíos/vacía).
3. El origen de la pizza es (italiana/italiano).
4. (Mucha/Muchas) gente tenía miedo de los insectos.
5. Los niños fueron muy (valiente/valientes) al engañar a Borombombón.

6 a 8. Actividad Escribe un adjetivo de la clase que se indica entre paréntesis para completar cada oración.

El tomate es un fruto americano. (gentilicio)

6. ______________ frutos se cosechan en primavera. (demostrativo)
7. El ketchup es un producto ______________________. (gentilicio)
8. Las zanahorias son ____________________. (calificativo)

Nombre ______________________ Fecha ______________

Conectar con la escritura

Las citas acompañadas de una cuidadosa elección de las palabras varían la estructura de las oraciones y crean una voz fuerte y expresiva. Las citas de autores o personajes importantes te sirven para dar apoyo a tus ideas.

Cita indirecta	Cita directa
Ana dice que hagamos nuestro propio jardín.	Ana propone entusiasmada: "¡Hagamos nuestro propio jardín!".

Actividad Lee cada cita indirecta. Cámbiala para que sea una cita directa. Cambia el verbo que explica lo que hace el hablante si crees que eso mejora la oración.

1. En el artículo, el autor dice que los vegetales no pueden faltar en una alimentación balanceada.

____

____

2. Les dice a los niños que deben tener cuidado con las hormigas.

____

3. María le pregunta al jardinero por qué es tan importante la luz solar.

____

4. El papá les dice a los niños que no se olviden de regar las plantas todos los días.

____

____

Nombre ______________________ Fecha ______________

¿Quién dijo pomodoro?
Escritura: Escritura narrativa

Punto de enfoque: Ideas

Los buenos escritores comparan y contrastan rasgos correspondientes en sus temas. Este escritor había contrastado el aporte de nutrientes de las verduras con la consistencia de las carnes. Para hacer el contraste más claro, el escritor reemplazó uno de los detalles para que los detalles se correspondan.

Las verduras y frutas aportan principalmente vitaminas y minerales; en cambio las carnes son una fuente indispensable de proteínas.

Lee cada oración. Vuelve a escribir las oraciones para que los rasgos que se comparan o contrastan se correspondan.

1. Mientras que las frutas y verduras son de variados colores, los cereales son ricos en fibras.

____

____

2. Las verduras aportan diferentes minerales, pero también la leche y sus derivados contienen básicamente líquidos.

____

____

____

3. Los pescados contienen un alto porcentaje de proteínas, pero también los aceites de algunos de ellos tienen grasas.

____

____

____

Nombre ______________________ Fecha ____________

Memoria salvaje

Reunir información para un proyecto de ciencias

María está reuniendo investigaciones que se hicieron sobre la memoria de algunos animales para un proyecto de ciencias. Usa la evidencia del texto para completar su informe. Recuerda escribirlo desde el punto de vista de María.

	Memoria salvaje: La memoria de los animales Por María
Lee la página 37 para averiguar qué se sabe sobre la memoria de los elefantes.	Tema: Los elefantes se mantienen en contacto con otros elefantes de su manada. ______________
Lee la página 38 para averiguar qué se sabe sobre la memoria de los delfines.	Tema: Los delfines tienen "nombres". ______________
Lee las páginas 39 y 40 para averiguar qué se sabe sobre la memoria de los monos.	Tema: Los monos pueden recordar números. ______________

Nombre ______________________ Fecha ____________

Memoria salvaje
Lectura independiente

Imagina que María ha presentado su informe en una feria de ciencias donde la gente puede hacerle preguntas. Ayúdale a contestar las preguntas.

Repasa la página 37.
"Tengo entendido que cuando alguien tiene buena memoria, se dice que tiene memoria de elefante. ¿Es correcta esa comparación?".

____

____

____

Lee la primera parte de la página 40.
"Dijiste que los monos recuerdan números. ¿Lo hacen a través de la memoria fotográfica?".

____

____

____

Repasa la página 38.
"¿Los animales pequeños, como los insectos, también tienen memoria?".

____

____

____

____

Nombre ______________________ Fecha ____________

Palabras con los sufijos *-ón/-ona, -ísimo/-ísima*

Básicas **Escribe en las líneas la Palabra básica que complete mejor cada grupo.**

1. casas, caseríos, mansiones ____________
2. comilón, glotón, voraz ____________
3. sedosa, lisa, tersa ____________
4. resbalar, resbaloso, resbaladizo ____________
5. insistente, reiterativa, molesta ____________
6. económico, poco precio, conveniente ____________
7. autoritarias, despóticas, dominantes ____________
8. célebres, conocidos, renombrados ____________
9. muy ligero, muy veloz, muy acelerado ____________
10. mimados, malcriados, consentidos ____________
11. muy cargado, muy macizo, muy fatigoso ____________
12. camarada, compañero, inseparable ____________

Avanzadas **Haz la descripción de un animal o mascota que conozcas. Usa al menos tres de las Palabras avanzadas.**

Palabras de ortografía

1. mandonas
2. regalones
3. casonas
4. famosísimos
5. tardísimo
6. tempranísimo
7. rapidísimo
8. baratísimo
9. pesadísimo
10. altísimo
11. resbalón
12. manotón
13. cuarentón
14. tragón
15. machacona
16. cincuentón
17. buenísimo
18. suavísima
19. sesentona
20. amigón

Avanzadas

gigantísimo
comiquísimo
apagón
comilona
lindísima

Nombre ________________ Fecha ________

Memoria salvaje

Ortografía: Palabras con los sufijos *-ón/-ona, -ísimo/-ísima*

Clasificación de palabras

Básicas Escribe las Palabras básicas en la siguiente tabla.

Sufijos *-ón/-ona*	
Sufijos *-ísimo/-ísima*	

Avanzadas Agrega las Palabras avanzadas a tu tabla de Clasificación.

Conectar con la lectura Vuelve a leer *Memoria Salvaje*. Encuentra palabras que tengan los sufijos *-ón/-ona, -ísimo/-ísima.* Añádelas a tu tabla de Clasificación.

Palabras de ortografía

1. mandonas
2. regalones
3. casonas
4. famosísimos
5. tardísimo
6. tempranísimo
7. rapidísimo
8. baratísimo
9. pesadísimo
10. altísimo
11. resbalón
12. manotón
13. cuarentón
14. tragón
15. machacona
16. cincuentón
17. buenísimo
18. suavísima
19. sesentona
20. amigón

Avanzadas

gigantísimo
comiquísimo
apagón
comilona
lindísima

Nombre ____________________ Fecha ____________

Memoria salvaje
Ortografía: Palabras con los sufijos *–ón/-ona, -ísimo/-ísima*

Corregir la ortografía

Lee el párrafo y encierra en un círculo todas las palabras mal escritas. Escribe las palabras correctamente en las líneas de abajo.

El doctor Spiegler, un científico cinquentón, era mencionado en las revistas científicas entre otros hombres famosícimos, por su dedicación al estudio de la memoria de los animales. En una publicación aparece la anécdota que sigue: "Un día me levanté tempranisimo y descubrí que mi loro Pipper, tragona por naturaleza, había terminado todo su alimento rapidísimos y desaparecido sin dejar rastro. Como todos los animales regalonas de su amo, él nunca se alejaba después de una comidona, para asegurarse de que yo le llenara otra vez el recipiente. Miré a mi alrededor. Nada... Súbitamente, escuché un silbido agudo que venía de la claraboya entreabierta. Pipper había intentado escapar y había quedado atrapado. ¿Cómo salvarlo? Estaba altisimo. No tenía una escalera allí. Se me ocurrió subir a la mesa y tratar de alcanzarlo de un manoton. El rezbalón fue violento y quedé tendido en el suelo, desmayado. Me contaron luego que el buenícimo Pipper, con voz machacosa, pasó un buen rato chillando: "¡oh, doctor, oh, doctor, oh, doctor!", hasta que los empleados de la seguridad, alertados, llegaron a rescatarnos.

1. ____________ 7. ____________
2. ____________ 8. ____________
3. ____________ 9. ____________
4. ____________ 10. ____________
5. ____________ 11. ____________
6. ____________ 12. ____________

Palabras de ortografía

1. mandonas
2. regalones
3. casonas
4. famosísimos
5. tardísimo
6. tempranísimo
7. rapidísimo
8. baratísimo
9. pesadísimo
10. altísimo
11. resbalón
12. manotón
13. cuarentón
14. tragón
15. machacona
16. cincuentón
17. buenísimo
18. suavísima
19. sesentona
20. amigón

Avanzadas

gigantísimo
comiquísimo
apagón
comilona
lindísima

Nombre ______________________ Fecha ______________

Memoria salvaje
Gramática: Comas en oraciones

Las palabras y frases introductorias

- Usa **comas** después de palabras o frases introductorias.
- Separa con una coma las palabras introductorias como *además, sin embargo, sí* y *no*.

  Sí, creo que algunos animales pueden ser inteligentes.

- Separa con comas las frases introductorias largas con giros preposicionales o indicadores de tiempo, lugar, etc.

  Después de largas investigaciones, llegaron a una conclusión.

- Coloca coma después de frases introductorias con gerundios o participios.

  Llegado el momento, expusieron los resultados de su investigación.

Pregunta para reflexionar
¿El sentido de la oración es más claro con la pausa (coma) después de la palabra o frase introductoria?

Actividad Vuelve a escribir las oraciones. Coloca comas donde sea necesario.

1. Sin embargo las investigaciones más recientes demuestran lo contrario.

____

2. Considerando que tienen mala visión diurna la memoria de los elefantes es prodigiosa.

____

____

3. Además las hormigas guardan imágenes de la ruta y pronto se orientan.

____

4. Sobre los delfines se descubrió que usan algo parecido a nombres para comunicarse.

____

____

Los nombres y las aposiciones

- Una **aposición** es una palabra o frase ubicada después de un sustantivo para identificarlo o explicarlo. Usa comas para separar la aposición del resto de la oración.

  El elefante**, el mayor animal terrestre,** forma grupos matriarcales que viajan juntos.

- Un sustantivo de apelación directa es el sustantivo que indica la persona a quien se está hablando. Usa comas para separar sustantivos de apelación.

  Estudiantes, hoy vamos a leer sobre la memoria de los animales.

Pregunta para reflexionar
¿Qué me indican las comas en estas oraciones?

Actividad Lee la carta y corrígela agregando comas donde sea necesario. Hay dos nombres de apelación y tres aposiciones.

Ana te escribo para contarte las cosas que estoy aprendiendo sobre la naturaleza. Hemos leído acerca de la memoria de los animales desde los más grandes los elefantes hasta los más pequeños las hormigas. No te imaginas Ana las cosas increíbles que encierra la naturaleza. Sería lindo que estuvieras conmigo aquí en mi pueblo San Pedro; juntas podríamos aprender muchas otras cosas interesantísimas. Voy a escribirte pronto y a contarte más sobre mi aprendizaje.

____

____

____

____

____

____

____

Nombre ______________________ Fecha ____________

Lección 28
CUADERNO DEL LECTOR

Memoria salvaje
Gramática: Comas en oraciones

Las comas en oraciones

Usa **comas** después de palabras o frases introductorias. También para separar una aposición del resto de la oración y para separar sustantivos de apelación.

Pregunta para reflexionar
¿En la oración hay una frase introductoria o se explica algún sustantivo?

Actividad **Vuelve a escribir las oraciones. Coloca comas donde sea necesario.**

1. En el Parque Nacional Amboseli se realizó un estudio sobre elefantes.

   ____

2. Las hormigas mínimos y laboriosos insectos reconocen señales químicas.

   ____

3. ¡Tienes una memoria de elefante Alejandra!

   ____

4. Los biólogos sagaces e inteligentes descubrieron que las hormigas conservan imágenes de la ruta.

   ____

   ____

5. Luego comencé a seguir la ruta de las hormigas.

   ____

6. Teniendo en cuenta tus observaciones puedo afirmar que has hecho un gran trabajo.

   ____

   ____

7. ¿Adónde vas Luis tan temprano?

   ____

8. Además tendrías que llevar la cámara para fotografiar a los animales.

   ____

Nombre ______________________ Fecha ______________

Frases preposicionales y contracciones

Memoria salvaje
Gramática: Repaso frecuente

1 a 4. Subraya la preposición correcta que está entre paréntesis para completar la frase preposicional de cada oración.

1. Los elefantes saben encontrar (en, a) cada miembro de su manada.

2. Ahora entiendo lo que quieren decir (con, bajo) memoria de elefante.

3. Los delfines usan algo parecido (con, a) los nombres para comunicarse entre ellos.

4. Se hicieron pruebas a primates (para, por) evaluar su memoria numérica.

5 a 6. Vuelve a escribir las oraciones correctamente.

5. A el olfatear a un individuo de la manada que se suponía alejado de su zona, los elefantes se sorprendían.

____

____

6. Las hormigas memorizan elementos de el camino que recorren.

____

____

Conectar con la escritura

En lugar de escribir dos oraciones cortas repitiendo un sustantivo, puedes usar una aposición para combinar las dos oraciones en una más fluida.

Dos oraciones	Una oración
Los elefantes tienen una gran memoria. Los elefantes son los animales terrestres más grandes.	Los elefantes, los animales terrestres más grandes, tienen una gran memoria.

1 a 3. Combina estas oraciones cortas con una aposición en las líneas.

1. **Oración 1**

   El olfato se relaciona con la memoria.

   Oración 2

   La memoria constituye el mapa de situación en la cabeza de los elefantes.

   ____

   ____

2. **Oración 1**

   Los delfines usan algo parecido a un nombre para comunicarse.

   Oración 2

   Los delfines usan un silbido único y distintivo para comunicarse.

   ____

   ____

3. **Oración 1**

   Muchos años se subestimó la capacidad intelectual de los primates.

   Oración 2

   Muchos años se subestimó la capacidad intelectual de nuestros primos en la evolución de la especie.

   ____

   ____

Punto de enfoque: Voz

En lugar de esto...	*... el autor escribió esto*
Son capaces de recordar información sobre un lugar determinado.	Son capaces de recordar información sobre el lugar preciso donde debiera estar cada miembro del grupo en un determinado momento.

Lee cada oración. Agrega los detalles y las palabras exactas para que la voz sea más informativa. Escribe tus nuevas oraciones.

1. Los chimpancés jóvenes tienen buena memoria.

   ____

   ____

2. Las madres chimpancés y sus crías compitieron con estudiantes.

   ____

   ____

3. Las hormigas conservan imágenes visuales.

   ____

   ____

4. Los delfines acuden al silbido de otros delfines.

   ____

   ____

5. Alex era un loro tan inteligente como otros animales.

   ____

   ____

Las matemáticas ocultas en la vida cotidiana

Un diario matemático

Imagínate que escribes un diario en el que registras tus observaciones sobre cómo se usan las matemáticas en la vida cotidiana. Usa evidencia del texto para escribir las entradas.

Vuelve a leer la página 51 de la selección. Imagina una situación cotidiana en donde las matemáticas funcionen sin que lo advirtamos.

Vuelve a leer la página 52 de la selección. Imagina que haces una búsqueda en Internet y explica cómo intervienen las matemáticas en ella.

Nombre ______________________ Fecha __________

Vuelve a leer la página 53. Imagínate que has escrito lo siguiente en tu diario: "En las empresas se usan las matemáticas, sobre todo, para calcular costos, ganancias y pérdidas". Según lo que leíste en la selección, ¿qué deberías agregar en tu observación?

____

____

____

Vuelve a leer la página 54. Elige alguno de los usos de las matemáticas que allí se describen y haz una ilustración relacionada con rótulos que incluyan datos y detalles.

Nombre ______________________ Fecha ____________

Las matemáticas ocultas en la vida cotidiana

Ortografía: Palabras con los sufijos *-ista, -ero, -dor, -ano, -ico*

Palabras con los sufijos *-ista, -ero, -dor, -ano, -ico*

Básicas Escribe la Palabra básica que se relacione mejor con cada grupo.

1. triste, melancólico, solitario ______________
2. piscina, traje de baño, carril ______________
3. enfermedad, curar, operar ______________
4. pastelero, repostero, panadero ______________
5. trompetista, guitarrista, bandoneonista ______________
6. cuidador, guardián ______________
7. crédito, préstamo, dinero ______________
8. rosas, margaritas, gardenias ______________
9. músico, teclas, partitura ______________
10. cartel, rótulo, anuncio ______________
11. anillo, collar, brazalete ______________
12. barco, vela, puerto ______________
13. sandalia, zapato, zapatilla ______________
14. hospital, inyección, enfermo ______________
15. fiera, rifle, perro ______________

Avanzadas Busca y escribe, en una hoja aparte, palabras que se relacionen con cada una de las Palabras avanzadas.

Palabras de ortografía

1. aviadora
2. doctora
3. cazador
4. diseñador
5. cocinero
6. nadadora
7. marinero
8. enfermero
9. jardinero
10. zapatero
11. obrero
12. banquero
13. artesano
14. pianista
15. joyero
16. músico
17. letrero
18. astillero
19. casero
20. nostálgico

Avanzadas

paradero
vitoreador
trágico
farmacéutica
marciana

Nombre ______________________ Fecha ______________

Las matemáticas ocultas en la vida cotidiana
Ortografía: Palabras con los sufijos *-ista, -ero, -dor, -ano, -ico*

Clasificación de palabras

Básicas Escribe las Palabras básicas correctas en la siguiente tabla.

Sufijo *-ico*	
Sufijo *-ero*	
Sufijo *-dor*	
Sufijo *-ano*	
Sufijo *-ista*	

Avanzadas Agrega las Palabras avanzadas a tu tabla de Clasificación.

Conectar con la lectura Vuelve a leer *Las matemáticas ocultas en la vida cotidiana* y busca palabras que tengan alguno de estos sufijos. Agrégalas a tu tabla de Clasificación.

Palabras de ortografía

1. aviadora
2. doctora
3. cazador
4. diseñador
5. cocinero
6. nadadora
7. marinero
8. enfermero
9. jardinero
10. zapatero
11. obrero
12. banquero
13. artesano
14. pianista
15. joyero
16. músico
17. letrero
18. astillero
19. casero
20. nostálgico

Avanzadas
paradero
vitoreador
trágico
farmacéutica
marciana

Nombre ______________________ Fecha ____________

Lección 29
CUADERNO DEL LECTOR

Las matemáticas ocultas en la vida cotidiana

Ortografía: Palabras con los sufijos *-ista, -ero, -dor, -ano, -ico*

Corregir la ortografía

Encierra en un círculo todas las palabras mal escritas. Escribe las palabras correctamente en las líneas de abajo.

Para el 1 de mayo de este año, el gobernador de la ciudad decidió celebrar un acto evocador y nostáljico. Como el homenaje debía ser para todos los trabajadores, participaron un disenador y un pianizta, y todos los participantes debían disfrazarse y actuar con otro rol, y bailar al compás de la música alegre o tragica que tocaban en vivo algunos múcicos. Entre los que participaron, se encontraban una cirujana disfrazada de marsiana; un marrinero vestido de bankero; un enfemero con delantal... de cosinero, un farmaceútica con ropas de ovrero y un jardinista con el rifle de un casador. El presentador del espectáculo era el jollero de la ciudad. La celebración duró todo el día y los fondos recaudados se donaron a varias organizaciones de caridad.

1. ______________
2. ______________
3. ______________
4. ______________
5. ______________
6. ______________
7. ______________
8. ______________
9. ______________
10. ______________
11. ______________
12. ______________
13. ______________
14. ______________
15. ______________

Palabras de ortografía

1. aviadora
2. doctora
3. cazador
4. diseñador
5. cocinero
6. nadadora
7. marinero
8. enfermero
9. jardinero
10. zapatero
11. obrero
12. banquero
13. artesano
14. pianista
15. joyero
16. músico
17. letrero
18. astillero
19. casero
20. nostálgico

Avanzadas

paradero
vitoreador
trágico
farmacéutica
marciana

Las comas

- Usa la **coma** para separar las oraciones simples muy largas que forman una oración compuesta mediante las conjunciones *y, pero, mas, sino, excepto,* etc.

  La gente está acostumbrada a que las cosas funcionen solas, **pero** en realidad hay algo que las hace funcionar.

- Usa la **coma** para separar las dos partes de una oración cuando una parte comienza con una conjunción subordinante (*cuando, como, porque, que, quien, aunque,* etc.)

  Cuando se pone el termostato de la calefacción a una temperatura de 70 º F, se encienden los radiadores.

Pregunta para reflexionar
¿Colocar una coma después de la oración simple o subordinada hace más claro el sentido de toda la oración?

Actividad Subraya la conjunción subordinante. Vuelve a escribir cada oración en las líneas, y coloca una coma donde sea necesario.

1. El mundo abstracto de los números se une con el físico de modo que nuestra vida cotidiana es la conexión de esos dos mundos.

____

____

2. Para que mejore el rendimiento de los ciclistas sus cascos tienen forma aerodinámica.

____

____

3. Como los objetivos son diferentes el diseño de barcos aviones o carros varía.

____

____

Nombre ____________________ Fecha ____________

Otros usos de la coma

- Usa la **coma** para separar elementos en una serie de dos o más palabras o frases.

  En los **aviones, los automóviles o los barcos** se utiliza el mismo procedimiento.

- Usa la **coma** para separar los datos de un lugar.

  Enrique Zuazua es profesor de la Universidad Autónoma de **Madrid, España.**

Pregunta para reflexionar
¿Qué partes de la oración deben separarse con comas?

Actividad **Corrige el siguiente párrafo agregando comas donde sea necesario.**

El estudio de las matemáticas ha evolucionado pero comenzó en la Antigüedad con la dedicación de grandes hombres como Tales Arquímedes Pitágoras. Tales nació en Mileto Asia menor. Sus estudios abarcaron geometría álgebra lineal y geometría del espacio. También estudió áreas de la física como la estática la dinámica la óptica.

____

____

____

____

____

Nombre ______________________ Fecha ______________

Las comas en oraciones

Usa la **comas** para separar oraciones simples muy largas mediante conjunciones. También para separar las dos partes de una oración cuando comienza con una conjunción subordinante.

Además, usa comas para separar elementos en una serie de dos o más palabras o frases y para separar los datos de un lugar.

Pregunta para reflexionar
¿En la oración hay alguna oración simple o subordinada, o una serie de elementos?

Actividad **Vuelve a escribir cada oración en la línea y coloca comas donde sea necesario.**

1. Aunque no somos conscientes de eso usamos las matemáticas en nuestra vida cotidiana.

____

____

2. Usamos las matemáticas en muchas situaciones: cuando compramos encendemos la computadora contamos.

____

____

3. Arquímedes fue un matemático y geómetra griego nacido en Siracusa Sicilia.

____

4. Cuando era muy pequeño Pitágoras viajó a Egipto y a Mesopotamia para estudiar.

____

____

5. La forma de los cascos no es una cuestión estética sino aerodinámica.

____

6. Las artes: la música la pintura la escultura se han apoyado siempre en las matemáticas.

____

____

Nombre ______________________ Fecha ______________

Las matemáticas ocultas en la vida cotidiana
Gramática: Repaso frecuente

Hacer comparaciones

Las conjunciones comparativas pueden usarse para comparar dos o más personas, cosas o lugares.

Hacer comparaciones	Cómo usarlos	Ejemplos
Más ... que	Para indicar superioridad	Las flores son **más** coloridas **que** el césped.
Menos ... que	Para indicar inferioridad	El tiempo aquí es **menos** húmedo **que** en mi ciudad.
Tan ... como	Para indicar igualdad	Este jardín es **tan** lindo **como** el nuestro.

1 a 5. Actividad Escribe una oración comparativa con los elementos dados en las líneas.

Un mar/amplio/un arroyo
Un mar es más amplio que un arroyo.

1. El árbol/alto/las plantas

____

2. La arena/oscura/la tierra

____

3. Para una planta, el agua/importante/luz solar

____

4. Las raíces de un árbol/visibles/sus hojas

____

5. El aire/necesario/el agua para que las plantas crezcan

____

Nombre ______________________ Fecha ______________

Conectar con la escritura

Oraciones cortas y repetitivas	Una oración combinada
Un matemático griego fue Arquímedes. También Tales de Mileto estudió matemáticas. Otro matemático griego de la Antigüedad fue Pitágoras.	Arquímedes, Tales de Mileto y Pitágoras fueron matemáticos griegos de la Antigüedad.

Actividad Combina estas oraciones cortas escribiéndolas como una serie en las líneas.

1. Galileo se dedicó a las matemáticas. El filósofo Descartes también estudió matemáticas. Otro estudioso fue Newton.

____

____

2. Euler fue un matemático reconocido y famoso. Einstein también fue un reconocido y famoso estudioso de matemáticas.

____

3. Para hacer cálculos simples podemos usar elementos concretos. También podemos hacer cálculos simples con la calculadora. Podemos escribir puntos o palitos para hacer cálculos simples.

____

____

4. Una escuadra sirve para trazar líneas rectas perpendiculares. Además, con una escuadra podemos medir pequeñas distancias. También con una escuadra podemos realizar ángulos rectos.

____

____

Nombre ______________________ Fecha ______________

Las matemáticas ocultas en la vida cotidiana
Escritura: Escritura narrativa

Punto de enfoque: Ideas
Mostrar en lugar de contar

Cuenta un suceso o una emoción	Muestra un suceso o una emoción
Sentí miedo.	El miedo me invadía el rostro, alterando mi respiración y haciéndome temblar las rodillas.

En parejas/Para compartir Trabaja con un compañero y escribe ejemplos que muestren cada suceso o emoción.

Cuenta un suceso o una emoción	Muestra un suceso o una emoción
Comencé el examen.	
Leí el primer punto.	
No entendía nada.	

Alberto Santos Dumont, pionero de la aviación

Primeros pasos en la aviación

La aviación nos resulta familiar y normal en nuestra época. Sin embargo, no hace tantos años era toda una novedad. Piensa en todas las contribuciones que hizo Alberto Santos Dumont a la aviación. Luego, usa evidencia del texto para enumerar los sucesos importantes en los que participó.

Vuelve a leer las páginas 65 a 68 y enumera los aportes de Alberto Santos Dumont.

Aportes de Alberto Santos Dumont

____

____

____

____

____

____

____

____

____

____

____

Nombre ______________________________ Fecha ____________

Vuelve a leer las páginas 69 a 71 y enumera las características del Demoiselle.

Aportes de Alberto Santos Dumont

____
____
____
____
____
____
____
____
____
____
____
____

A partir de la evidencia del texto, comenta la postura de Alberto Santos Dumont con respecto al uso militar de la aviación.

____
____
____
____

Nombre ______________________ Fecha ______________

Palabras con los prefijos *bi-, tri-, ante-*

Básicas **Escribe la Palabra básica que pertenece a cada grupo.**

1. rectangular, ovoidal ______________________
2. vigésimo, cuatrigésimo ______________________
3. lente, monóculo ______________________
4. ayer, hoy ______________________
5. previo, precedente ______________________
6. penúltimo, último ______________________
7. sobreponer, deponer ______________________
8. velocípedo, pedales ______________________
9. desviarse, ramificarse ______________________
10. monosílabo, trisílabo ______________________
11. tricéfalo, cuatricéfalo ______________________
12. trienal, quinquenal ______________________

Avanzadas **Lee el título que sigue. En una hoja aparte, escribe sobre ello, usando tres de las Palabras avanzadas.**

"Últimos inventos para la vida cotidiana"

Palabras de ortografía

1. anteayer
2. anterior
3. anteceder
4. antebrazo
5. antepenúltimo
6. anteponer
7. bicicleta
8. bilabial
9. bifurcarse
10. anteanoche
11. bisílabo
12. anteojos
13. bicéfalo
14. bienal
15. binóculo
16. bimestral
17. trigésimo
18. trimotor
19. triangular
20. trimestre

Avanzadas

trípode
tricolor
bifocal
bilingüismo
antepuesto

Nombre ______________________ Fecha ______________

Alberto Santos Dumont, pionero de la aviación
Ortografía: Palabras con los prefijos *bi-*, *tri-*, *ante-*

Clasificación de palabras

Básicas Escribe las Palabras básicas en la siguiente tabla.

Prefijo *bi-*	
Prefijo *tri-*	
Prefijo *ante-*	

Avanzadas Agrega las palabras Avanzadas a tu tabla de Clasificación.

Conectar con la lectura Vuelve a leer *Alberto Santos Dumont, pionero de la aviación* y busca palabras con los prefijos anteriores. Añádelas a tu tabla de Clasificación.

Palabras de ortografía

1. anteayer
2. anterior
3. anteceder
4. antebrazo
5. antepenúltimo
6. anteponer
7. bicicleta
8. bilabial
9. bifurcarse
10. anteanoche
11. bisílabo
12. anteojos
13. bicéfalo
14. bienal
15. binóculo
16. bimestral
17. trigésimo
18. trimotor
19. triangular
20. trimestre

Avanzadas

trípode
tricolor
bifocal
bilingüismo
antepuesto

Nombre ______________________ Fecha ______________

Corregir la ortografía

Alberto Santos Dumont, pionero de la aviación

Ortografía: Palabras con los prefijos *bi-*, *tri-*, *ante-*

Encierra en un círculo todas las palabras mal escritas. Escribe las palabras correctamente en las líneas de abajo.

Antayer cien deportistas de diferentes países que usaban anteogos especiales se congregaron para participar en una competencia bienial celebrada antehanoche con antelasión para llegar a la cima del monte San Fernando. Todos los participantes con sus vicicletas se reunieron de antemano en la ciudad y recibieron una sudadera tiscolor para usar en el evento. Un jurado clasificó a los participantes que completaron un recorrido tringular en seis horas. Fue un logro de resistencia y destreza. Hubo un solo herido leve en un antebraso que debió abandonar. Con una cámara instalada sobre un tripode se registró la llegada de los concursantes. Los festejos se sucedieron toda la noche.

1. ______________________
2. ______________________
3. ______________________
4. ______________________
5. ______________________
6. ______________________
7. ______________________
8. ______________________
9. ______________________

Palabras de ortografía

1. anteayer
2. anterior
3. anteceder
4. antebrazo
5. antepenúltimo
6. anteponer
7. bicicleta
8. bilabial
9. bifurcarse
10. anteanoche
11. bisílabo
12. anteojos
13. bicéfalo
14. bienal
15. binóculo
16. bimestral
17. trigésimo
18. trimotor
19. triangular
20. trimestre

Avanzadas

trípode
tricolor
bifocal
bilingüismo
antepuesto

Nombre ______________________ Fecha ______________

Los dos puntos

- Usa los **dos puntos** para indicar una lista y para indicar los minutos en la hora.

  El avión partió a las **6:30** h.

  Los pasajeros que deben esperar en la puerta 7 son los que tienen los siguientes destinos**:** Caracas, Costa Rica y San Salvador.

Pregunta para reflexionar
¿Qué me indican los dos puntos?

Actividad Vuelve a escribir en las líneas cada oración y coloca el signo de puntuación que sea necesario.

1. Las maquinarias del padre de Dumont podían hacer muchas cosas sembrar, recoger, procesar y transportar la cosecha.

   ____

   ____

2. La plantación de los Dumont contaba con tecnología avanzada maquinarias para la cosecha, minilocomotoras y vías férreas propias.

   ____

   ____

   ____

3. Los sucesivos intentos acababan invariablemente en lugares no deseados sobre las copas de los árboles, los techos de las mansiones o las chimeneas de los hoteles.

   ____

   ____

   ____

4. El reloj de pulsera marcaba las 345 h.

   ____

5. Santos Dumont hizo exhibiciones aéreas muchos años en 1901 en 1903 y en 1907.

   ____

   ____

Nombre ______________________ Fecha ____________

Alberto Santos Dumont, pionero de la aviación
Gramática: Otros signos de puntuación

El paréntesis

Los **paréntesis** se usan para separar ejemplos, explicaciones o hechos secundarios. Esta información se agrega a la oración, pero no es necesaria para que ella tenga sentido.

Ocupado con el control de los comandos del globo **(encendido, embrague de la hélice, lastre, dirección y altura, y válvula de emergencia)**, no había podido consultar su reloj de bolsillo.

Pregunta para reflexionar
¿Qué información me dan las palabras entre paréntesis?

Actividad Vuelve a escribir la oración en las líneas y agrega paréntesis donde sea necesario.

1. Muchos empleados auxiliares de vuelo, piloto, copiloto, mecánicos forman la tripulación de un avión.

   ____

   ____

2. El 14-bis bautizado así porque originalmente iba acoplado al dirigible Nº 14 parecía más una cometa que un avión.

   ____

   ____

3. Su siguiente monoplano "Demoiselle" Nº 19 era ya un verdadero avión.

   ____

   ____

4. Donó la mitad del premio Deutsch 50.000 francos a sus empleados y mecánicos.

   ____

   ____

5. Alberto Santos Dumont 1873-1932 fue un pionero en la aviación.

   ____

   ____

Nombre ______________________ Fecha ____________

Otros signos de puntuación

Usa los **dos puntos** para indicar una lista y los minutos en la hora.

Usa el **punto y la coma** para separar dos oraciones simples que forman una oración compuesta.

Usa los **paréntesis** para separar ejemplos, explicaciones o hechos secundarios.

Pregunta para reflexionar
¿En la oración se indica una lista, se separan oraciones simples o se separan hechos secundarios?

Actividad Vuelve a escribir cada oración en la línea y coloca el signo de puntuación que sea necesario.

1. Santos Dumont piloteó varias máquinas globos aerostáticos dirigibles y monoplanos.

____

____

2. Tenía en su escritorio una fotografía de Aída Acosta durante la celebración de la Toma de la Bastilla 14 de julio de 1903.

____

____

3. Ingresarán primero los pasajeros del vuelo de las 19 20 horas.

____

____

4. Las azafatas repartían bebidas los pasajeros disfrutaban de su vuelo.

____

____

5. En 1901, piloteando su dirigible su sexto prototipo motorizado, logró rodear la torre Eiffel.

____

____

Nombre ______________________ Fecha ____________

Alberto Santos Dumont, pionero de la aviación
Gramática: Repaso frecuente

Normas de escritura

1 a 6. Vuelve a escribir la oración en la línea usando correctamente las letras mayúsculas y los signos de puntuación.

1. es increíble todo lo que hizo alberto santos dumont

____

2. la feria industrial de são paulo de 1888 fue el momento más dichoso de su infancia

____

____

3. cuéntame qué le regaló el nieto del joyero de napoleón

____

4. cuántos metros voló dumont en el 14 bis

____

5. no puedo creer que el demoiselle llegara a superar los 100 km por hora

____

5. santos dumont mantenía sus actividades aeronáuticas con su propio dinero

____

7 a 10. vuelve a escribir el párrafo usando correctamente las mayúsculas y los signos de puntuación.

puede el hombre volar o no dumont creía que sí cuando creció se lo demostró al mundo es impresionante todo lo que logró dumont financiando todo con su propio dinero primero construyó globos aerostáticos y dirigibles después construyó un avión parecido a una cometa y después qué hizo diseñó un monoplano, que ya era un verdadero avión es admirable que exista un hombre que haya cambiado tanto las cosas para la humanidad

____

____

____

____

____

____

Nombre ______________________ Fecha ____________

Alberto Santos Dumont, pionero de la aviación
Gramática: Conectar con la escritura

Conectar con la escritura

En lugar de escribir dos oraciones para ampliar la información, es importante saber que puedes usar paréntesis para agregar datos.

Dos oraciones	Una oración
Alberto Santos Dumont fue un pionero en la aviación. Sus años de nacimiento y de muerte son 1873-1932.	*Alberto Santos Dumont (1873-1932) fue un pionero en la aviación.*

1 a 3. Combina estas oraciones usando paréntesis y vuelve a escribirlas en las líneas.

1. **Oración 1**
   Después de recorrer varias ciudades de Italia, tomamos un barco a Grecia.
   Oración 2
   Las ciudades de Italia que recorrimos fueron Roma, Nápoles, Pisa y Palermo.

   ____

   ____

2. **Oración 1**
   Todos los pasajeros deben leer los folletos instructivos de los aviones y atender las explicaciones de las azafatas sobre distintas cuestiones.
   Oración 2
   Las azafatas y los instructivos hablan sobre salidas de emergencia, uso de oxígeno, cinturones de seguridad.

   ____

   ____

   ____

3. **Oración 1**
   Después de analizar distintos destinos posibles, decidimos ir a Centroamérica.
   Oración 2
   Las posibilidades eran Norteamérica, el Caribe, Sudamérica, Europa, África.

   ____

   ____

Nombre ______________________ Fecha ____________

Punto de enfoque: Organización

Agrupar ideas en párrafos y mantener el orden cronológico es una destreza importante. Lee las siguientes oraciones. Vuelve a escribirlas en un párrafo que tenga sentido.

Ideas

- Solo lo sabríamos unos segundos después.
- El viento se hizo más intenso y se acercó una nube con forma de embudo.
- Se caían las ramas de los árboles.
- El día comenzó hermoso y pronto se convirtió en un día de terror.
- ¿Llegaría a nuestra casa?
- Mi bicicleta salió andando sola por la calle.
- El cielo se puso negro y comenzó a soplar el viento.
- Era 5 de abril y yo acababa de cumplir 14 años.

Ideas organizadas en un orden lógico en un párrafo.

____

____

____

____

____

4500856524-0607-2022
Printed in the U.S.A